本书出版得到佛山市民政局数据支持和佛山市慈善会资助

佛山慈善研究书系

佛山慈善事业发展报告
(2017)

REPORT ON PHILANTHROPY DEVELOPMENT
IN FOSHAN (2017)

陈永杰 等／著

社会科学文献出版社
SOCIAL SCIENCES ACADEMIC PRESS (CHINA)

作者简介

陈永杰 广东佛山人，英国约克大学社会政策与社会工作哲学博士，现任中山大学政治与公共事务管理学院、中国公共管理研究中心副教授。兼任东亚社会政策研究网络（EASP Research Network）秘书长，中国社会学会社会政策专业委员会副秘书长，广东省社会工作与志愿服务专业委员会委员，佛山市民政局、佛山市慈善会项目顾问，佛山市南海区社会工作发展智囊团组长，佛山市顺德区民政和人力资源社会保障局决咨委、南海区社会工作学者与学生联会首席顾问。已出版中英文著作5部，发表中英文学术论文30余篇、评论文章700余篇。

陈曾悦 中山大学社会学与人类学学院社会工作硕士，现任佛山市南海区社会工作委员会科员，曾在广州市老人院从事三年一线社会工作服务，在广州市老龄办从事四年老年福利政策研究，2012年2月至10月在佛山市南海区义工联从事志愿服务管理工作，2017年2月起在南海区社会工作委员会开展公共服务促进及社会政策调研、创制工作。

崔宏亮 山东工商学院社会工作学士，现任广东省时代公益基金会副秘书长，曾任职于广东省国强公益基金会、广东省何享健慈善基金会、国际计划（美国）、泛海公益基金会，在社区发展、儿童、教育、养老、女性等领域有较丰富的项目经验，熟悉基金会运营管理、战略规划、项目管理、监测评估、公益慈善研究等。

邓　云　中山大学社会学与人类学学院社会工作专业硕士、助理社会工作师，现任广东省亲青家园青年社会组织培育发展中心服务主任，曾于公益资源精准对接、儿童保护等项目任职，熟悉社会服务项目评估标准研发与评估实施。

何淑莹　全国优秀社工人物，武汉大学公共管理硕士，香港中文大学社会工作创新中心、台北大学社会工作系访问学者。拥有13年青少年事务社会工作与研究经验。现任广东省亲青家园青年社会组织培育发展中心理事长，佛山市志愿者联合会会长。专注家庭与儿童社会发展研究、青少年服务项目管理与成效监测、志愿服务专业化与产品化、公益组织管理咨询与等级评估等领域。

黎　静　中山大学行政管理学士，已获香港大学非营利管理硕士项目录取，现任SEED社会创新种子社区合作与发展部专员，2016年哈佛大学社会创新种子班学员。曾参与中国基金会基础数据库研究，在本土基金会和国际组织等工作领域积累了一定的经验。

刘　维　中山大学社会工作本科、社会保障硕士，2017年度南海区优秀社工，中级社会工作师，佛山市南海区社会工作学者与学生联会秘书长，兼任南海区社会工作协会理事、南海区社会建设顾问团公众顾问。

卢浩能 广东佛山人，香港中文大学比较与公众史学文学硕士，佛山市南海区地名文化协会秘书长，自本科时便参与并组织策划本土文化调研、展览等工作，已发表多篇本土历史文化评论和研究文章。

陆晓彤 广东佛山人，中山大学社会工作系本科在读，已获伦敦政治经济学院性别硕士项目录取，曾任佛山市南海区社会工作学者与学生联会第一届会员服务部主席。

彭卓宏 广东佛山人，华南农业大学社会工作学士，现为华南理工大学社会工作专业在读硕士，佛山市新里程社会工作服务中心总干事。2015年创立佛山本土民办非企业单位佛山新里程社工中心，专注于为社会服务行业提供督导、评估、培训、研究、枢纽平台运作等相关工作。

汪跃云 中山大学民族学专业（公益慈善方向）硕士，现任广东省和的慈善基金会理事、秘书长，广东省德胜社区基金会理事，佛山市顺德区创新创业公益基金会副理事长、顺德区社会创新中心理事，广州公益慈善书院理事。

肖何盛 广东佛山人，香港科技大学文学硕士，顺德历史文化保育协会荣誉会长，南海地名文化协会理事。曾在《中国地名》《南方都市报》等报刊上发表多篇历史文化评论文章，并参与过佛山电视台文化类纪录片的拍摄。

熊冬平 佛山市顺德区社会创新中心副总干事，中山大学社会保障专业（社会政策方向）硕士。2013年8月至今，就职于佛山市顺德区社会创新中心。2015年12月至2017年6月，首届顺德地区公益慈善人才研修班（顺德MPS班）学员。

姚悦洋 英国威斯敏斯特大学媒体与发展专业硕士，现任广东省和的慈善基金会项目经理，曾任中山大学中国公益慈善研究院公共传播官员、研究助理。

曾　雄 广东佛山人，华南农业大学法学学士，暨南大学公共管理专业在读硕士，佛山市慈善会副秘书长、中共佛山民政社团联合党支部书记、广东省乐道公益助学促进会理事、佛山市青年联合会委员、佛山市志愿者联合会副会长、佛山市志愿者学院导师、佛山市社会工作协会监事、佛山市海外联谊会理事、佛山市禅城区人民法院陪审员、《佛山日报》评论员、佛山电视台南海频道《点行善》栏目特约专家。

张家玉 广东佛山人，中山大学公共管理专业研究生，佛山市南海区社会工作学者与学生联会研究助理，曾参与多项在佛山市内开展的社会工作与社会治理等领域的研究，在报刊上发表相关评论。

朱丽玲 香港中文大学社会工作专业硕士，北京大学－香港理工大学中国社会工作研究中心项目主任，曾任北京病痛挑战公益基金会项目主管。

摘　要

　　身处珠江三角洲核心地带的佛山市，近年来在企业慈善方面取得了全国瞩目的成绩，"元宵行通济"和"佛山秋色"等民俗慈善活动通过央视直播而名扬天下。这个城市在当代慈善事业上表现出来的这种凌厉冲劲究竟是如何成形的，成为一个非常值得细究的问题。本书先从整体上介绍佛山五区的慈善捐赠态势与社会组织的发展趋势，然后以专题的形式逐一介绍佛山本土企业与社区的筹款机制，如何以公益创投培育慈善组织与慈善项目，怎样建立庞大而活跃的志愿者队伍以及在培育社会工作专才方面的努力。本书还专门为慈善活动最活跃的南海区和顺德区设置了专题，让读者深入地了解作为经济改革前沿阵地的这两个区如何在慈善事业上做出各具特色的成绩。佛山作为一座历史名城，其有史可依的慈善活动最早可以追溯到明朝中叶，本书的一个特色是史无前例地在慈善报告中开设"慈善传统"专题，基于史籍，详细讨论这种近六百年的传统如何延续到今天，并深远地影响着本土慈善事业继续向前迈进。

序　言

很荣幸能为佛山的第一本慈善事业发展报告作序。近年来，中国在慈善事业、公益活动以及社会工作等方面的发展相当迅速，在国际学术界引起了越来越多的关注。地处引领这场变革的珠江三角洲之中的佛山，能出版这个系列的报告，将为相关研究带来很好的实证素材。

从研究社会政策的角度看，这本书的出版有其特殊意义。在福利制度的跨国比较研究之中，很多论著都强调有必要理解国家、市场、社区与家庭在福利递送上扮演的各有差异但互为补充的角色。因此，在辨析社会政策的本质与影响这个问题上，如何理解福利混合（welfare mix）的各种组合尤为重要。就中国的情况而言，过去十几年国际学术界尤其关注中国如何改革其社会政策框架，但坦率地说，这种关注基本上仅仅着眼于国家提供（state provision）的扩张之上。至于日益成长的社区组织及慈善活动在中国福利制度不断完善的进程中扮演着什么角色，细节上依然知之甚少。基于这样的观察，这本书的贡献显而易见：既在宏观层面上佐证了福利混合的中国实践，也以大量的实证案例丰富了微观研究的切入点。

国际学术界逐渐认识到，只有透彻地了解福利混合在中国的各种组合，才有可能准确地理解不断演进的中国福利制度。尽管这个道理同样适用于其他国家（包括英国，我的国家），但中国的特殊之处在于其地大物博，不同省市以不同方式探索政策创新，这意味着研究中国要懂得辨识地理因素,只有博览各地样本,纵观中国,方得其法。读者会留意到,近年来中国开始出版全国性的慈善报告,在省市层面也有类似的作品,《佛山慈善事业发展报告(2017)》的出版是这种努力的一分子,尤其本书以学术论文的规范来要求各篇文章的撰写者,使其对研究对象的讨论保持了严谨与中立,不同于公文报告汇编,这对于研究人员而言尤显重要。

我特别留意到,作为一个非省会城市,佛山在中国各类慈善城市排行榜上有着相当不俗的表现,并决心再上层楼。本书很好地记录了佛山从明、清两代传承下来的强大的民间慈善传统和在当代改革开放之中诞生、成长并充满活力的企业慈善,在慈善事业上表现出来的这种传统与现代之间的传承,反映了佛山人对佛山有着强烈的社区归属感,并由此诞生出守护者意识。因此,本书折射出一种在慈善事业上富有华南特色的良性循环(virtuous circle):守护者意识推动了慈善捐赠,然后通过资助社会性和公益性活动的方式回过头来巩固与强化社区归属感。对于国际学术界而言,记录下这种特有的捐赠氛围正是本书的学术价值所在,在未来一段时间内学术界可以进行更深入的探讨,来检视这种假设能否通过检验,或其模式是否足以垂范他人。

最后,我希望陈永杰老师及其同事能在这本书的基础上继续努力,在未来为这套佛山慈善事业系列丛书笔耕不辍。

庄赫臣　教授(Professor John Hudson)
英国约克大学社会政策与社会工作系主任
翻译:张家玉　校对:陈永杰

目录
CONTENTS

总报告

佛山市慈善捐赠报告 …………………………………… 3
佛山市社会组织发展报告 ………………………………… 24
佛山市慈善会系统发展报告 ……………………………… 49

专题篇

佛山传统民间慈善事业发展报告 ………………………… 75
村居福利会转型背景及路径
　——以佛山市顺德区为例 …………………………… 96
佛山市企业慈善发展报告 ………………………………… 110
佛山地区公益创投发展报告 ……………………………… 127
项目评估与慈善事业发展
　——佛山的经验与思考 ……………………………… 156
慈善部门与社会工作人才专业化
　——以佛山市为例 …………………………………… 177
工匠精神与佛山志愿服务 ………………………………… 199
南海区慈善事业发展报告 ………………………………… 220
顺德区慈善事业发展报告 ………………………………… 232

附 录

佛山市建设"乐善之城"行动计划（2018—2020年） …… 253

2017年佛山市个人捐赠榜单 …………………………… 268

2017年佛山市团体捐赠榜单 …………………………… 271

后 记 …………………………………………………… 283

总报告

佛山市慈善捐赠报告

张家玉　陈永杰

摘　要： 慈善捐赠作为慈善事业的重要组成部分，近年来在我国整体呈现蓬勃发展的态势。2016年，佛山全市慈善捐赠额约为7.08亿元，占地区生产总值的0.08%。从接受捐赠的整体情况来看，慈善组织是接受捐赠的主体，其中慈善会系统所占比例逐步提升，且市、区两级慈善会发挥的作用存在一定差异。从捐赠来源看，企业仍是慈善捐赠中的关键力量，但基金会等其他主体的影响力正在逐渐上升，个人捐赠在捐赠总额中依然处于较低水平，有鉴于目前缺乏对新型慈善捐赠途径的统计，有必要在日后的发展中给予更多关注。整体而言，佛山市目前的慈善捐赠处于稳步发展的阶段，不同主体在发展中积极探索，推动佛山市慈善捐赠不断创新升级。

关键词： 慈善捐赠　《慈善法》　捐赠主体

一 引言

慈善事业在中华民族历来具有深厚的思想基础（王卫平，1999），是弘扬互助友爱精神和建设积极向上的伦理道德的最好途径与方式（郑功成，2007）。在当今的新时代，慈善事业被赋予了更多时代特色。党的十九大报告指出，要通过完善慈善事业加强社会保障体系建设，慈善事业作为我国社会保障体系的重要组成部分，其发展与完善关乎人民日益增长的多方面需要的满足，也是加强和创新我国社会治理进而实现善治的关键路径之一。随着社会经济发展，公益慈善逐步成为社会的重要构成，《国务院关于促进慈善事业健康发展的指导意见》（国发〔2014〕61号）和《中华人民共和国慈善法》（以下简称《慈善法》）等政策文件、法律法规的颁布也使得中国的公益慈善事业有法可依，为慈善事业的发展提供了制度保障。政府、社会组织、企业等不同主体不同程度地参与到公益慈善的发展中，形成了推动慈善事业发展的合力，构建了共同治理的格局，以慈善事业的治理推动在国家整体的制度框架下更大范围与更深层次的治理。

其中，捐赠作为慈善的构成元素，是对我国"人性本善，乐善好施"的传统文化的现代化体现，已成为民间力量参与民生改善的重要方式。慈善捐赠不但能够通过整合社会资源为社会组织参与慈善事业发展奠定物质基础，还能通过资源的调配缓解社会矛盾，避免或矫正社会问题和环境问题，改善社会整体环境从而促进社会全体共享发展成果，推进实现社会公平与正义，其对慈善事业的进一步推进至关重要。近年来,《关于鼓励支持民营企业积极投身公益慈善事业的意见》与《国务院办公厅关于进一步动员社会各方面力量参与扶贫开发的意见》等系列文件的出台为社会力量参与慈善捐赠提供了政策指引,而《慈善法》第四章以"慈善捐赠"作为主题,对慈善捐赠的含义、途径与程序等进行了专门的规定,这充分体现了慈善捐赠行为已经在国家法律的层面上被予以肯定,被鼓励进一步进入社会各个领域,其活动的空间和效率都有了明显的进步。

近年来,我国慈善事业蓬勃推进,多方面的数据喜人,整体发展呈现"高歌猛进"的态势。根据中国慈善联合会发布的《2016年度中国慈善捐助报告》,2016年我国接受国内外款物捐赠共计1392.94亿元,社会捐赠总量创历史新高。在公益慈善发展的大背景下,为促进现代慈善事业发展,佛山市基于自身实际情况,制订了"乐善之城"计划规划佛山市慈善事业发展的整体布局与实施战略,在清晰可行的规划指引下,政府充分借助社会与企业的力量推动慈善捐赠的发展,取得了一系列良好成果。2016年,佛山市全市慈善捐赠额约7.08亿元,占地区生产总值的比重为0.08%。①

二 慈善捐赠概述

慈善捐赠,是指自然人、法人和其他组织基于慈善目的,自

---

① 由于目前佛山市对慈善捐赠数据没有统一的统计标准,各区的情况又各有差异,因而本报告对各区实际情况的论述有所侧重。

愿、无偿赠予财产的活动。为了进一步探讨慈善捐赠的相应内容，需要明晰相关概念。

(一) 捐赠主体

依照我国目前的统计标准，慈善捐赠的对象可以分为企业、个人、政府、事业单位和宗教场所等，其中企业是慈善捐赠的重要力量。2016年，我国企业捐赠总额首次突破900亿元，达到908.20亿元，比2015年增加了124.35亿元，同比增长15.86%；企业捐赠占到捐赠总额的65.20%[1]，是第一大捐赠来源。

由于企业一直都是慈善捐赠的主体，因此企业捐赠一直是社会的关注热点。企业是社会财富的主要创造者，奠定了其成为捐赠重要力量的基础（孟令君，2007），而企业慈善捐赠是指企业在履行其基本社会责任的基础上，将一定数额的资金、实物或者服务捐赠给需要帮助的对象（赵琼、张应祥，2007），其被认为是企业社会责任感的最高表现形式与企业践行公民行为的核心内容之一（Tuzzolino & Armandi，1981）。企业慈善捐赠是企业社会责任的重要体现，在调节贫富差距、促进社会公平、维护社会稳定等方面有显著作用（Carroll，1979；Su & He，2010）。因而，企业通常有进行慈善捐赠的较强动机，随着《慈善法》对慈善组织的明确界定，企业与慈善组织的合作模式将是下一阶段的发展重点。

个体捐赠也是我国慈善捐赠的重要部分。虽然与企业等其他

---

[1] 参见《2016年度中国慈善捐助报告》。

主体相比，单笔数额较小，但因人数众多，其形态更加丰富。有研究表明，在目前国内居民的慈善捐赠中完全自发自愿的捐赠占据绝对主流，参与度与平均的捐赠额都明显高于其他非自愿捐赠的途径（宋宗合，2015）。2016年我国个人捐赠发展迅速，捐赠额达到了创纪录的293.77亿元，占到捐赠总额的21.09%，比上年猛增124.47亿元，同比增长73.52%。[①] 另外，互联网的高效、低成本和透明在很大程度上改变了公益筹款的方式，随着新型捐赠途径（互联网上的众筹平台）的发展，个人捐赠聚沙成塔的速度会越来越快，理应被赋予更多关注。2016年，民政部指定了首批13家慈善组织互联网公开募捐信息平台（2017年1家退出），这意味着在互联网时代普通民众能够通过更多的途径参与慈善捐赠。因而，我国的慈善捐赠越来越多地体现出个体化与网络化的特征。而个体捐赠的发展则体现了慈善文化在社会中的进一步发展，影响并熏陶人们更多地关注社会与关心他人。

公益信托也成为慈善的新方式。《慈善法》对"慈善信托"有明确的定义，指委托人基于慈善目的，依法将其财产委托给受托人，由受托人按照委托人意愿以受托人名义进行管理和处分，开展慈善活动的行为。而典型意义上的公益信托是由私人或者家族特定的主体个体来设立的（刘京，2015）。2014年，阿里巴巴的两位创始人马云和蔡崇信宣布成立个人公益信托基金，以他们在阿里巴巴集团拥有的期权为基金来源，基金涵盖环境、医疗、教育和文化等不同领域。2017年，中信·何享健慈善基金会2017顺德

---

① 参见《2016年度中国慈善捐助报告》。

社区慈善信托成立，致力于支持顺德区的扶贫、救济、养老、教育、文化建设、村居福利等综合性的公益慈善需求，推动公益慈善事业的发展与提升，共同建设更具人性和富有吸引力的顺德社区，是佛山市慈善事业探索的重要本土力量。

（二）接受捐赠主体

纵观全国，近年来，政府作为主要接受捐赠主体的地位在逐步减弱，而慈善会系统和基金会系统持续发力，这趋势与法律的规定相符。2016年颁布的《慈善法》明确规定了慈善组织接受慈善捐赠的主体地位，规定了其资格认定与公开募捐资格申请程序，体现了慈善捐赠管理的程序规范化与标准化，这也在很大程度上打破了以往官办基金会和慈善会的公募权垄断情况（孟令君，2007），将能够在很大程度上激发其民间慈善组织的募捐积极性，促使民间慈善组织更多地接受慈善捐赠，意味着政府职能向社会的合理转移，体现了弱化政府权力的趋势，有利于推动构建"大社会，小政府"。

（三）影响主体慈善捐赠的因素

整体而言，影响社会各方主体参与慈善捐赠的因素可以概括为经济发展水平、税收优惠政策与慈善捐赠文化（朱迎春，2010；张强、韩莹莹，2015），而不同主体的影响因素又各有差异。对于民众来说，个体的经济条件、年龄与城乡差异会影响个体参与慈善捐赠的行为选择（朱健刚、刘艺非，2017）。对于企业来说，企业治理结构、社会责任感、政治关联等系列因素会不同程度地影响企业进行慈善捐赠（梁建等，2010；高勇强等，2011、2012；

陈凌、陈华丽，2014）。因而，影响不同主体参与慈善捐赠的因素具有一定的差异性，需要采取针对性的策略。

三 佛山市慈善捐赠概况综述

（一）年度慈善资源总量分析

据佛山市民政局统计，2015年与2016年全市慈善捐赠额分别约为6.95亿元和7.08亿元，占地区生产总值（GDP）的0.08%和0.08%。其中，2016年佛山市政府接受慈善捐赠总额为4624.1万元。而慈善组织（慈善会、基金会、红十字会等）接受社会捐赠总额共计6.89亿元，占全年GDP的0.87%，比2015年增加0.59亿元，增长幅度达到9.37%，而占全年GDP的比重下降了0.58个百分点（见图1）。

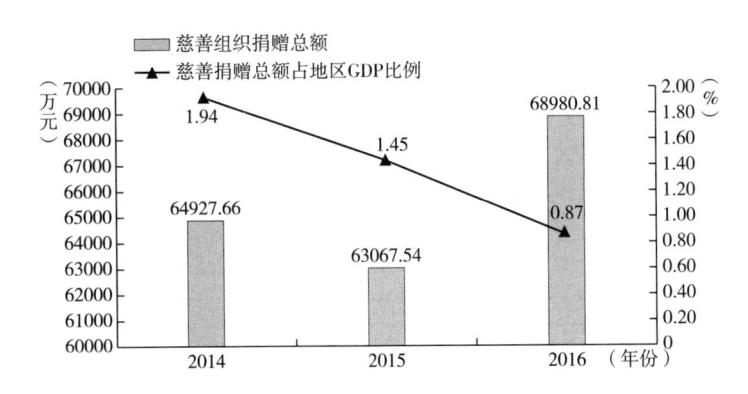

图1 2014—2016年佛山市慈善组织接受捐赠情况

（二）年度捐赠来源及途径分析

1. 捐赠来源

目前，佛山市接受慈善捐赠的主体主要为政府（民政部门）

与慈善组织（慈善会、基金会、红十字会等），而以慈善组织接受的捐赠为主，且其所占比重逐年增加。据不完全统计，对比政府与慈善组织的慈善捐赠接受金额，慈善组织所占比例超过93.7%，表明慈善组织是当前佛山市慈善捐赠的主要接受主体。

作为接受社会捐赠的主要社会组织，佛山市慈善会接受的慈善捐赠总额较大，救助人数众多且覆盖范围较为广泛。2016年，佛山市慈善会总收入人民币1908.03万元，总支出2116.64万元，救助各类困难群众1051人次。具体到各区情况，佛山市各区民政部门与慈善会接受社会捐赠捐物总额情况不尽相同，其中顺德区接受捐赠的比例最高，所占比例连续三年都约为佛山市慈善会捐赠收入的80%，其后依次为南海区、禅城区、高明区与三水区，但是各区之间慈善捐赠的差异较大（见图2）。

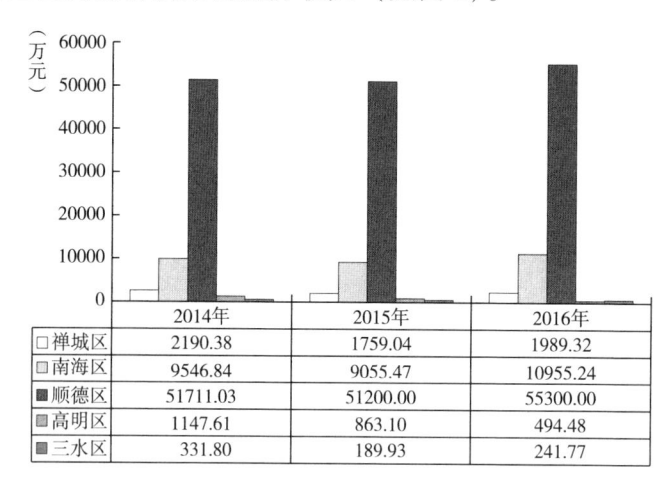

（万元）	2014年	2015年	2016年
禅城区	2190.38	1759.04	1989.32
南海区	9546.84	9055.47	10955.24
顺德区	51711.03	51200.00	55300.00
高明区	1147.61	863.10	494.48
三水区	331.80	189.93	241.77

图2 2014—2016年佛山市慈善组织接受捐赠构成情况

以2016年为例，顺德区慈善组织接受的捐赠占佛山市总体的比例超过八成，远远高于另外几个区（见图3）。这与顺德区蓬勃发展的公益慈善事业相关，大量本土企业家成立基金会，实现了顺德区慈善组织构成的多元化，拓宽了慈善捐赠的接受途径。例如，广东省国强公益基金会除了自主运营旗下耗资4.5亿元兴建的广东碧桂园职业学院与耗资2.6亿元创办的国华纪念中学等慈善公益项目，还另外向其他顺德区的慈善组织捐赠，2016年合计向顺德区慈善会捐助990万元用于助学、助残、助困等领域。碧桂园集团2017年启动捐赠1亿元的"惠妍教育助学基金"，成为企业捐赠的典型。另外，2017年广东省和的慈善基金会总额60亿元人民币的捐赠计划也是顺德区企业慈善发展的重要体现①，推动了顺德区慈善事业的整体发展。

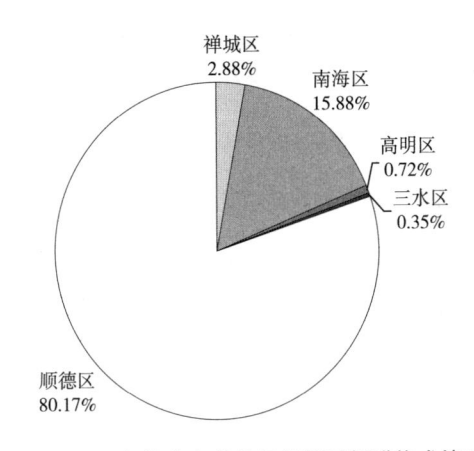

图3 2016年佛山市慈善组织接受捐赠构成情况

具体到各区的慈善会，五区之间的差异也较为明显（见图4）。其中，南海区慈善会接受捐赠的金额最高，大幅度领先于其他地区，其余依次是顺德区、高明区、禅城区与三水区，这反映了南海区与顺德区的慈善组织发展形态，即南海区慈善组织的主要力量为慈善会，而顺德区除了慈善会以外则还有相当多的冠名基金，

---

① 由于2017年的慈善捐赠数据尚未完成统计，因此不详细论述该部分慈善捐赠情况。

具有"百花齐放"的特征。其余地区的慈善组织发展则相对落后，接受捐赠的金额相对较少。

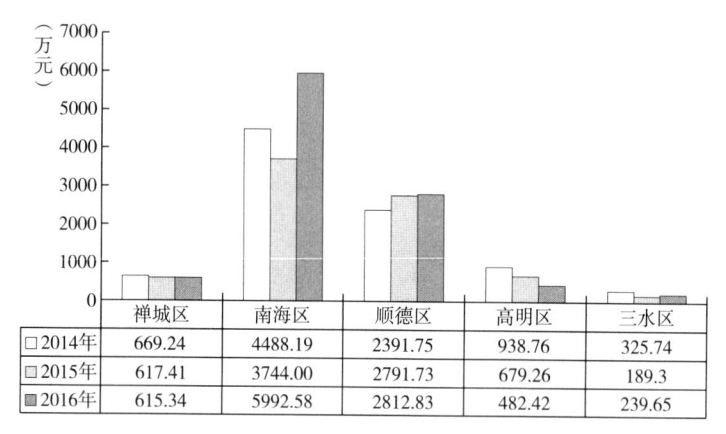

	禅城区	南海区	顺德区	高明区	三水区
2014年	669.24	4488.19	2391.75	938.76	325.74
2015年	617.41	3744.00	2791.73	679.26	189.3
2016年	615.34	5992.58	2812.83	482.42	239.65

图4 2014—2016年佛山市各区慈善会接受社会捐赠情况

资料来源：佛山市民政局统计数据与各区慈善会年度报告公布数据。

相对于慈善组织，民政部门也是接受慈善捐赠的重要主体，但所占比例相对较小。以顺德区为例，顺德区在2014—2016年民政部门捐赠比例基本维持在10%以内（见图5）。随着《慈善法》的颁布，明确了接受慈善捐赠的主体应为慈善组织，这相当于为基金会等慈善组织带来更多的潜在捐赠，有利于慈善捐赠的规范化发展。

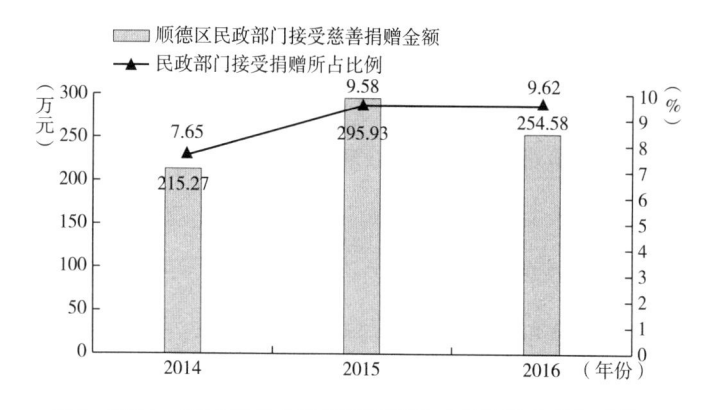

图5 2014—2016年佛山市顺德区民政系统接受慈善捐赠情况

2. 捐赠主体

就我国整体情况而言，企业仍然是最主要的捐赠主体。具体到佛山市，南海区与顺德区的共同之处是个人捐赠在捐赠总额中占比都较为稳定地维持在一定水平，变化幅度不大。对于企业捐赠情况，南海区的整体情况与我国整体基本相符，企业捐赠所占比例在过去 2014—2016 年都在 80% 以上并呈现稳步上升的趋势（见图 6）。然而，在顺德区，则呈现差异性的捐赠主体分布（见图 7）。2014 年，企业是顺德区的慈善捐赠的主体，但这在 2015 年开始发生了转变，"其他捐赠主体" 成为主要力量，这主要是因为顺德区冠名基金的蓬勃发展，逐步发展成为一股重要的捐赠力量，丰富了顺德区慈善捐赠主体的格局，推动当地慈善事业的进一步发展。

	2014年	2015年	2016年
个人捐赠	20	20	17
企业捐赠	80	80	83

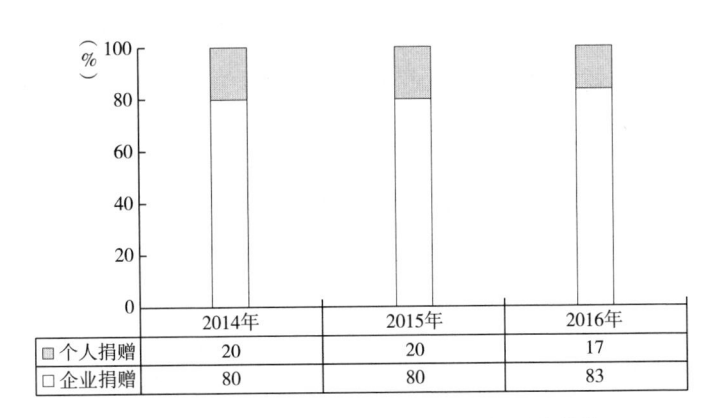

图 6 2014—2016 年佛山市南海区慈善捐赠主体情况

值得注意的是，在既有发展基础上，广东省和的慈善基金会日益成为佛山市慈善捐赠的明星。其发布了总额 60 亿元人民币的捐赠计划，向包括慈善信托、各级专项基金和善耆养老家园等项目提供了大额捐赠，构建全面而可持续的公益慈善体系，回应不

	2014年	2015年	2016年
其他捐赠主体	26.49	81.07	76.76
个人捐赠	7.47	7.39	6.44
企业捐赠	66.04	11.54	16.80

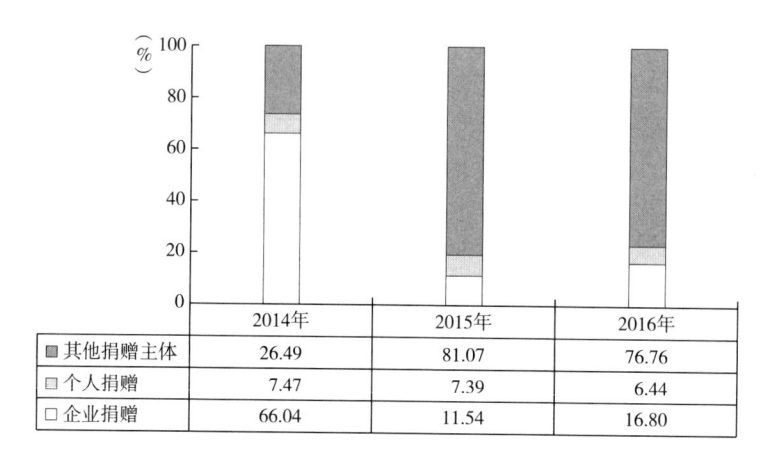

图7　2014—2016年佛山市顺德区慈善捐赠主体情况

同人群与不同层次的公益慈善需求，推进佛山市慈善事业的创新发展。

3. 捐赠主体意向

捐赠主体的意向往往与社会实际需求相符，而既有的政策指引和可及的公益慈善项目也起到了重要的引导作用。在佛山市各主体接受的社会捐赠中，可以依据捐赠意愿分为定向捐赠与非定向捐赠，且以定向捐赠为主（见图8）。以顺德区为例，2016年定向捐赠占比超过99%。

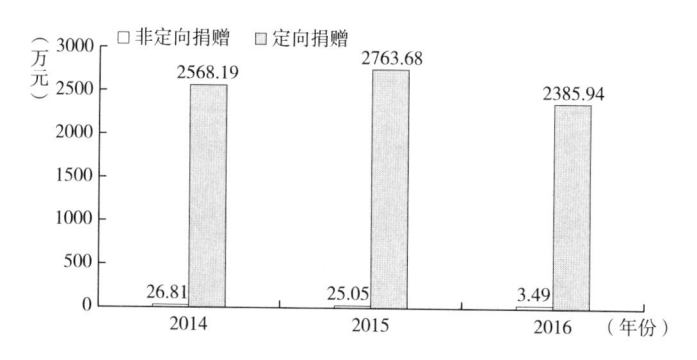

图8　2014—2016年佛山市顺德区慈善捐赠意愿情况

在定向捐赠中，可以依照捐赠领域进一步划分。目前佛山市定向捐赠主要包括养老助残、减灾救灾、扶贫济困、医疗健康、教育助学和其他等领域，不同的捐赠领域对应不同的捐赠受益群体。

2016年，顺德区慈善捐赠最主要的三个领域分别是扶贫济困（26.58%）、教育助学（24.28%）与医疗健康（24.21%）（见图9）。值得关注的是，相对于2014年与2015年，该区扶贫济困的定向捐赠所占比例大幅提升，这体现出扶贫事业日益成为社会整体的关注重点，以适应全面实现小康、满足人民对美好生活的需要。而其他领域的捐赠则大幅度减少，表明社会捐赠的规定范围越来越明晰，有利于规范捐赠的特定用途，使得慈善捐赠更具针对性。

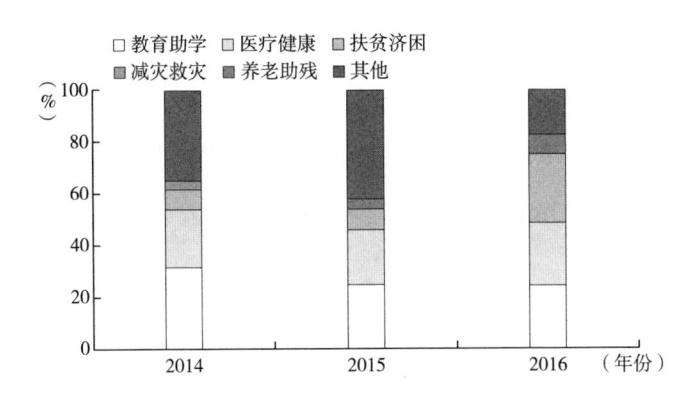

图9 2014—2016年佛山市顺德区捐赠意向领域统计

对比而言，2016年南海区慈善捐赠的主要领域与顺德区略有差异[①]，其主要领域为教育助学（42.01%）、其他（41.63%）与

---

① 本处统计数据包括按冠名基金指定用途的捐赠。

扶贫济困（16.36%）（见图10）。相对于2014年与2015年，2016年该区最大的变化在于教育助学的捐赠比例大幅提高而扶贫济困的比例降幅明显，这体现出对教育领域的重视，与我国慈善捐赠的总体情况相吻合，充分显示出财富阶层对教育事业的关注和重视。与顺德区不同，南海区的其他领域的捐赠用途依然维持在较高比例，即区别于一般教育助学与医疗健康等定向捐赠领域。南海区其他领域的捐赠维持在较高比例，包括冠名基金的"公益事业类"意向领域的捐赠，也有来自非冠名定向捐款与各镇街"慈善月"捐款等并没有公布具体使用用途的定向捐赠。

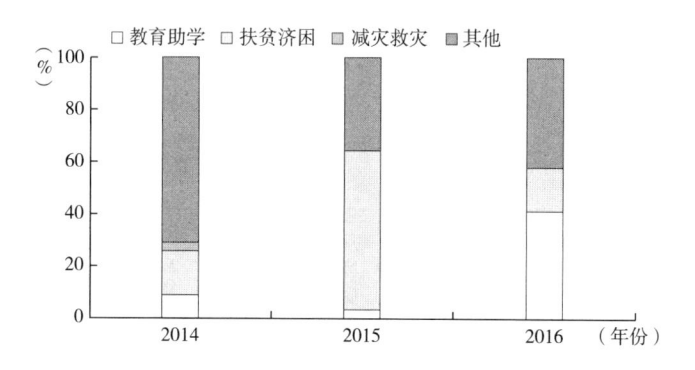

图10 2014—2016年佛山市南海区捐赠意向领域统计

目前，佛山市的慈善捐赠领域尚未实现对所有领域的全面覆盖，捐赠依然集中在扶贫、救灾与教育等"传统"领域上，而在生态环境、文化体育、公共事业等更加富有现代公益性内涵的领域依然存在空白，这与慈善捐赠正处于起步阶段相关，即有限的慈善捐赠主要应用于迫切性更强的方面，但是这也反映了当前的慈善捐赠依然存在覆盖广度不足的问题，这与本地社会对慈善概念的理解相对传统，同时对现代慈善概念的认知有待进一步拓宽有关。南海区与顺德区捐赠领域的差异，也从另一个侧面显示了佛山不同区域民众在理解慈善事业上存在多样性。另外，由于《慈善法》实施仅一年多，佛山市的慈善捐赠也存在捐赠用途统计的规范化程度有待提高的情况。

4. 慈善捐赠形式与途径

慈善捐赠可以分为货币捐赠与实物捐赠，目前佛山市接受的社会捐赠主要为货币捐赠，所占比例超过90%且维持在较为稳定的水平。以顺德区和南海区为例，2014—2016年货币捐赠所占比例基本稳定在93%与97%左右（见图11、图12），反映了货币捐赠日渐获得更多青睐。从对慈善会系统工作人员的访谈中我们了解到，这与货币捐赠相对实物捐赠而言更具便捷性相关。如何改善慈善捐赠的方式尤其是发展实物捐赠，使社会各界能够更便捷地捐赠，可成为佛山市下阶段慈善事业发展的工作重点之一。

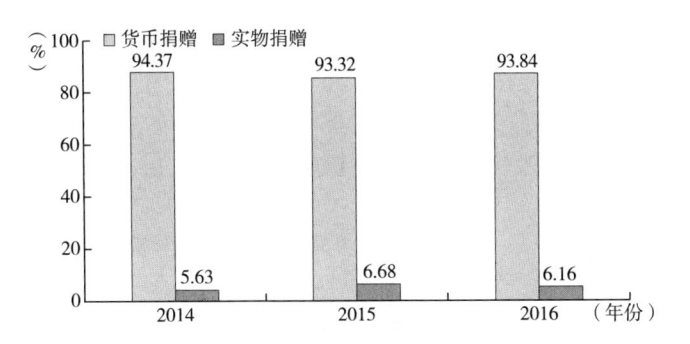

图11 2014—2016年佛山市顺德区慈善捐赠形式统计

对比货币捐赠，实物捐赠需要具备固定的接受场所，而社会捐助接收点则是其中的重要组成部分。据佛山市民政局统计，佛山市各区的社会捐助接收点的数量在2014—2016年都没有变化，顺德区为10个，三水区为6个，南海区为5个（1个经常性捐助站与4个

佛山慈善事业发展报告（2017）

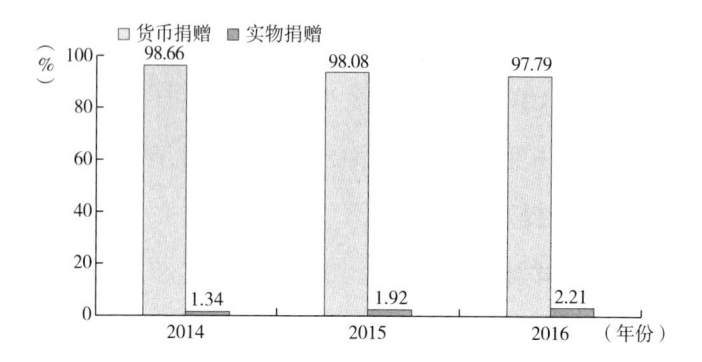

图12　2014—2016年佛山市南海区慈善捐赠形式统计

经常性捐助点），而禅城区与高明区则暂时没有相关统计数据（见图13）。对照佛山市社会经济发展状况，目前佛山市社会捐助接收点的数量远不足够，长远而言将影响佛山市实物捐赠的发展。

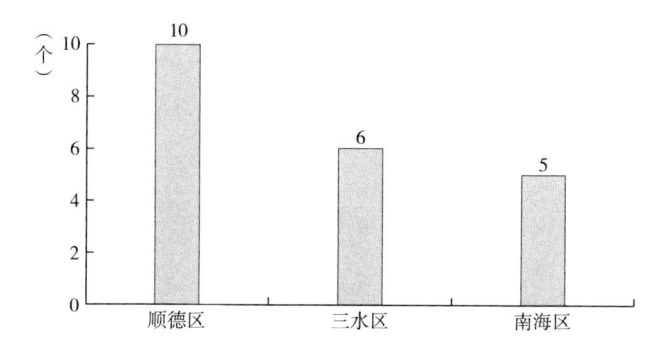

图13　佛山市接受社会捐助接收点数量情况

佛山市线上捐赠平台的推进也是慈善捐赠途径拓宽的体现。南海区慈善会构建的慈善阳光信息平台日益成为接受慈善捐赠的重要载体，2016年，该平台的访问量超过20.5万人次，线上募捐接近2万笔，筹得善款20多万元，发布信息达300条以上，并在微信公众号上发布相关信息，让人们能够便捷地了解慈善会信息，进行慈善捐赠，是佛山市线上捐赠发展的新探索。

5. 慈善信托

慈善信托也是慈善事业的重要部分，慈善捐赠是信托基金开展慈善事业的主要体现。2017年，广东省和的慈善基金会与中信信托合作设立5亿元的慈善信托，是国内目前为止资金规模最大的一笔。由于目前的税收优惠等配套政策尚未完善，广东省和的慈善基金会在筹备捐赠1亿股美的集团股权来设立股权慈善信托，进一步探索慈善信托在佛山市的落地。

6. 筹集彩票公益金情况

2016年佛山市市级福利彩票总筹集资金为5.84亿元，与2014年、2015年基本持平（见图14）。另外，顺德区区级福利彩票总筹集资金为2.02亿元，比2015年下降7.9%，与此同时，顺德区的福利彩票的公益支出逐步增加，2016年比2015年增加了52.9%，体现了资金的公益支出利用率逐步提高（见图15）。

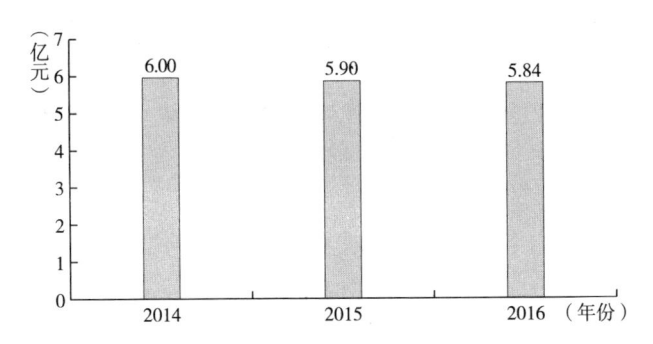

图14 2014—2016年佛山市市级公益福利彩票公益金情况

2016年佛山市市级公益体育彩票的销售总额接近8亿元，其总筹集金额为1.9亿元，比2015年增长23.0%，体现了体育彩票发展迅猛的态势（见图16）。而体彩筹集的资金，多应用于"群众体育"（63.6%）与"竞技体育"（30.1%）两个类别，为市民群

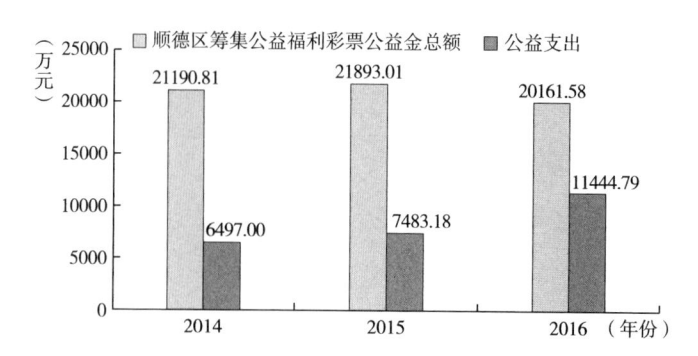

图 15　2014—2016 年佛山市顺德区公益福利彩票公益金情况

众提供形式多样的体育活动，丰富市民的精神文化生活。

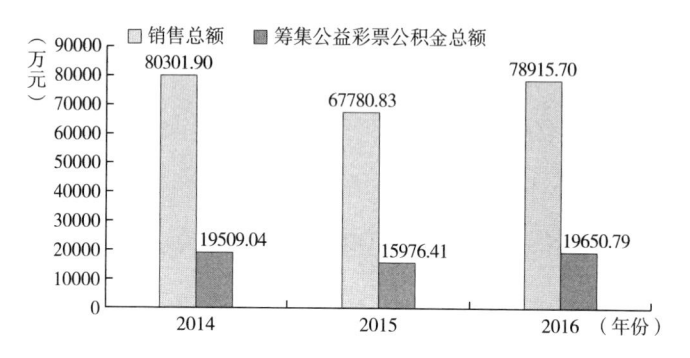

图 16　2014—2016 年佛山市市级公益体育彩票公益金情况

7. 慈善捐赠受惠情况

由于佛山市内各区慈善捐赠发展程度的差异，慈善捐赠受益人数也有相当大的差异。目前各区（南海区暂缺统计数据）的对比数据显示，顺德区的慈善捐赠受益人数最多（见图17），与其慈善捐赠总量与用于公益支出的数额相关。同时，受惠人数在各区之间的差异也反映出佛山市各区对于慈善捐赠的统计的不足，当前主要集中于捐赠的收入，而对于其产出的衡量并没有清晰的界定标准，这在一定程度上影响了慈善捐赠的效用发挥。

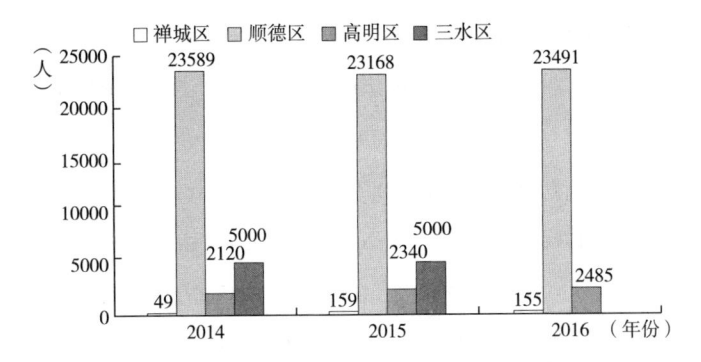

图 17　2014—2016 年佛山市各区慈善捐赠受益人数

四　总结

随着《慈善法》的颁布，慈善捐赠的发展得到了法律层面上的规范，在相应的政策指引下不断发展。在此背景下，得益于政府与社会各方主体的努力，尤其是以慈善会为代表的慈善组织在其中发挥了越来越重要的作用，佛山市的慈善捐赠稳步发展。但是整体而言，无论是从慈善组织发展程度还是慈善捐赠总体情况等角度来看，佛山市内五区的发展情况表现出较为明显的发展不均衡局面，这是否会在某种程度上影响佛山市慈善事业的全面可持续发展，是一个值得思考的问题。因而，为了推动佛山市慈善捐赠体系的完善发展，下阶段必然要在佛山市统筹的基础上引导各区依据实际情况自主开展慈善事业的探索，配合佛山市"乐善之城"规划，以慈善捐赠的发展推动佛山慈善事业的大发展。

参考文献

[1] Carroll, A. B. 1979. "A Three-Dimensional Conceptual Model of Corporate Per-

formance." *Academy of Management Review*, 4 (4), pp. 497 – 505.

[2] Su, J. & J. He. 2010. "Does Giving Lead to Getting? Evidence from Chinese Private Enterprises." *Journal of Business Ethics*, 93 (1), pp. 73 – 90.

[3] Tuzzolino, F. & B. R. Armandi. 1981. "A Need-Hierarchy Framework for Assessing Corporate Social Responsibility." *Academy of Management Review*, 6 (1), pp. 21 – 28.

[4] 陈凌、陈华丽，2014，《家族涉入、社会情感财富与企业慈善捐赠行为——基于全国私营企业调查的实证研究》，《管理世界》第8期。

[5] 高勇强、陈亚静、张云均，2012，《"红领巾"还是"绿领巾"：民营企业慈善捐赠动机研究》，《管理世界》第8期。

[6] 高勇强、何晓斌、李路路，2011，《民营企业家社会身份、经济条件与企业慈善捐赠》，《经济研究》第12期。

[7] 梁建、陈爽英、盖庆恩，2010，《民营企业的政治参与、治理结构与慈善捐赠》，《管理世界》第7期。

[8] 刘京编，2015，《中国慈善捐赠发展蓝皮书（2014）》，中国社会出版社。

[9] 罗伯特·H.伯姆纳，2017，《捐赠：西方慈善公益文明史》，褚蓥译，社会科学文献出版社。

[10] 孟令君主编，2007，《中国慈善工作概论》，北京大学出版社。

[11] 彭建梅编，2015，《2014年度中国慈善捐助报告》，中国社会出版社。

[12] 田雪莹，2015，《中国情境下企业慈善捐赠行为研究》，经济科学出版社。

[13] 王卫平，1999，《论中国古代慈善事业的思想基础》，《江苏社会科学》第2期。

[14] 杨团主编，2016，《中国慈善发展报告（2015）》，社会科学文献出版社。

[15] 杨团主编，2017，《中国慈善发展报告（2016）》，社会科学文献出版社。

[16] 张强、韩莹莹，2015，《中国慈善捐赠的现状与发展路径——基于中国慈善捐助报告的分析》，《中国行政管理》第5期。

[17] 赵琼、张应祥，2007，《跨国公司与中国企业捐赠行为的比较研究》，《社会》第5期。

[18] 郑功成，2007，《中国慈善事业的发展与需要努力的方向——背景、意识、法

制、机制》,《学海》第 3 期。

[19] 朱健刚、刘艺非,2017,《中国家庭捐赠规模及影响因素探析》,《中国人口科学》第 1 期。

[20] 朱迎春,2010,《我国企业慈善捐赠税收政策激励效应——基于 2007 年度我国 A 股上市公司数据的实证研究》,《当代财经》第 1 期。

佛山市社会组织发展报告

黎 静 陈永杰

摘 要：2016年是《慈善法》实施元年，是中国慈善事业发展的重要转折点，标志着我国慈善事业的发展进入法治时代。社会组织是慈善事业发展的中坚力量，是慈善事业的主要运作主体。随着政府职能的转变和购买服务的普及，近年来佛山市社会组织呈现数量稳步增长、质量整体提升的良好态势，为佛山市的社会建设和慈善发展做出了突出贡献。2017年底佛山市共有社会组织6335个，总数位列全省第三，仅次于深圳、广州。在《慈善法》时代下，佛山市社会组织的管理和活动进一步规范，社会组织的规范化水平不断提高，以基金会为代表的社会组织在佛山市慈善事业中发挥着重要作用。

关键词：社会组织 慈善组织 慈善事业

自2012年起，广东省社会组织管理体制改革一直走在全国前列，取消双重管理体制而变为直接登记，并进一步下放社会组织登记管理权限，使社会组织的发展迎来了春天。2016年9月1日，《中华人民共和国慈善法》（以下简称《慈善法》）正式实施，极大地推动了各地慈善事业的发展，也为社会组织的发展指明了方向，尤其是对于慈善组织而言，其法律地位更得到进一步的明确。《慈善法》定义的慈善组织，是指"依法成立、符合本法规定，以面向社会开展慈善活动为宗旨的非营利性组织。慈善组织可以采取基金会、社会团体、社会服务机构等组织形式"。①《慈善法》中首次出现了"社会服务机构"的称谓，取代了民办非企业单位。对于原有的民办非企业单位，"社会服务机构"这一命名更能准确反映此类组织的社会组织性质和社会服务功能。

《慈善法》出台后，民政部先后公布了《民政部关于慈善组织登记等有关问题的通知》、《慈善组织公开募捐管理办法》、《慈善组织认定办法》以及《慈善组织开展慈善活动年度支出和管理费用标准》，用以规范慈善组织的发展。作为慈善事业中坚力量的社会组织，越来越成为佛山市社会发展的重要部分。社会组织的蓬勃发展为佛山市的公益慈善、经济服务、文化体育、学术研究等社会建设领域，做出了重要贡献。

一 社会组织发展的基本情况和主要变化

（一）社会组织数量增长情况

截至2017年底，佛山市共有社会组织（不含省级注册）6335

---

① 《中华人民共和国慈善法》，主席令第四十三号，2016年3月16日发布，第八条。

个，总数位列全省第三，仅次于深圳、广州。其中，经市、区民政部门登记注册的社会组织4739个，备案的社区社会组织1596个，佛山市注册登记的社工机构达173家。持证社工从2008年的170人发展到2017年的9118人，每万人中持证社工达到12.2人。与2016年相比，社会组织新登记的数量为442个，而增长率为5.2%。

2008年被视为中国的"公益元年"，佛山市社会组织（不含省级注册）总数为1872个，到2017年已经发展到6335个，十年间数量增长了238%。过去十年，佛山市社会组织注册登记经历了跃跃欲试、急速增长和稳步前进三个阶段。

2008年的汶川大地震以及社会力量参与救援，激发了其后两三年间，包括佛山市在内的整个珠三角地区各类型社会组织进入跃跃欲试的发轫阶段。在2011—2012年前后，随着政府鼓励社会组织参与社会治理，并且加大力度向社会组织购买社会服务，令2012年的新增登记社会组织在佛山市出现了一个井喷式的急速发展阶段。2012年，佛山市社会组织数量得到突飞猛进地增长，增长率达到52.2%，还得益于社会组织直接登记制度改革。2012年，广东省推出《关于进一步培育发展和规范管理社会组织的方案》，率先在全国试行社会组织直接登记。随后，佛山市民政局进一步落实社会组织登记管理体制改革，出台了《佛山市民政局关于社会组织直接登记的实施意见》，明确了公益慈善类等四类社会组织可以直接向民政部门申请登记，不再经由业务主管单位的审查和管理。这一举措使注册登记流程进一步简化，直接降低了社会组织的注册门槛，从而激发了社会组织的活力。随着市、区两级推出各种社会服务的管理措施与规范标准,此前社会组织井喷式的发展到了2016后开始进入稳步前进的时期(见图1)。随着《慈善法》的出台,对社会组织更加重质而不是重量,可以预期,未来佛山市社会组织的增速将会进一步放慢,这可能是一件好事。

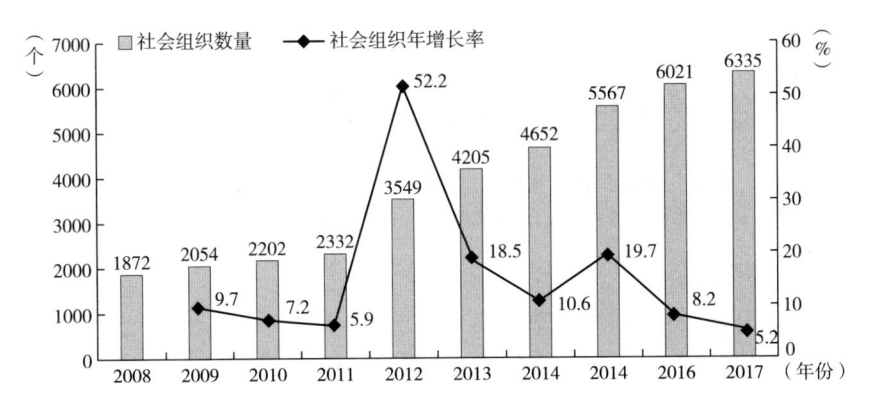

图1 2008—2017年佛山市(市、区级)社会组织增长情况

截至2016年底,包括77家[①]在省民政厅注册的社会组织在内,佛山市共有4446个在民政部门注册的社会组织。在佛山市五区中,顺德区注册的社会组织数量以1539个居全市首位,约为高明区的7倍。与2015年相比,顺德区的社会组织增长率与2015年持平,其他各级社会组织增长率出现不同程度的下降,省级社会组织的下降幅度最大。2015年,省级社会组织的数量增长最多,增速达到14.5%;而2016年增长速度最快的则是顺德区,增速为12.3%(见图2)。

社区社会组织对于推动居民参与社区治理,提升社会治理水平具有重要作用。2016年,佛山市社区社会组织共有1484个,南海区以580个排在全市首位,其数量几乎为排名第二的三水区的2倍(见图3)。

---

① 参见广东社会组织信息网。

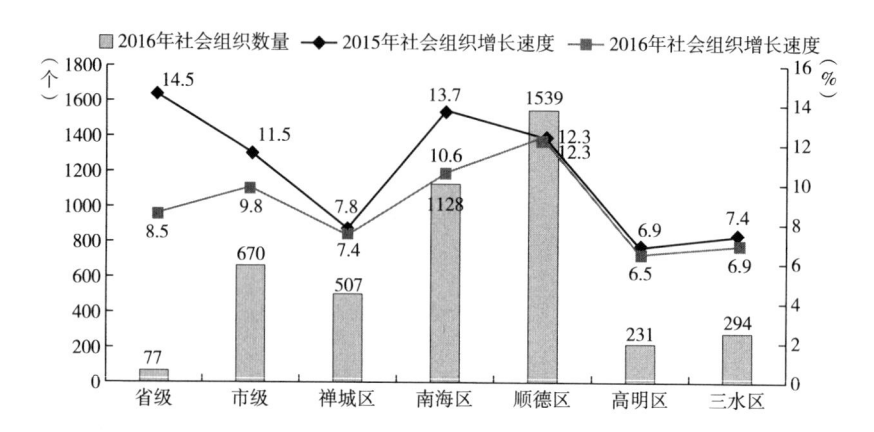

图 2　2016 年佛山市注册登记的社会组织数量及增长情况

数据来源：省级数据来自广东社会组织信息网，市、区级数据由佛山市民政局提供。

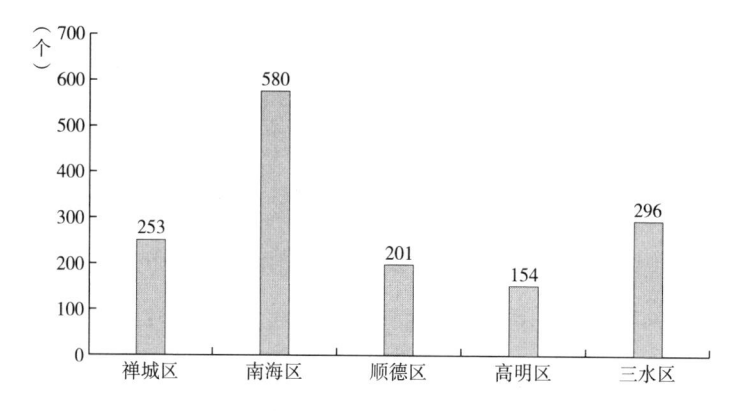

图 3　2016 年佛山市各区社区社会组织数量

（二）慈善组织认定登记情况

《慈善法》规定：所有慈善组织都要进行认定，新设立的慈善组织可向民政部门申请登记；已设立的社会组织，可以向民政部门申请认定为慈善组织。作为《慈善法》的配套政策，《慈善组织认定办法》规定，《慈善法》公布前已经设立的基金会、社会团体、社会服务机构等非营利性组织可申请认定为慈善组织。

自《慈善法》正式施行以来，截至2016年底，全国范围内民政部门共登记认定500家慈善组织，其中有389家在《慈善法》公布前已经成立，111家为新登记的慈善组织。在500家慈善组织中，经民政部登记认定的有71家，有15个省份进行了慈善组织认定工作。从数量来说，慈善组织认定工作进展相对缓慢，全国范围内还有一半以上的省、自治区和直辖市尚未认定慈善组织。广东省有30家组织被认定为慈善组织，其数量仅次于北京（250家）、上海（37家）[1]，这其中包括了佛山市慈善会。佛山市慈善会在《慈善法》实施的1个月后，于2016年10月17日正式被认定为慈善组织，成为佛山市首家被认定的慈善组织。截至2017年12月，佛山市一共登记了慈善组织6家，认定慈善组织19家，这些慈善组织以慈善会为主。

（三）社会组织等级评估情况

自2009年至2016年，包括省级社会组织在内，佛山市3A以上等级的社会组织共有325家，其中，5A级有92家，4A级有124家，3A级有109家。而顺德区无论总量，还是5A、4A、3A各等级的单项数量，均位于佛山市五区第一（见图4）。顺德区在2016年获评3A级以上的社会组织共有35家，其中，21家为行业性社会团体，7家为民办非企业单位（均为社会服务组织），6家为联合性社会团体，仅1家为慈善性社会团体（见图5）。行业协会类社会组织发育较好，从侧面反映了顺德区的产业经济的蓬勃发展。

《社会组织评估管理办法》规定："获得3A以上评估等级的社

---

[1] 《中国慈善法元年实施报告》，北京师范大学中国公益研究院。

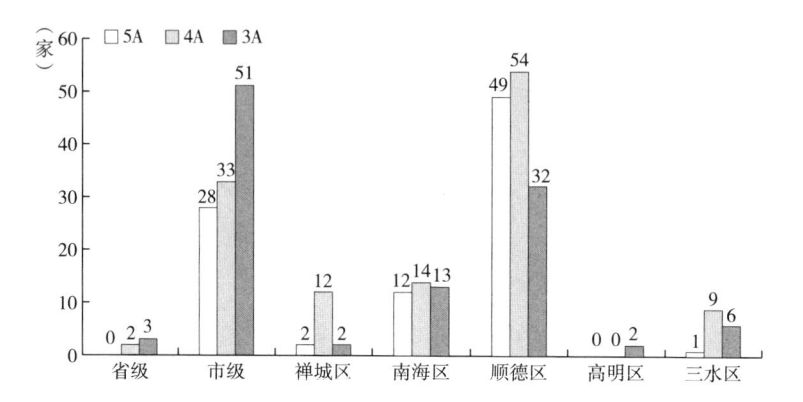

图 4　2009—2016 年社会组织等级评估情况

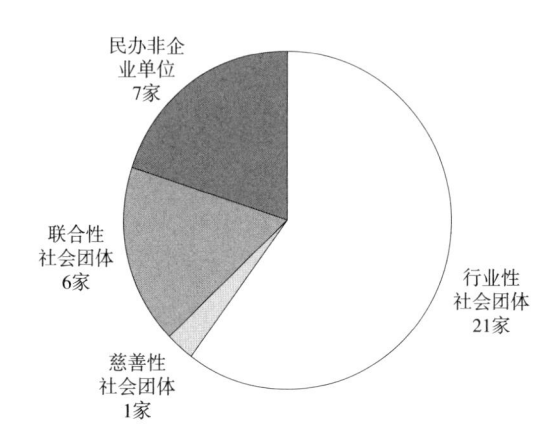

图 5　2016 年顺德区社会组织评估等级情况

会组织，可以优先接受政府职能转移，可以优先获得政府购买服务，可以优先获得政府奖励。获得 3A 以上评估等级的基金会、慈善组织等公益性社会团体可以按照规定申请公益性捐赠税前扣除资格。获得 4A 以上评估等级的社会组织在年度检查时，可以简化年度检查程序。"[①]

---

① 《社会组织评估管理办法》，中华人民共和国民政部令第 39 号，2010 年 12 月 27 日发布，第二十八条。

社会组织评估亦是承接政府转移职能和购买服务的重要参考条件。《佛山市民政局确定具备承接政府职能转移和购买服务资质的社会组织目录的办法》明确了参加等级评估并获得评估等级在3A以上的社会组织优先获得资质。在禅城区的社会服务项目招标中，等级资格对应不同的分值，获得更高评级资质的社会组织在竞标中会占有较大的优势。一些区级单位还采取以奖代补的方式，对评估为3A以上等级的社会组织给予奖励。南海区在2013年出台了《佛山市南海区社会组织评估奖励办法》，对获得3A等级以上的社区社会组织和4A等级以上的区、镇社会组织给予奖励。顺德区利用2016年顺德区扶持社会组织发展专项资金，对2013年、2014年首次获得3A等级以上的社会组织进行奖励，奖金额度分别为1万元、3万元、5万元。

（四）社会组织年度检查情况

2016年佛山市共有3524家社会组织（含省级注册）参与了年度检查，未参检的社会组织达633家。市级社会组织的参检率最高，为90.5%。作为社会组织最活跃的区之一，顺德区的参检社会组织数量最多，其参检率达到90%。相比之下，高明区和三水区参检率较低，均不足75%（见图6）。

从年检合格情况来看，全市社会组织（含省级注册）年检合格的共有3195家。佛山市市级参检社会组织合格率达到100%，高明区亦有98.2%的合格率，而三水区的合格率仅为72.6%（见图7）。值得思考的是，合格率的参差，是否反映了在慈善事业发展的过程中出现了汰弱留强的现象：一些无法持续获得政府资助，

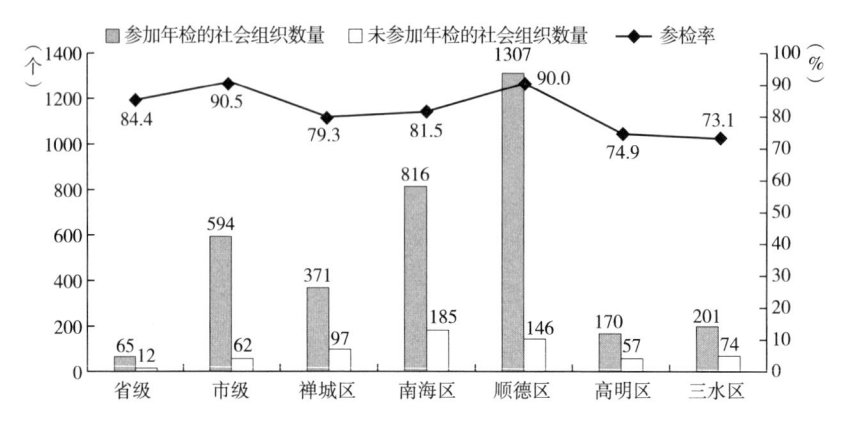

图6 2016年度佛山市社会组织年检情况

又欠缺社会筹资能力的社会组织正在从不活跃走向停止运作甚至注销。

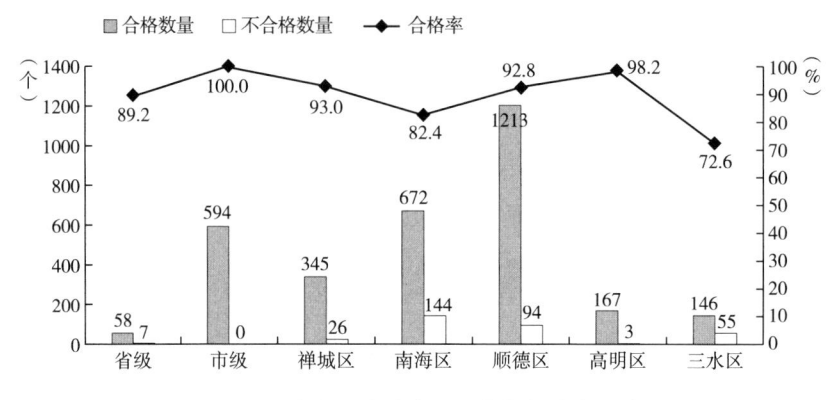

图7 2016年佛山市社会组织参与年检合格情况

（五）社会组织从业人员特征

佛山市建设"乐善之城"的统计数据显示，2016年佛山市各区社会组织从业人员共有42879人，而顺德区的社会组织从业人员最多，为16808人，约占全市社会组织从业人员总数的40%。而高明区的社会组织从业人员仅有2445人，占全市社会组织从业人员总数的5.7%（见图8）。

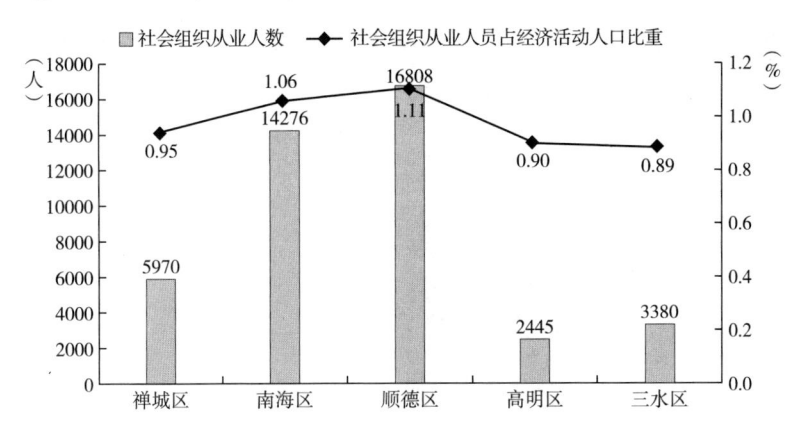

图8 2016年佛山市各区社会组织从业人员

本次调查中，对各区工作人员进行抽样统计，样本数为9733。禅城区的专职人员比例达97%，居全市首位，而高明区的专职人员比例仅为54%。女性工作人员比例的情况与之类似，女性工作人员比例最高的是禅城区（为74%）。南海区的女性工作人员比例最低，为54%。各区的社会组织工作人员性别比例，均为女多男少（见图9）。

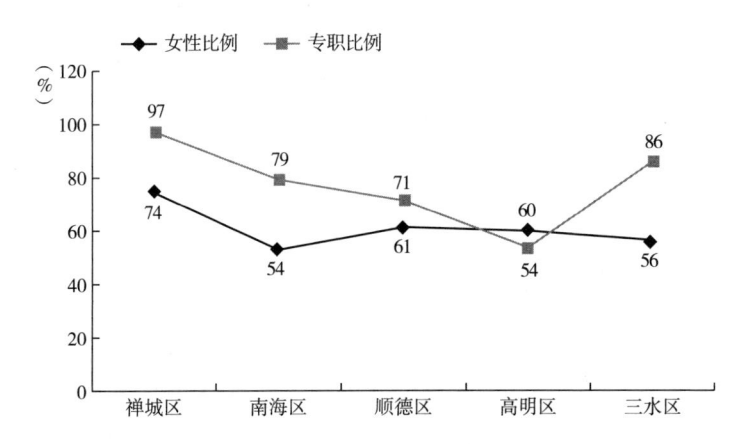

图9 2016年佛山市各区社会组织工作人员中女性人员比例、专职人员比例

在2016年佛山市五区社会组织的从业人员中，高中学历的占

27%，大专学历的占46%，本科学历的占26%，硕士以上学历仅占1%（见图10）。南海区本科以上学历的工作人员比例达40%，而禅城区本科以上学历占比最低，仅占6%。

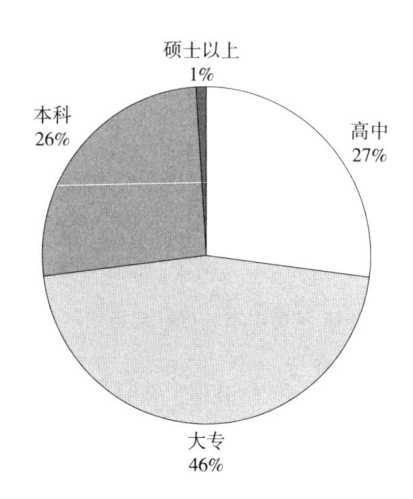

图10 佛山市五区注册登记的社会组织工作人员学历水平

2016年佛山市五区社会组织工作人员队伍总体呈现年轻化的态势。其中，35岁及以下的人数最多，超过总人数的一半，而36—45岁的比例占31%（见图11）。

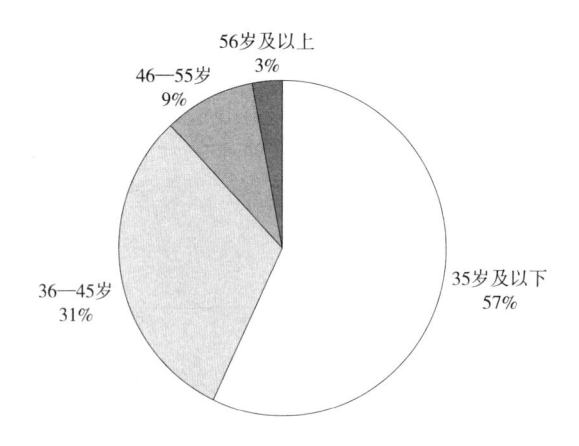

图11 2016年佛山市五区注册登记的社会组织工作人员年龄结构

通过对社会组织从业人员就业、学历和年龄等指标进行分析，我们可以看到相当明显的慈善部门特征，亦即相对于精英云集的高端服务业，慈善部门的主要人力资源来自非专业与非全职人员。

（六）社会组织党建工作

近年来，佛山市坚持把党建工作贯穿于社会组织登记管理的全过程，创新探索符合佛山市实际的社会组织党建工作模式，取得了一定的成效。2016年，佛山市社会组织党委党建工作被佛山市"两新"组织党工委评为优秀等次，基层党建书记项目"探索构建社会组织登记管理和党的建设工作同步机制"被佛山市委组织部评为优秀项目。2017年4月，中共中央组织部把佛山市确定为社会组织党建工作综合监测区，佛山市委组织部制订了《2017年社会组织党建工作综合监测区建设实施方案》，明确将行业协会商会作为社会组织党建重要领域。

截至2017年底，在市民政局登记在册的行业协会商会共有167家（行业协会113家，异地商会54家）。其中，有3名以上专职工作人员的有69家，有1—2名专职工作人员的有52个，没有专职工作人员的有46家；专职工作人员中有3名以上党员的有6家，有1—2名党员的有13家，没有党员的有148家（见图12）。在市级行业协会商会中，已组建党组织55家，其中市社会组织党委直属管理35家，属地管理20家；单独组建党组织46家，联合组建党组织9家。

市级行业协会商会普遍存在规模小、财力不足、专职工作人员少、地域分布广、流动性强等特征，给提升党建工作水平带来一定的困难。佛山市民政局结合行业党建工作的特点进行大胆创

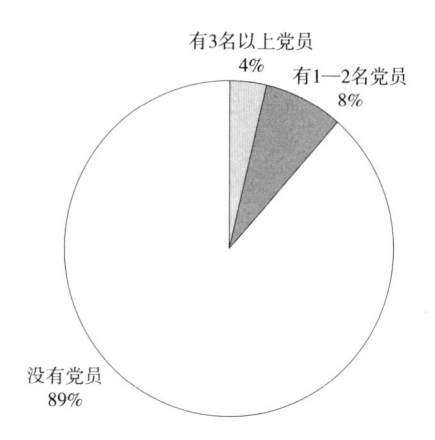

有3名以上党员 4%
有1—2名党员 8%
没有党员 89%

图 12　市级登记的行业协会商会的专职工作人员中党员数量情况

新,创建了行业协会商会"1+N群组链"党建工作模式。把党建工作做得好,人、财、物有保障的社会组织党组织选为"龙头党组织",按照"类型相近、行业相同、地域相邻"的原则,把市级行业协会商会划分为29个群组,每个群组确定一个龙头党组织和若干个社会组织(党组织)。通过政策引导、重点指导,支持龙头社会组织及其党组织,发挥其在组织、学习、建设、服务、活动五个方面的带动作用,牵头和带动群组党建工作和其他工作的共同发展。同时,鼓励和引导群组之间的社会组织加强沟通联系,形成紧密相连的链条,实现资源共享,形成比、学、赶、帮、超的良好氛围,逐步构建党委统筹、龙头牵引、共建互促、融合发展的社会组织党建工作格局。与此同时,佛山市加大了党建工作资金支持力度,设立了市级社会组织党建工作项目专项资金。从2018年起,每年安排50万元用于支持开展党建工作项目的市级社会组织(党组织),重点支持行业协会商会开展群组链党建工作。

目前,"1+N群组链"党建工作模式已取得一定的成效,在推动党建工作共同发展的同时,也为群组内的社会组织搭建了抱团发展的平台。比如,在组织带动方面,佛山市社会工作协会从"1+N群组链"党建工作模式开展试点到全面铺开以来,指导和带动了佛山市福康社会工作服务中心、佛山市晴天社会工作服务中心等5家社工机构组建了党支部。

二 各类型社会组织发展情况

(一)社会团体

截至2016年底,包括省级社会组织在内,佛山市共有社会团体2158家,比上年增长8.7%。与2015年社会团体1986家相比,其数量增加了172家。2016年,佛山市内的省级社会团体数量增速最快,而佛山市五区中,南海区的增长率最高,达11.3%。顺德区的社会团体数量最多,约占全市总数的1/3(见图13)。

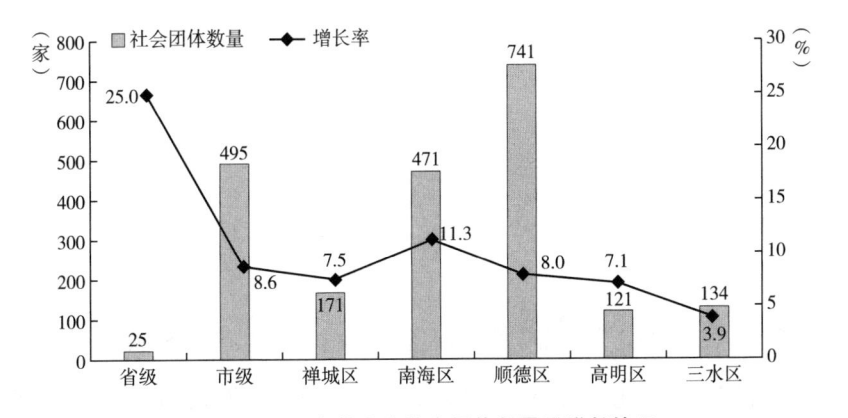

图13 2016年佛山市社会团体数量及增长情况

2016年佛山市公益慈善类社会团体共有360个，占全市社会团体数量的16.7%。从各级登记注册情况来看，佛山市尚未出现省级公益慈善类的社会团体。顺德区公益慈善类社会团体数量为190个，占比达到25.6%，无论是从数量还是占比来看，均居全市第一。高明区仅有8家公益慈善类社会团体，占区内社会团体总数的比例只有6.6%（见图14）。

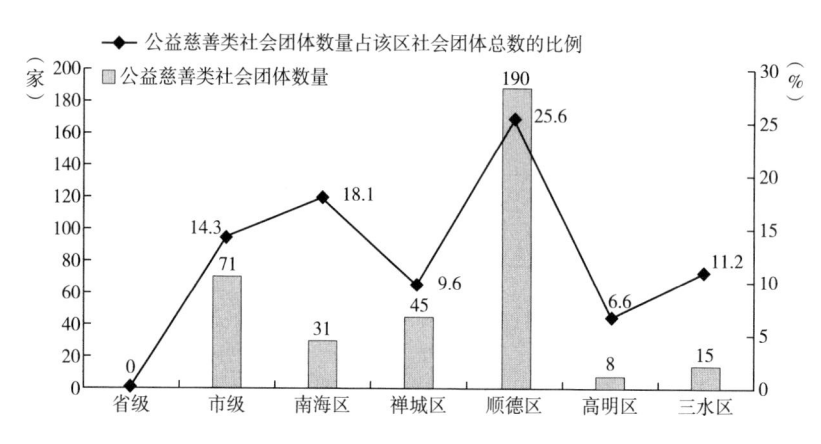

图14 2016年佛山市公益慈善类社会团体数量及比重

（二）社会服务机构

截至2016年底，包括省级社会组织在内，佛山市共有社会服务机构2266家，与2015年的2029家相比增长了11.7%，新增了237个。顺德区的社会服务机构的数量为793个，约占全市总数的1/3，这一数量不但居于全市首位，其增长速度亦为全市第一，达16.4%（见图15）。

2016年，全市社会服务类社会服务机构共有488家，其中注册登记的社工机构155家。人才教育类社会服务机构（包括托儿所、学校、培训中心）的数量遥遥领先，占全市社会服务机构总

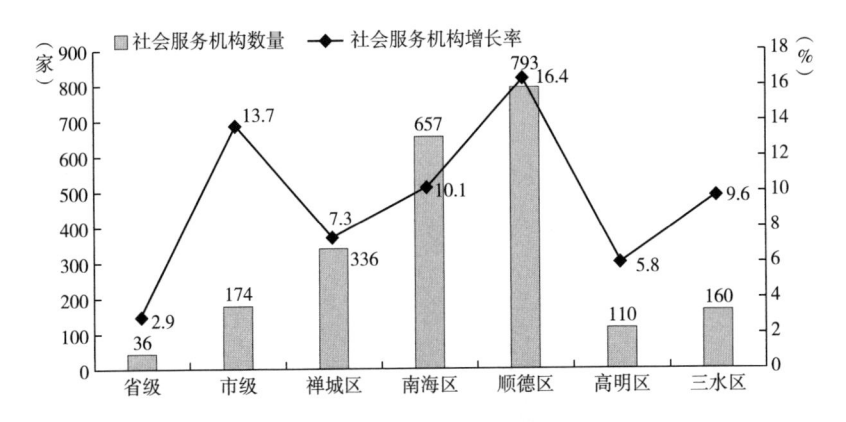

图15　2016年佛山市社会服务机构数量及增长情况

数的57%。第二大类社会服务机构是社会服务类，其比例为22%（见图16）。

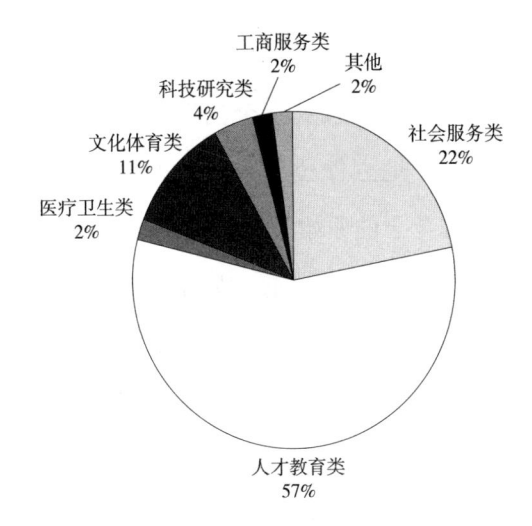

图16　2016年佛山市社会服务机构主要服务领域

在市级注册登记的社会服务机构中，三成以上是社会服务类。顺德区社会服务类的社会服务机构数量最多，且社会服务类社会服务机构的占比亦为佛山市五区最高（见图17）。

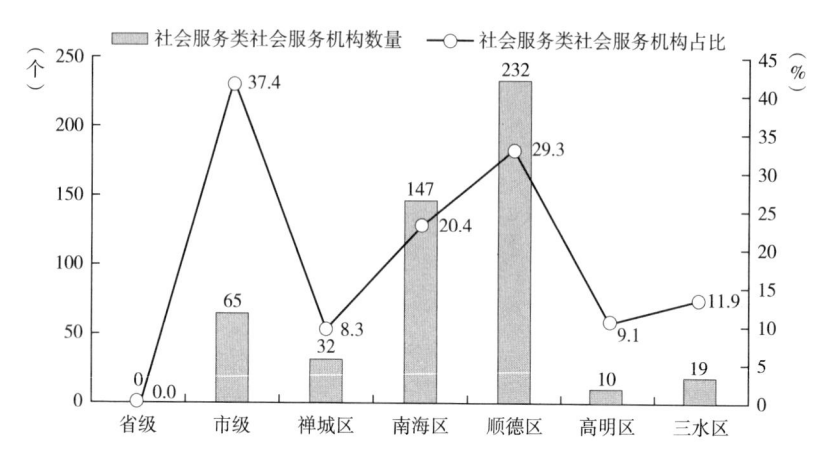

图17 2016年佛山市社会服务类社会服务机构数量及比重

（三）基金会

2004年颁布的《基金会管理条例》对基金会做出了公募基金会和非公募基金会的划分，并且规定全国性公募基金会的原始基金不低于800万元人民币，地方性公募基金会的原始基金不低于400万元人民币，非公募基金会的原始基金不低于200万元人民币。[①] 公募基金会，绝大多数由政府主动发起，属于典型的官办慈善。

《慈善法》中对于基金会取消了公募和非公募的划分，只要符合条件，非营利组织通过申请就可获得公开募捐的资格。此前，公募资格为公募基金会、各级慈善会、红十字会所独有。《慈善法》规定，"慈善组织开展公开募捐，应当取得公开募捐资格。依法登记满二年的慈善组织，可以向其登记的民政部门申请公开募捐资格"。[②]《慈善法》的这一规定，意味着公募权的放开，更多的

[①]《基金会管理条例》，中华人民共和国国务院令第400号，2004年3月8日发布，第二条、第八条。

[②]《中华人民共和国慈善法》，主席令第43号，2016年3月6日发布，第二十二条。

社会组织能向公众公开筹款，市民捐赠也有更多元的选择。另一方面，通过慈善组织的良性竞争，慈善资源将得到更合理的配置。

1. 佛山市基金会数量

截至2016年底，佛山市注册的基金会有24家，其中4家为公募基金会，20家为非公募基金会。总数与2015年相比无变化，新注册了1家基金会，注销了1家。在这24家基金会中，18家注册登记在广东省，1家在佛山市，5家注册在顺德区。而根据基金会住所的统计来看，顺德区有14家，禅城区有7家，南海区有3家（见表1）。

表1　2016年佛山市基金会名单

序号	基金会名称	成立时间	注册等级	性质	住所
1	佛山市禅城区见义勇为基金会	1995年	广东省	公募	禅城区
2	佛山市顺德区职工解困基金会	2004年	广东省	公募	顺德区
3	佛山市教育基金会	2004年	广东省	公募	禅城区
4	佛山市顺德区教育基金会	2004年	广东省	公募	顺德区
5	广东省林治平慈善基金会	2013年	广东省	非公募	南海区
6	广东省顺商公益基金会	2011年	广东省	非公募	顺德区
7	广东省顺德职业技术学院教育发展基金会	2012年	广东省	非公募	顺德区
8	广东省德耆慈善基金会	2012年	广东省	非公募	顺德区
9	广东省圆梦慈善基金会	2013年	广东省	非公募	顺德区
10	广东省国强公益基金会	2013年	广东省	非公募	顺德区
11	广东省和的慈善基金会	2013年	广东省	非公募	顺德区
12	广东省孝美德公益基金会	2014年	广东省	非公募	南海区
13	广东省无量光慈善基金会	2015年	广东省	非公募	南海区
14	广东省百川慈善基金会	2010年	广东省	非公募	禅城区
15	广东省陈村丽成慈善基金会	2014年	广东省	非公募	顺德区
16	佛山市建设文化事业基金会	1993年	广东省	非公募	禅城区

续表

序号	基金会名称	成立时间	注册等级	性质	住所
17	佛山市炽昌慈善基金会	2007年	广东省	非公募	禅城区
18	佛山市金盾救助基金会	2009年	广东省	非公募	禅城区
19	佛山市通济慈善基金会	2014年	佛山市	非公募	禅城区
20	佛山市顺德区榕树头村居保育公益基金会	2016年	顺德区	非公募	顺德区
21	佛山市顺德区德威慈善基金会	2015年	顺德区	非公募	顺德区
22	佛山市顺德区胡锦超职业技术学校胡锦超教育基金会	2015年	顺德区	非公募	顺德区
23	佛山市顺德区广东碧桂园学校教育基金会	2014年	顺德区	非公募	顺德区
24	佛山市顺德区逢简社区建设基金会	2013年	顺德区	非公募	顺德区

资料来源：广东社会组织信息网。

广东省盈峰慈善基金会和广东省凯业慈善基金会先后在2015年和2016年注销了基金会登记。广东省盈峰慈善基金会成立于2010年，是由美的集团创始人何享健先生的儿子何剑锋先生在广东省民政厅成立的一家非公募基金会。而何享健先生在2013年成立了广东省何享健慈善基金会（现更名为广东省和的慈善基金会），两家慈善基金会存在人员交叉的情况，盈峰慈善基金会主动注销登记，将其业务并入广东省何享健慈善基金会。

广东省凯业慈善基金会由佛山市凯业集团于2011年在广东省民政厅成立，其注销原因是2011—2014年连续四年未按规定参加年度检查，广东省民政厅依照《基金会管理条例》的规定于2016年对其实施撤销登记。

从基金会数量的增长情况可以看出，佛山市的基金会在2004年和2013年迎来了增长节点。2004年，国务院出台了《基金会管理条例》，从政策角度鼓励企业和个人在公益事业中担当社会责任。在此之前，基金会几乎只能由政府发起成立，《基金会管理条例》的颁布吸引了更多的社会资源从事公益事业，基金会的发展正式走上了规范的道路。佛山市于2004年新增的3家基金会（佛山市顺德区职工解困基金会、佛山市教育基金会、佛山市顺德区教育基金会）均为注册在广东省级的公募基金会，此后再无新增的公募基金会（见图18）。

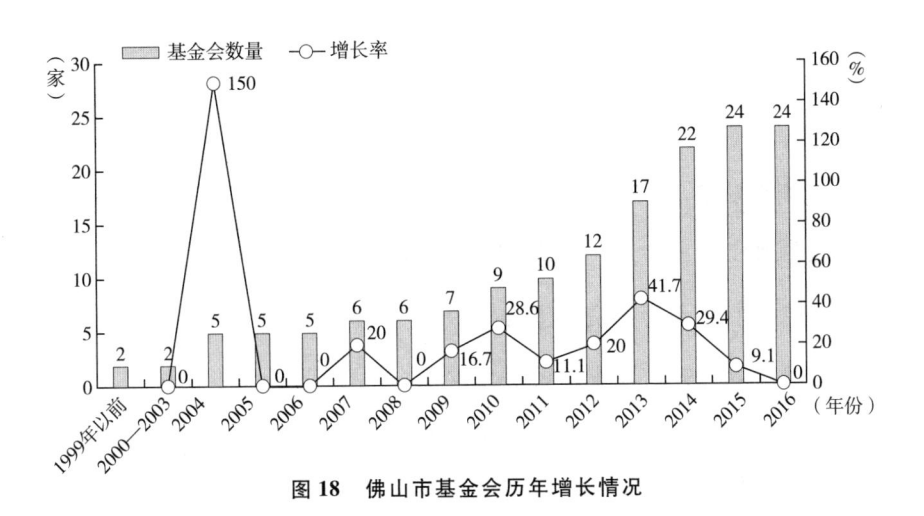

图18 佛山市基金会历年增长情况

2013年，佛山市有5家新成立的基金会，为历年增长数量最多的一年。佛山市基金会数量激增与社会组织登记制度改革以及事权下放有着直接关系。直接登记制度的改革降低了基金会的登记门槛，基金会的登记成立的审批权亦从省级民政部门下放到市、区级民政部门，从而加快了基金会发展的速度。

从基金会的发起主体来看，佛山市基金会以企业、企业家发起的基金会为主，一共有11家，占全市数量的46%。政府机关成立的基金会一共有6家，学校基金会有3家，村居层面成立的基金会有2家，还有1家是由宗教团体发起的基金会（见图19）。

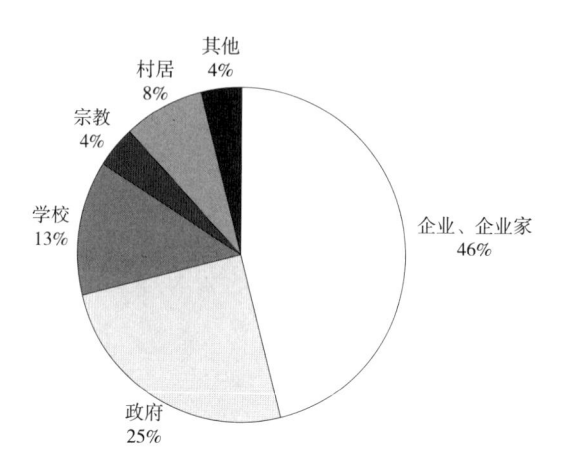

图 19　2016 年佛山市基金会发起主体

2. 财务状况

根据佛山市民政部门及各省级基金会的年检报告数据，截至 2016 年底，佛山市基金会的资产总量达 9.09 亿元，与 2015 年的 7.91 亿元相比，增长 14.9%。其中，公募基金会的资产总量为 1.6 亿元，占佛山市基金会资产总额的 17.6%。2016 年佛山市的公募基金会资产总量比 2015 年减少了 200 万元，而非公募的资产总量则大幅增加，从 2015 年的 6.28 亿元增加到了 7.49 亿元，增长率达到 19.2%（见图 20）。

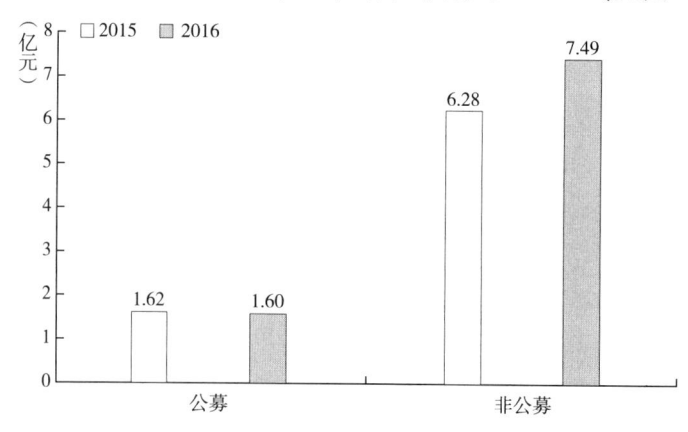

图 20　2015—2016 年佛山市基金会资产总量变化

总体来看，基金会的净资产与资产总量情况相似，公募基金会的净资产由原来的1.62亿元减少至1.59亿元，非公募基金会的净资产则从上一年的5.63亿元增加到7.06亿元，增长率达到25.4%（见图21）。

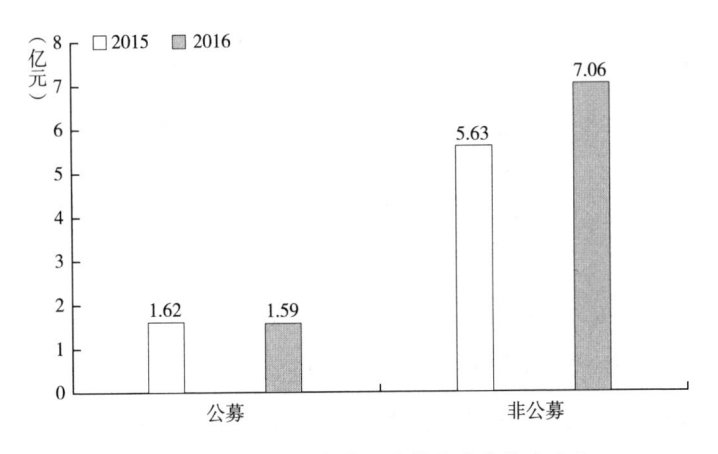

图21 2015—2016年佛山市基金会净资产变化

2016年，佛山市的基金会总收入为6.94亿元，其中捐款收入为6.77亿元，捐款收入占基金会收入总额的97.6%。非公募基金会的总收入为6.91亿元，占全市基金会总收入额的99.6%，其收入的97.9%来自捐赠收入。公募基金会的总收入仅为262万元。佛山市的公募基金会长时间未开展公开募捐活动，主要的收入来源是基金会的利息收入，2016年佛山市4家公募基金会的捐赠收入仅28万元。佛山市的公募基金会都是官办慈善背景，行政化色彩浓厚，且有行政机关工作人员兼任现象，专业化程度与市内的非公募基金会相比多有不足之处。

2016年佛山市的基金会总支出为5.71亿元，其中用于公益事业的支出为5.67亿元，约占支出总额的99.3%。非公募基金会的总支出为 5.65 亿元，占全市基金会总支出的 98.9%，而公募基金会的总支出为 575 万元（见表 2）。

表 2 2016 年佛山市基金会收入、支出情况

		全市	公募基金会	非公募基金会
总收入	金额	6.94 亿元	263 万元	6.91 亿元
捐赠收入	金额	6.77 亿元	28 万元	6.77 亿元
	捐赠收入占总收入的比例（%）	97.57	10.66	97.90
总支出	金额	5.71 亿元	574 万元	5.65 亿元
用于公益事业的支出	金额	5.67 亿元	556 万元	5.61 亿元
	用于公益事业支出占总支出比例（%）	99.31	96.70	99.34

佛山市基金会资产总量排名前五的基金会的资产总量为 8.47 亿元，占全市基金会资产总量的 93%。这五家基金会均注册在省级民政厅，且都位于顺德区，其中三家是由民营企业捐资成立的非公募基金会。这进一步显示了顺德区民营企业基金会的发展表现十分抢眼（见表 3）。

表 3 2016 年佛山市基金会资产总量排名

单位：亿元

排名	基金会	资产总量	性质	出资发起方
1	广东省和的慈善基金会	3.46	非公募	美的集团创始人何享健先生出资
2	广东省国强公益基金会	3.16	非公募	碧桂园集团创始人杨国强先生出资
3	佛山市顺德区教育基金会	1.43	公募	顺德区教育局
4	广东省德耆慈善基金会	0.26	非公募	美的集团创始人何享健先生出资
5	佛山市顺德区职工解困基金会	0.15	公募	顺德区总工会

三 总结

从整体的发展现状来看，佛山市的社会组织在 2012—2016 年

得到了快速发展，目前进入了一个相对稳定的调整阶段。而这一阶段亦是社会组织间形成差距的关键时期，专业性较强、组织能力较好的社会组织，与专业性较弱、内部管理未跟上的社会组织出现了马太效应，亦即强者越强，弱者越弱。前者在慈善资源中占有更大的份额与话语权，尤其表现在资金与人才这两个维度上。最典型的表现是专业的社会服务机构承接到越来越多的项目，资金来源更加充足，影响到更广泛的接受服务者。

与社会服务机构相比，基金会拥有较多的资源，处于慈善行业的上游，对于整个慈善事业体系中的孵化培育、人才培养、项目创新有着举足轻重的作用。但目前公募基金会发展滞缓，缺乏活力，其发展已被市内的非公募基金会拉开了很大距离。随着越来越多的社会资源进入慈善领域以及公募资格的逐渐放开，以往垄断公募资格的官办慈善组织丧失了其优势，其创新能力、人员管理亦不及非公募基金会，不难理解非公募基金会在融资上比公募基金会要更能带领慈善事业的发展方向。

从区域发展的层面来看，佛山的社会组织发展水平在数量上存在明显的级差。顺德区和南海区处在第一梯级，禅城区、三水区和高明区则处在第二梯级。顺德区与南海区之间，又因为不同的发展路径而呈现各自的特色。例如顺德区在社团数量多的同时，公益慈善类社团占比较小。南海区尽管在数量上略少，但公益慈善类社团占比大。值得一提的是，顺德区虽然公益慈善类社团占比少，但有相当多的行业协会商会。顺德区的捐赠表现比南海区更为出色，这与顺德区内行业协会商会发育完善有一定的关系。这类组织主要由当地企业联合组成，企业本身是重要的捐赠主体，行业协会商会的发展能够在一定程度上促进社会组织内部形成慈善资源流动，从而推动慈善事业的发展。

近几年来，佛山市慈善社会组织的发展日益呈现制度化、社会化、规模化等特点，但透明度较低，信息披露制度不完善，除了慈善会、大型基金会等品牌社会组织主动公开年度报告以外，社会组织的信息公开程度较低，缺乏对其进行监督的渠道和平台。另一方面，社会组织人才缺乏，普遍缺乏高素质的专职人才，在一定程度上导致社会组织的服务能力不足。佛山市在今后的社会组织发展中，要深化社会组织管理体制和服务体制改革，加强社会组织人才培养，创新服务模式，加强信息披露和社会监督，提升社会组织的专业能力，使其更好地服务于地方社会建设和慈善事业的发展。

佛山市要把学习贯彻党的十九大精神作为今后社会组织登记管理工作的首要政治任务，不断推动从严治党向基层延伸；要把党建引领，促进党组织发挥作用，作为社会组织党组织发挥作用的立足点，积极探索社会组织党组织发挥作用的有效途径；要加强创新探索，积极打造社会组织党建工作新方法、新形式；要注重社会组织登记管理和党建工作的高度融合，充分利用"互联网＋"的信息化手段，进一步破解党建工作难点重点问题，推动社会组织党建工作迈上新的高度。

佛山市慈善会系统发展报告

陈永杰　黎　静　曾　雄

摘　要：慈善会是政府自上而下发展慈善事业的产物，从诞生之初就具有浓厚的行政色彩，其官办慈善的特性在一定程度上为其带来了资源优势和政策便利，但也使其陷入了行政化的困局。佛山市的慈善会发展不足二十年，一直担当着佛山市慈善事业的先行者角色，推动着佛山市的慈善事业不断向前。近年来，佛山市的慈善会系统勇于创新，取得了丰硕的成果，然而，其发展过程中难以避免地出现一些问题。在"慈善法时代"，慈善会系统需要适应新的时代要求，逐渐脱离行政化，向社区基金会的方向改革，全面推动慈善会系统社会化运作转型。

关键词：慈善会　官办慈善　行政化　社会化

一　引言

慈善会是我国慈善组织的重要组成部分，现代意义上的慈善会在清末民初就已经在一些地区出现。随着政权的更替，我国实行社会福利由国家统包的计划经济制度，包括慈善会在内的各类慈善组织和社会组织被国家取缔，慈善事业也因意识形态问题而停滞（彭建梅、刘佑平，2012）。

20世纪70年代末80年代初的改革开放，把经济体制从计划经济逐渐转变为市场经济。相应的，个人在商品化社会中遇到的各种社会风险便无法完全由社会制度提供保护或救助。政府作为资源与服务的单一提供者，与日趋多元化和复杂化的社会需求越来越难以适应，各类社会组织随之成立。1994年，中华慈善总会在民政部成立，标志着作为公益慈善载体的慈善会，重新回到人们的视野中。在此之后，全国各省、市、县相继成立了慈善会组织。大多数城市逐渐建立了市、区（县）、镇（街道）三级慈善体系。经过二十多年的发展，截至2017年12月，全国慈善会数量达到3834个,[①] 构筑了庞大的慈善会系统。从学理上看，慈善会体系的出现，也使得当代中国社会政策的规划监管、服务递送与项目融资，起码在理论上出现了公共部门与慈善部门共同参与的组合。因此，慈善部门作用的确立，其意义不仅限于启动了中国当代的慈善事业，同时也使得整个社会政策领域参与主体的多元性成为可能。

然而，理论上的发展方向在现实中却行进得相当曲折。慈善会尽管在扶贫助困方面发挥了重要作用，但其官办性质一直为人所诟病。早期，大多数地方慈善会都是由各地民政部门发起成立

---

① 参见中国社会组织网。

的，慈善会都属于民政部门的一个处室或科室（邓国胜，2009）。慈善会系统是行政体制的延伸，它们衍生并依托在政府的管理网络之上，享有公募资格，在资源筹集上具有天然的优势。地方慈善会具有强有力的领导层，其会长多由地方领导班子或民政局局长担任，因而处于垄断地方性慈善资源的地位，还同时承担了"民间组织"和"体制内单位"双重角色（杨容涛，2015）。与国家行政力量的紧密联系使之容易获取更多社会资源，但也使之经常陷入行政化运作的窘境（孔祥利、邓国胜，2013）。中国官办慈善的困局在于合法性困局、主导权困局、效率困局，而造成这些问题的根本原因在于慈善垄断（唐昊，2015）。

改革开放以来，当代中国的慈善事业曾在相当长的时期内被政府"包揽"，民间的慈善功能一直被忽视和弱化。政府在初期难以突破行政主导的思维，过度强化对社会组织的管理，实行社会组织双重登记管理制度，本质上将民间组织和政府置于相互对立的关系上，政府管理民间组织的首要目标是限制其发展并规避可能的政治风险（王名，2006）。2008年汶川大地震的发生极大地激发了国民的慈善意识，社会力量逐渐参与到慈善捐赠中。同样重要的是，多元主体的参与获得了官方的允许和鼓励，从而催生了大批民间自发的公益组织，这些民间组织越来越成为慈善事业的新兴力量。

尽管从整个发展过程看，是民间慈善组织的蓬勃发展倒逼着慈善会系统进行改革，但令不少地方慈善会下决心开始去行政化的改革试验，则与"郭美美事件"中官办慈善组织公信力大打折扣有相当大的关系。慈善会系统在中国近二十年来的慈善事业发展轨迹中处于重要地位，其突出贡献毋庸置疑。然而，传统的官办慈善应该如何顺应时代发展的潮流,在"慈善法时代"释放出新的活力,让"慈善回归社会",值得深思。

二 佛山慈善会系统现状

(一)慈善会数量

截至2016年底,佛山市镇街级以上的慈善会数量共有34个,其中包括市级1个、区级5个、镇(街道)级28个(见图1)。禅城区、南海区和顺德区的镇街慈善会覆盖率是100%,每个镇、街道都设立了慈善会。三水区下辖7个镇、街道,其镇街慈善会的覆盖率为86%。高明区尚未设立镇街层级的慈善会,仅有一个区级慈善会。佛山市慈善会成立于2001年,是佛山市内第一家慈善会,南海区慈善会成立于同年10月。三水区、禅城区、顺德区的慈善会先后成立于2002年、2003年、2005年。高明区慈善会成立于2007年,是各区慈善会中最晚建立的。

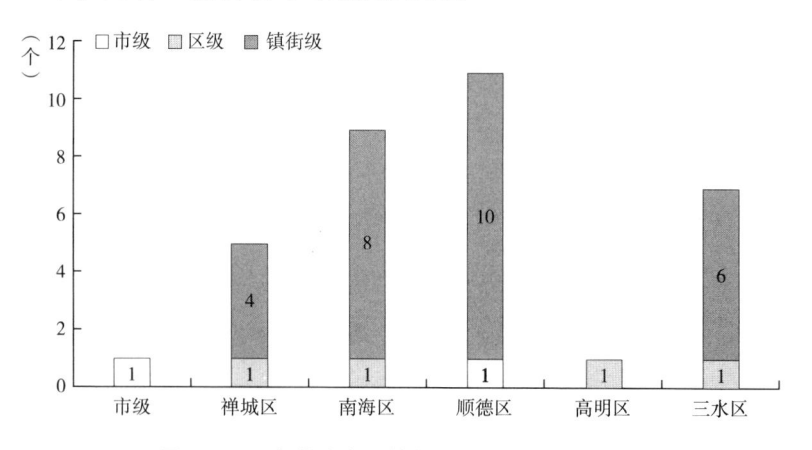

图1 2017年佛山市(镇街级以上)慈善会数量

顺德区从2009年开始率先开展了区、镇街、村居三级慈善网络体系的建设，推动区内各个村（居）成立了福利会。2016年，佛山市村居层级的慈善会共有282个，顺德区以204个居全市首位，约占全市总数的72.3%。排名第二的南海区有54个，而三水区和高明区尚未有村居层级的慈善会（见图2）。

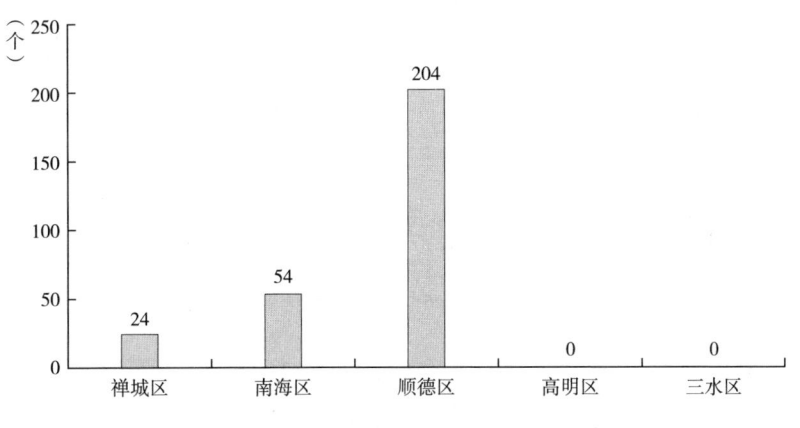

图2　佛山市村居级慈善会（福利会）数量

（二）慈善会资金

1. 收入

2016年，佛山市市、区级慈善会总收入为12965万元，与2015年相比增加了3326万元，增长率达到34.5%。市级慈善会总收入达1908万元，而在区级慈善会中，南海区慈善会总收入为6158万元，排名首位。排名第二的顺德区慈善会总收入为3446万元，约为南海区慈善会的一半。

在捐赠收入方面，2016年市级慈善会和五区慈善会捐赠收入共有11879万元，比2015年增加2826万元，增长率达31.2%。高明区慈善会捐赠收入占收入总额的比例高达97.8%，而南海区的捐赠收入占比也达到97.3%（见图3）。

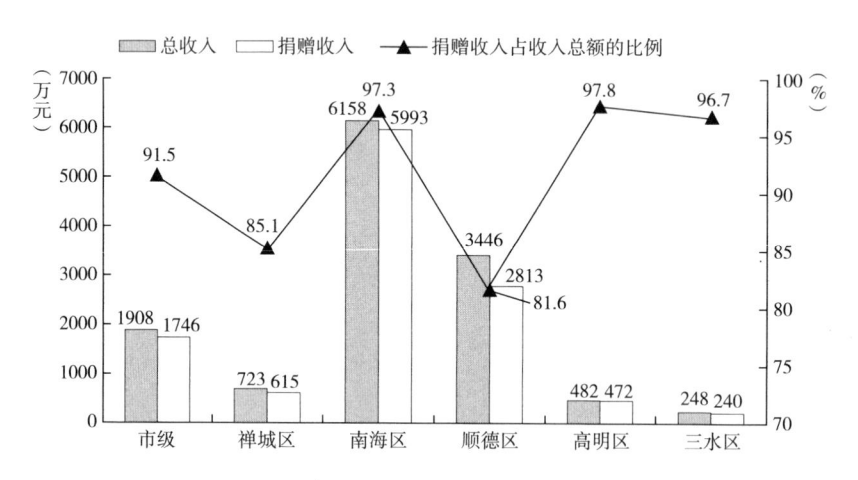

图3 2016年佛山市市、区级慈善会收入情况

镇街层级慈善会2016年的总收入额为16920万元，比上年增长21.9%。顺德区镇街层级慈善会总收入额达13203万元，占总额的78%，顺德区平均每家镇街级慈善会收入达1320万元，接近禅城区、高明区和三水区三个区级慈善会的收入总额（见图4）。

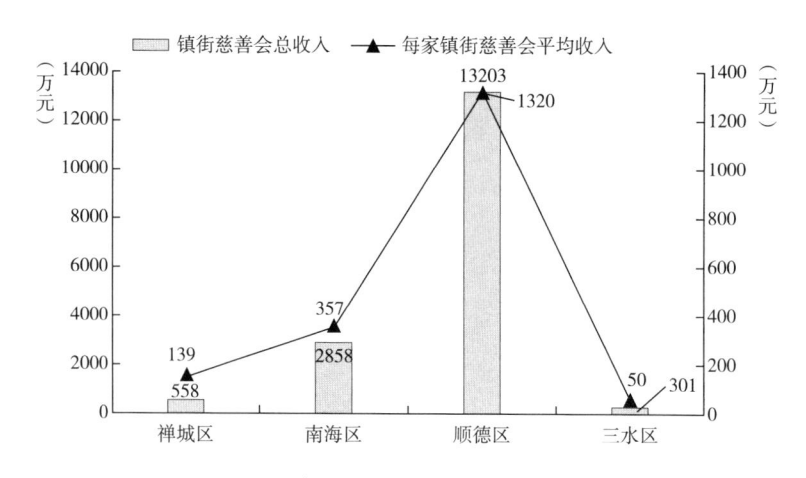

图4 2016年佛山市镇街级慈善会收入情况

2. 支出

2016年佛山市市、区级以上慈善会总支出额为10200万元，比2015年增加了354万元，增长率为3.6%。其中，顺德区慈善会的总支出为3508万元，为全市五区慈善会首位。南海区慈善会的公益事业支出占其支出总额的比例最高，南海区慈善会100%的支出用于公益事业（见图5）。

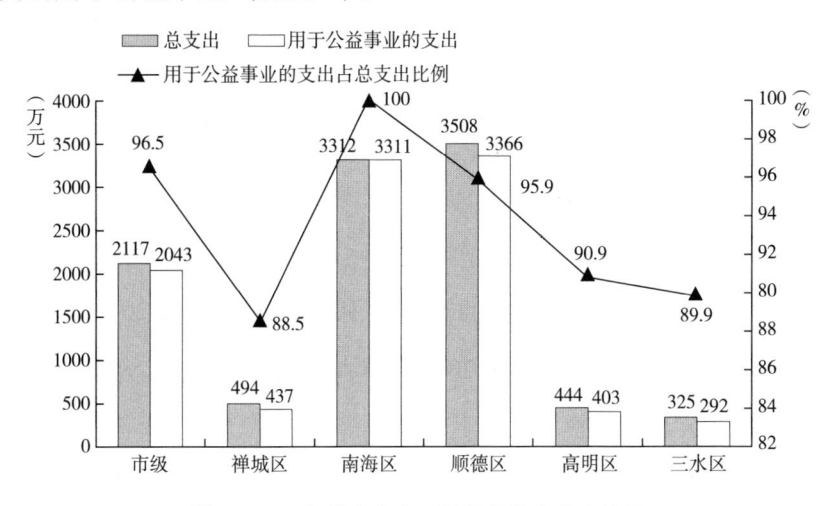

图5 2016年佛山市市、区级慈善会支出情况

佛山市四个区28个镇街级慈善会2016年的支出总额为10772万元，与2015年相比增加了2764万元，同比增长了34.5%。顺德区的镇街级慈善会支出达7554万元，平均每家慈善会支出755万元，相当于禅城区、三水区和高明区三家区级慈善会的总量，比禅城区、南海区和三水区镇街慈善会平均支出之和还要多（见图6）。

3. 结余

2016年佛山市市、区级慈善会的资金结余额为4.2亿元，顺德区慈善会的结余额达1.4亿元，占全市总额的33.3%，排名第

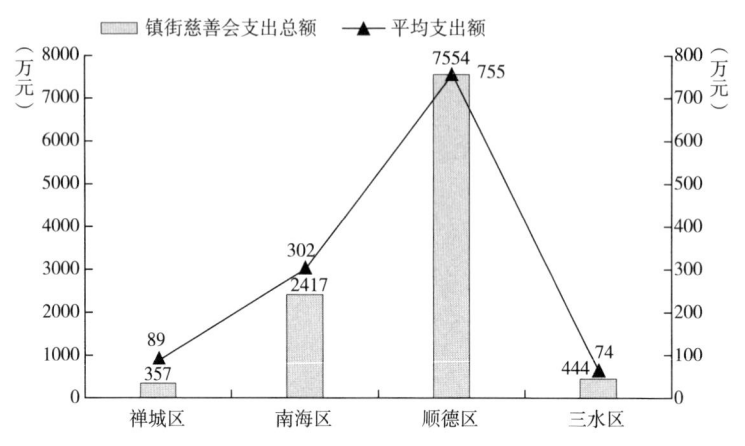

图 6　2016年佛山市镇街级慈善会支出情况

二的南海区慈善会则有9677万元，三水区慈善会仅有1589万元。从资金结余的增长情况来看，佛山市慈善会、顺德区慈善会和三水区慈善会三家出现负增长的情况，而南海区慈善会2016年的资金结余增长率达41.8%，比2015年增加了2851万元（见图7）。

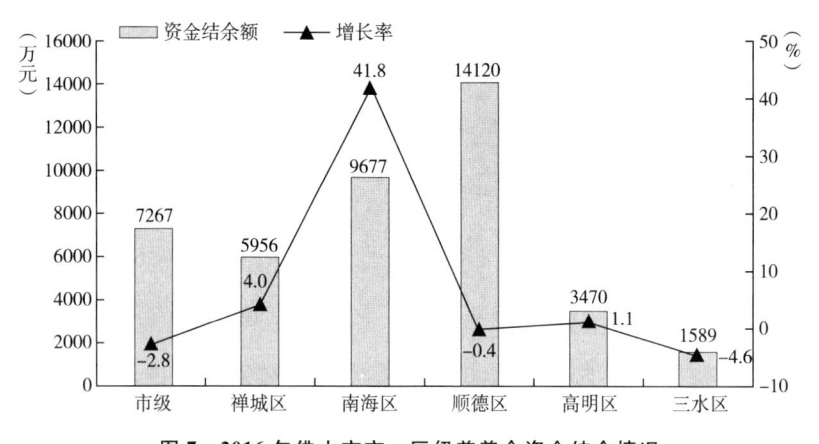

图 7　2016年佛山市市、区级慈善会资金结余情况

镇街级慈善会2016年的结余总额为3.96亿元，与2015年相比增加了3578万元，增长率达9.9%。而顺德区镇街级慈善会的资金为2.9亿，平均每家镇街级慈善会结余额为2906万元，其中，

美的集团和碧桂园集团总部所在的北滘镇，其北滘镇慈善会的结余额达6786万元（见图8）。

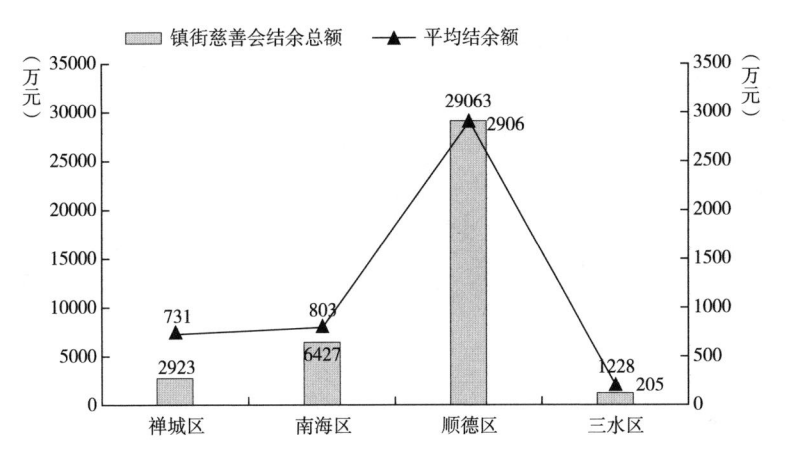

图8 2016年佛山市镇街级慈善会资金结余情况

（三）冠名基金

截至2016年底，佛山市慈善会系统一共有335个冠名基金。与2015年相比，数量新增74个，冠名基金的增长率达到28.4%。顺德区的冠名基金数量最多，2016年有164个冠名基金（见图9）。

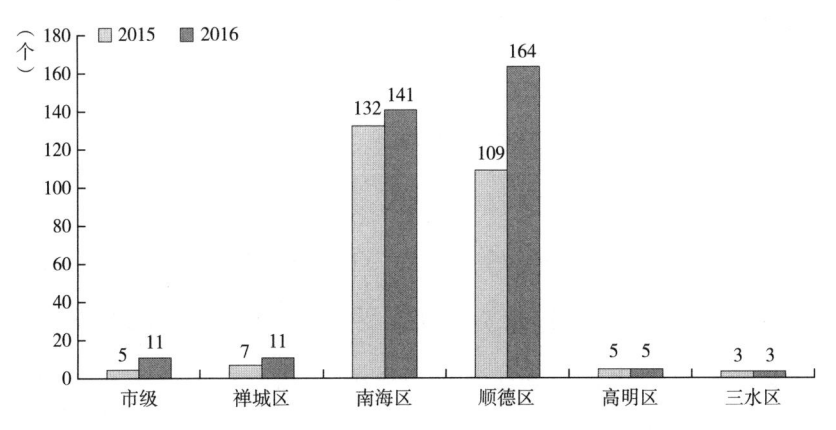

图9 2015—2016年佛山市的慈善会系统冠名基金数量

57

企业单位是冠名基金成立的主体,64%的冠名基金(215个)由企业成立,而由社会组织成立的冠名基金占21%(69个),个人设立的冠名基金占11%(36个)(见图10)。

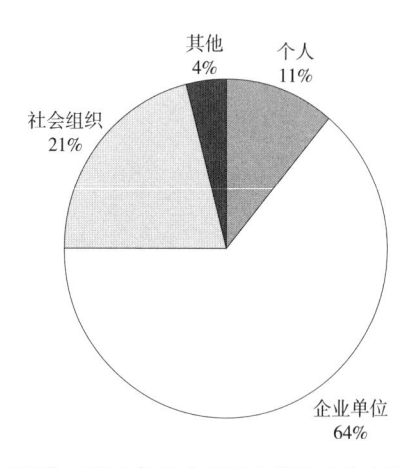

图10　2016年佛山市冠名基金成立主体

(四)项目情况

2016年,佛山市区级以上慈善会共开展慈善项目94个,这些项目中有不少是通过冠名基金的方式设立的。佛山市慈善会和南海区慈善会均开展了25个慈善项目,而高明区仅开展了5个项目。

在项目资助方面,南海区慈善会自2014年开始,举办"益动全城,家·南海"公益慈善创意汇,2016年筛选资助23个项目,资助128万元。佛山市慈善会与佛山市民政局联合举办了"2016创益合伙人计划",共同出资400万元,以资助入选的22个项目。三水区慈善会并未资助其他项目(见图11)。

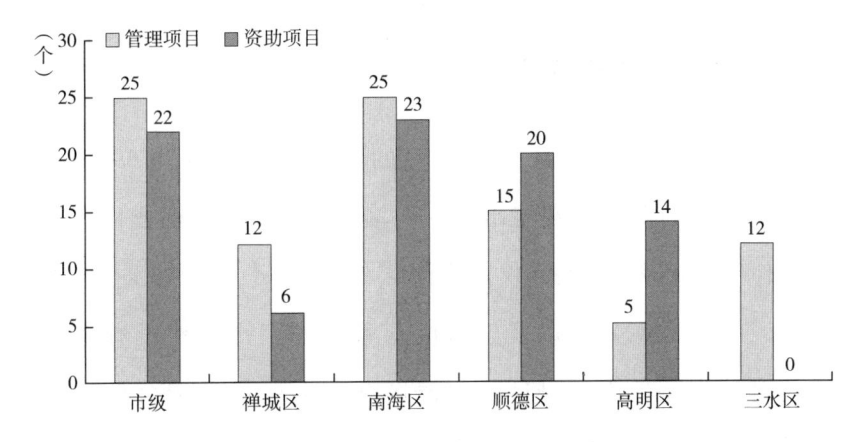

图 11 2016年佛山市市、区级慈善会管理项目

（五）活动情况

2016年，佛山市各级慈善会开展了形式丰富的慈善活动，而佛山市慈善会开展了115次慈善活动，遥遥领先于其他区级慈善会。禅城区、南海区、顺德区的慈善会举办了20余次的慈善活动。各家慈善会举办的慈善活动，涵盖了体育、民俗、艺术等领域，其中不乏"慈善+"活动的创新模式（见图12）。

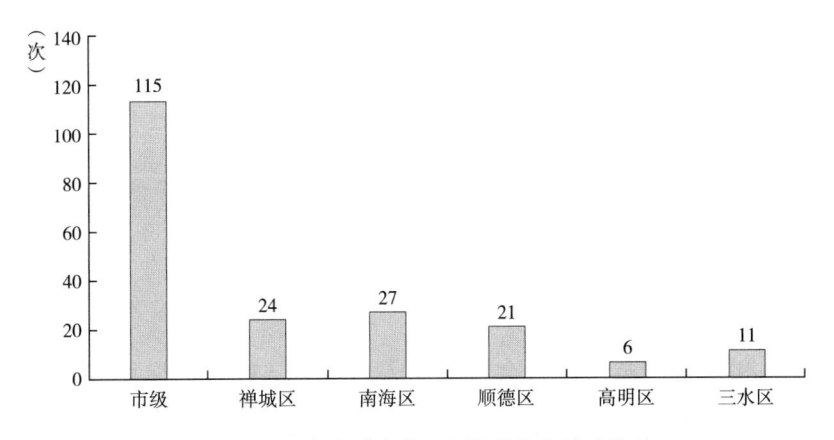

图 12 2016年佛山市市、区级慈善会活动数量

（六）慈善会工作经费

2016年佛山市市、区级慈善会的工作经费总额为395万元。南海区慈善会的工作经费支出最多，接近200万元，而佛山市慈善会的工作经费有21万元，仅占南海区的1/10（见图13）。佛山市慈善会、顺德区慈善会以及三水区慈善会的工作经费没有来源于政府的财政支持，而禅城区、南海区和高明区的慈善会均有来自政府的财政支持。以禅城区慈善会为例，2016年获得财政补助56万元，用于工作人员工资福利支出（32万元）和行政办公支出（24万元）。

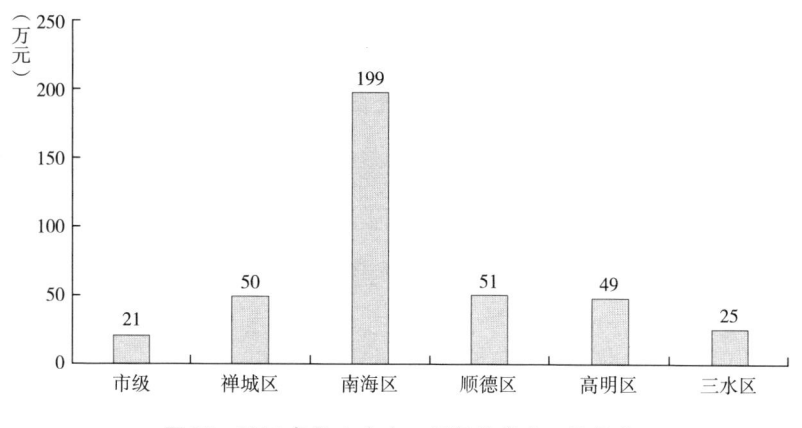

图13　2016年佛山市市、区级慈善会工作经费

（七）慈善会工作人员

慈善会工作人员多数以小团队运作，顺德区慈善会的工作人员数有9人，三水区慈善会仅有4人（见图14）。而禅城区慈善会的5名工作人员中，有1人抽调到区民政局，慈善会的会计由区民

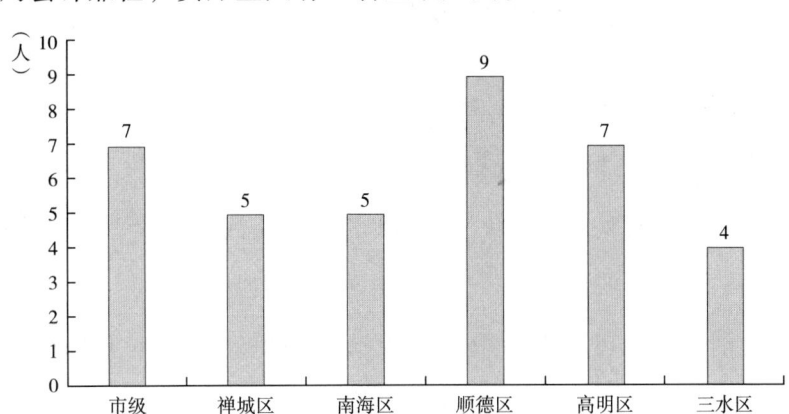

政局会计兼任,实际上只有3名全职人员。

图14 2016年佛山市市、区级慈善会工作人员数

佛山市市、区级六家慈善会中,2016年的平均月薪最高的是佛山市慈善会,达6245元。排名第二的是顺德区慈善会,平均月薪达6000元,顺德区慈善会的最高月薪为12000元,最低月薪为5600元,均为全市首位。而高明区慈善会的平均月薪为2800元,最低薪酬仅为2300元,最高薪酬为3800元,均处于末位(见图15)。

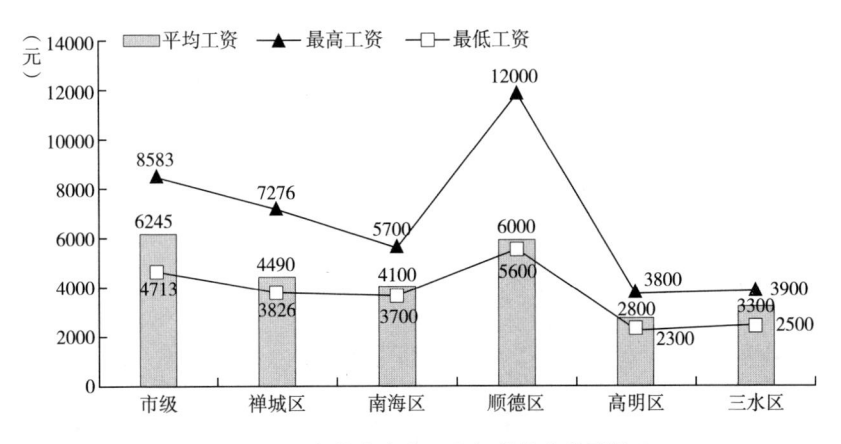

图15 2016年佛山市市、区级慈善会薪酬状况

（八）慈善会资金理财，保值增值情况

《中华人民共和国慈善法》（以下简称《慈善法》）第五十四条规定"慈善组织为实现财产保值、增值进行投资的，应当遵循合法、安全、有效的原则，投资取得的收益应当全部用于慈善目的"，从而肯定了慈善组织进行投资理财的合法性。

此前，佛山市慈善会系统的投资较为保守，基本上只有银行存款和银行理财，没有采用其他投资方式，难以应对通货膨胀的压力，慈善会资金面临贬值的风险。近几年来，佛山市慈善会、南海区慈善会和顺德区慈善会开始尝试投资理财。以南海区慈善会为例，2016年南海区慈善会的投资收益为127.89万元，银行利息收入36.68万元，投资收入占收入总额的2%，占非捐赠收入的74.8%。

三 亮点和问题

（一）因地制宜"慈善+"活动创新亮点精彩纷呈

近年来，佛山市各级慈善会大力推广"慈善+"活动模式，创新公众参与慈善的方式。以往的慈善参与只是单纯的捐赠物资，活动形式单一，公众对慈善活动缺乏深刻体验。而"慈善+"模式在各种民俗、运动、艺术以及商业活动的基础上注入了慈善元素，让慈善活动变得更具体验性、参与性，从而更好地在公众中推广慈善理念。

以"慈善+运动"为特色的佛山市50公里徒步活动为例，市民通过设立微基金的形式报名参赛，只需要捐赠100元就能在佛山市慈善会设立个人微基金，搭建了一个以公众参与为基础的筹款平台。2016年，该项活动共筹集善款33.6万元，其中微基金募集善款10.1万元，善款全部用于佛山市儿童大病医疗救助项目。

佛山市的民俗特色浓厚，各地慈善会根据当地传统特色，开展各类"慈善+"活动，在传承传统文化的基础上，为其民俗活动赋予了慈善内涵。如禅城区慈善会在元宵节当日举办"元宵慈善行通济"；里水镇举行了"美丽乡村益起走"——梦里水乡贤鲁岛爱心徒步；桂城街道举办了叠滘慈善龙舟赛；大沥镇举办了"博爱乐善，福满南海"黄岐龙母诞活动；狮山镇举行了"孝德万人行"徒步活动，以"孝德+徒步+慈善"的方式弘扬孝德文化；丹灶镇举办了"潮跑金沙岛"，"慈善+运动+古村文化"让公益跨界合作再创新模式。[①]

（二）冠名基金占比逐年提升

2008年1月，佛山市内首个冠名基金——顺德机动车维修行业慈善基金在顺德区慈善会成立，南海区慈善会亦在2009年推出冠名基金。在推行初期，冠名基金的成立门槛较高，资金要求一次性捐赠100万元以上，或首次捐赠50万元以上并要求后续定期捐赠。与此同时，对于捐赠主体还有范围限制，仅限知名企业

---

① 《传承、创新，迎接慈善新时代——南海区慈善会2016年工作总结》，http://nhcs.nanhai.gov.cn/NewsShow/2292/243.html。

(政府单位、事业单位、人民团体、非营利性社会组织、企业)或知名个人(人大代表、政协委员、知名媒体人、知名公益人、知名商人)。

2016年,佛山市慈善会推出"微冠名基金",捐助人可以根据捐赠意向设立微冠名基金。个人或家庭需向市慈善会捐赠100元及以上,社会组织或团体一次性捐赠500元及以上,企业一次性捐赠1000元及以上,便可设立微冠名基金。[1] 设立微冠名基金极大地降低了冠名基金的成立门槛,搭建了公众参与慈善的便捷平台,积少成多扩大社会影响。

冠名基金的捐赠收入逐渐成为慈善会的主要收入来源。以顺德区慈善会为例,2016年通过冠名基金捐赠的收入达1836万元,占顺德区慈善会捐赠收入总额的65.2%。值得一提的是,碧桂园集团创始人杨国强先生设立在顺德区慈善会的国强慈善基金当年捐赠了1299万元。

(三)慈善项目以扶贫济困为主

2010年,中央政治局委员、时任广东省委书记汪洋在全省扶贫工作会议时提出在全省开展帮扶活动日以及设立扶贫济困日。后经国务院批准,自2010年起,每年6月30日被确定为广东扶贫济困日。近年来,佛山市各级慈善会积极响应广东扶贫济困日,配合各级政府做好扶贫济困相关工作,并以此为契机,开展了一系列慈善活动,先后举办了"佛山慈善万人行"、"心手相连大爱

---

[1] 《佛山市慈善会冠名基金管理办法》。

佛山'广东（佛山）扶贫济困日'电视募捐晚会"等大型募捐活动。2016年，佛山市慈善会在扶贫济困日活动中共募集善款1246万元，根据佛山市政府的工作安排，向云浮市、湛江市拨付精准扶贫启动资金600万元，汇缴广东省慈善总会700万元。

慈善会的慈善项目主要集中在传统的慈善领域，包括扶贫助困、助学、助医、助残等传统救助项目。以顺德区慈善会2016年的支出为例，救助类项目占据着主导地位，助学支出为942万元，占支出总额的27%；扶贫助困的支出为920万元，占支出总额的26%；而养老、社区发展、社会服务类等公益慈善项目支出仅占15%（见图16）。

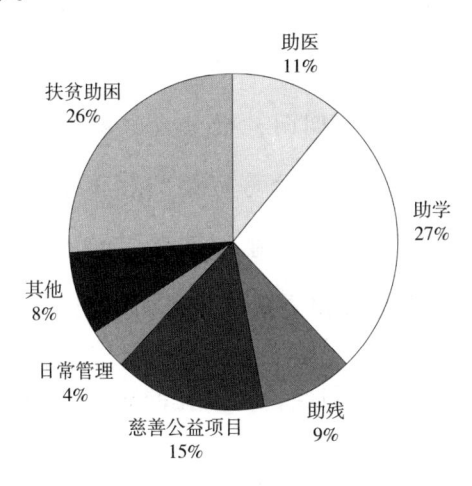

图16 2016年顺德区慈善会支出情况

目前扶贫助困的方式仍以捐资赠物、"授人以鱼"为主，仅能满足受助对象的基本生存需求，没有针对贫困产生的根源等深层次原因开展帮扶工作，更没有提高受助对象应对致贫风险的能力。从实际的效果输出来看，扶贫助困的效率并不高，贫困问题是一个复杂的系统性问题，而慈善会捐赠救助仅仅是其中的末端环节。

（四）慈善资金财务信息主动公开

佛山市六家市、区级慈善会均建设了网站，开通了微信公众号平台，以发布慈善会的相关工作资讯。佛山市慈善会、禅城区慈善会、南海区慈善会、顺德区慈善会在官网上公布了年度的财务报告，让公众更好地监督慈善会的工作。而三水区慈善会和高明区慈善会仅公示捐赠情况，对于具体的支出明细并没有主动公开，难以追查资金的用途和流向。

《慈善法》第八章专门对慈善信息公开提出了要求，"慈善组织应当每年向社会公开其年度工作报告和财务会计报告。具有公开募捐资格的慈善组织的财务会计报告须经审计"。"具有公开募捐资格的慈善组织应当定期向社会公开其募捐情况和慈善项目实施情况。"[1] 慈善会作为具有公募资格的慈善组织，理应主动公开相关的财务信息和项目信息，让慈善在阳光下运作，这不仅是法律的要求，更是对捐赠人和公众负责任的体现。

（五）体制去行政化与慈善专业化的艰难平衡

慈善会系统的改革，有两个比较重要的内容，一是在体制上要做到去行政化，把政府与慈善之间的界线明晰起来；另一个是要在慈善工作上追求专业化，亦即网罗有专业背景的专职人员，来长期推进各种专项工作。然而，这两种追求在人事管理上存在

---

[1] 《中华人民共和国慈善法》，主席令第四十三号，2016年3月16日颁布，第七十二条、第七十三条。

天然的矛盾：体制对于人事的好处是待遇较好且工作稳定，去行政化改革在为慈善会赢得相对独立的专业空间的同时，却要在对人才而言可能同样重要的工作待遇问题上做出妥协。

慈善会系统从创办之时就具有官办慈善的天然优势，享有公募资格，工作经费、人事关系、办公场地均由政府提供，然而随着慈善事业的发展，民间社会组织的兴起彰显了极大的慈善活力。慈善会原本的官办特性也成为其弊端，限制了其作为慈善组织的功能的发挥。随着政府职能转变和社会组织管理体制的改革，借鉴行业协会商会与党政机关脱钩的先行经验，佛山市慈善会系统也开始了去行政化的改革。一方面，秘书处出现职业化的团队，聘用专职秘书长处理慈善会的日常事务，但理事会的理事长仍通常由民政局的主要领导担任。另一方面，慈善会的行政办公用地、人事聘用也逐步从民政局脱离，开始了社会化的运作。深圳市慈善会作为全国慈善会的标杆，近年来开始向社区基金会的方向发展。深圳社区基金会的运作模式，未来是否可以成为慈善会改革的一个参考，有待进一步的研究与探讨。

诚然，慈善组织工作人员的薪酬普遍较低，是整个慈善行业面临的普遍问题，并不只是出现在慈善会系统中。较低的薪酬水平难以吸纳高素质的专业人才，而慈善事业在服务有需要的群体的同时，当然需要精英阶层的参与和捐献，专业人才的数量与质量必然在一定程度上影响着慈善事业对精英阶层的影响力和动员力。在慈善会体系需要大力改革的前提下，尤其需要富有创新精神的高素质人才，勇于突破系统内部固有的弊端和限制。如何在去行政化与专业化之间取得更好的平衡，相信是一个需要长久思考的问题。

四 发展趋势和建议

如果把佛山市慈善会系统所面对的各种困难，放在整个慈善事业在佛山市所处的发展阶段中看，当中既有全国性的共通的结构性因素，也有地方社会经济发展沿革中的本土因素。从积极的角度看，这些困难其实也是一种挑战，使佛山市慈善事业的发展具有了改革的压力与冲动。如果我们把慈善会系统的社会化运作转型视为在这种改革中的一种必然定位的话，那么，若能全面推动这种变化出现并向良性方向发展，便可以很好地锁定各种改善建议的来源与去向。我们认为，慈善会系统应该将自身明确定位为社区基金会，使用当地资源链接本地利益相关者，以推动当地社会创新为己任，以解决当地社会问题为天职，全力探索符合当地实际的现代慈善发展道路。由此，深化慈善会系统改革不妨着墨于以下六个方面。

（一）慈善组织借鉴企业管理

慈善组织有两类人——志愿者与专职人员，前者基于价值理念参与组织的活动，无偿为组织的服务对象与工作方向做出贡献；后者从事的则是一种专业工作，服务专业精神，同时基于职业伦理也必须讲究工作绩效。基于这样的一种逻辑，慈善会作为慈善组织，其对专职人员的管理应坚持独立法人的内部治理结构，在避免行政化直接干预的同时，亦要保证对团队有必要的激励。在推动各级慈善会建立或完善秘书处的同时，不妨借鉴企业的管理制度，建立与劳动力市场相适应的薪酬体系、激励机制、审批制度等，调动秘书处的主观能动性，提高慈善会的运作效率。

（二）慈善管理人才专业化

慈善组织提供的服务归根到底是人的服务，人的服务归根到底是由人来提供，因此整个事业的进一步发展，必然包含了人才专业化的内容。具体而言，慈善组织人才专业化的核心，在于提升人才的能力。但是目前慈善行业的人才入行门槛低，学历水平参差，诚然当中不乏坚定的价值理念的有志之士，但在整个队伍当中，有良好运营慈善组织和执行慈善项目的能力的人才仍相当少。因此我们认为，慈善会系统应通过佛山市公益慈善学院的人才培训课程的研发和应用，提高各级慈善会的管理人才的专业能力，特别是要提高他们的经济素养、跨界思维、公共管理能力等。

（三）慈善业务信息透明化

诚信是整个慈善事业的基石，要树立诚信的形象，获得公众的信任，慈善业务的信息公开透明是必然也是最重要的实现手段。结合市区两级慈善会系统的已有经验，以及佛山市当地慈善捐赠的地方特色，我们认为应进一步推动各级慈善会打造阳光慈善网络信息平台，完善官方网站、微信公众号等互联网信息平台，对所有慈善项目的收支情况以及评估结果均进行网上公示，毫不保留地接受社会及公众的监督，确保慈善资金使用的公平、公正、公开。

(四) 慈善财产管理高效化

类似于社保基金入市的讨论，慈善财产的保值增值一直是慈善事业无法回避的议题之一。我们认为，应充分运用市场工具，盘活慈善财产，以便撬动更多社会资源参与慈善事业。应推动各级慈善会的慈善财产按照《慈善法》的规定，遵循合法、安全、有效的原则进行投资理财，实现慈善财产保值、增值。与此同时，也要重视应用慈善信托、公益创投、影响力投资等金融工具，撬动社会资本高效参与慈善。

(五) 慈善项目运营产品化

立足佛山市看慈善事业，一个相当有趣的观察便是从明清两代到当代佛山市，当地的慈善项目一直在不断推陈出新，充满创意。我们认为，慈善项目要以社会需求为导向，像研发商业产品一样用心打磨和运营。各级民政部门要指导各级慈善会，使其自身定位为社区基金会，发掘和研究本社区问题，设计开发解决问题的产品（慈善项目），并进行合理定价（用来进行募捐和服务销售），通过市场营销（大众媒体或公众口碑传播），树立慈善项目的品牌，吸引更多公众捐款或服务对象购买。

(六) 慈善模式创新跨界化

回顾过去多年市、区两级慈善会系统的工作，一个比较值得肯定的成绩是敢于突破原有的边界，做出多个跨界的尝试。在市场部门中，商业模式的跨界创新层出不穷，这是不但能更好地服务其顾客（或有需要的群体），同时又为从业者带来职业上的满足感。与之类似，在慈善部门中，慈善模式也出现许多跨界合作的经典案例，引领公众快乐地参与慈善。基于各级慈善会在"行通济"、"50公里徒步"等项目的成功经验，我们认为各级慈善会应在辖区内的所有大型群众性文化、体育、娱乐、民俗活动中融入更多慈善元素，真正使慈善无处不在。

参考文献

[1] 彭建梅、刘佑平主编，2012，《中国慈善会发展报告》，中民慈善捐助信息中心。

[2] 邓国胜，2009，《中国慈善如何转型》，《中国社会报》第3期。

[3] 杨容滔，2015，《官办慈善会系统转型发展探析》，《法制与社会》第27期。

[4] 孔祥利、邓国胜，2013，《公益慈善组织参与扶贫：制度困境与发展建议——基于广东省的实证研究》，《新视野》第1期。

[5] 唐昊，2015，《中国式公益：现代性、正义与公民回应》，中国社会科学出版社。

[6] 王名，2007，《改革民间组织双重管理体制的分析和建议》，《中国行政管理》第4期。

专题篇

佛山传统民间慈善事业发展报告

卢浩能　肖何盛

摘　要：在现代专业慈善组织出现之前，在古代的佛山地区，民间便存在为数不少的慈善机构，它们所行之事业包括救助社会弱势群体、救灾赈济、修桥铺路、劝学助学等，与今天的慈善组织相似，但不同的是，不论是宗族慈善还是民间传统慈善组织，均体现了浓厚的乡土特点，且具有地方自治和教化的目的。本报告以佛山传统民间慈善团体与宗族慈善团体为考察对象，探讨佛山传统慈善发展的特点。这些传统慈善事业的在地性以及民间自发组织、参与，值得现代慈善组织借鉴与参考。

关键词：传统慈善　宗族慈善组织　民间传统慈善组织

慈善活动自古已有。纵观历史，传统的慈善事业类型多样，除了个人性质的行善活动外，还有家族宗族、制度宗教组织、政府机构以及社会团体四类主要的施善机构（徐日昌，2012）。而慈善项目则包括了救助社会弱势群体、救灾赈济、修桥铺路、办学等社会建设，可以说当代大多数慈善项目，在古代皆有例可考。

作为岭南文化重地的佛山，上述提及的慈善类型与慈善项目在它的历史里并不鲜见。而且以工商业繁荣著称的佛山，在民间慈善团体与宗族慈善的发展上尤为突出，此两类传统慈善事业不仅存在于史籍中，其精神与实质还传承至现代社会。

在此，本报告以佛山传统民间慈善组织与宗族慈善组织为考察对象，探讨佛山传统慈善发展的特点。本报告首先简要介绍明清以降佛山地区的经济社会发展的背景，在此背景下，佛山的市镇与乡村出现了不同形态的慈善机构，这些慈善机构承担的功能也因应"市镇—乡村"的不同格局而异。之后，本报告将分为"宗族慈善"与"民间传统慈善组织"两部分，前者以南海平地黄氏宗族为典型，介绍近当代佛山地区宗族如何施善；后者则以明清时期佛山镇的公共慈善机构、顺德的善会以及近当代南海狮山树本善堂为例，这些民间的传统慈善机构在近代历史上甚为活跃，且它们施善的精神也成为一种文化遗产流传至今。最后，本报告将尝试总结此两类传统慈善事业的特点，并为当代慈善发展做简要思考。

一　佛山传统民间慈善事业的历史背景

香港大学历史系讲座教授梁其姿在专著《施善与教化——明清的慈善组织》（以下简称《施善与教化》）中，指出了一个古代中国慈善事业发展的现象，就是明代民间的慈善团体最先出现在最富裕的江南地区，而非其他贫穷的地区，由此她认为，并非"需求"催生民间慈善团体的产生，要考察其原因，就应从作为地方领袖的慈善家的价值观和动机入手。她指出，明清时期的经济发展使社会等级结构发生了根本性的改变，社会阶层和身份标签不复从前牢固，贫富良贱的观念发生了变化，需要新的社会策略重新订定社会道德的价值标准。如善会这类的民间慈善团体的出现，正是因为明清时期地方贤达①改变地方风气，教化地方，维护社会既存秩序与价值观（梁其姿，2001：60—61）。在经济发达的地区，绅、商阶层的实力比较雄厚，无论从个人角度通过散财行善保持或提升自身的社会地位，还是从社会角度维持既存社会秩序和价值观而言，这个地方精英阶层都是地方慈善事业的主要动力来源。

这个观点放在佛山同样适用。位于珠江三角洲腹地的佛山地区，自明清以来可以说是广东最富裕的地方，既有作为"天下四大聚"之一的佛山镇，又有南海、顺德等经济发达的县。

但观察明清以降佛山地区的经济和社会发展，又可以看到两种不同的景致。第一种是工商业城市的发展。以铸铁业、制陶业、商业为主的佛山镇，随着商贸往来不断发展，市镇的人口变化与阶层群体亦相应地产生了结构性的改变。佛山镇的社会阶层经历了从明代的八图土著居民到清代侨寓与土著共存的变化，地方的政治结构也从明代的大族乡老掌握权力，发展为清代乡老与士绅

---

① 在梁其姿的研究中，此处的地方贤达包括士人、商人（即其他的地方富民等），两者概而言之的特点是"儒生化"，无论是入仕还是经商，这个群体都受到儒家思想的影响。

共存，并与佛山分府同知、五斗口巡检司等文武四衙的官府机构抗衡与调适。随着佛山社会结构的变化及民间力量的发展，义仓、拾婴会等社区性自愿团体的不断出现（罗一星，1994：488—493）。这些社区性自愿团体逐渐成为佛山镇慈善事业的中坚力量，并在社会治理上起到重要作用，促进了佛山镇的社会整合。

另一种是乡村格局。以南海与顺德为例，此两地的乡间由大量的村落构成，既有单姓村落，也有多姓村落，但两种村落彼此之间又有联系，构成更大范围的村落联合体，如以堤围为界线组成的村落联合，如西樵、九江以及顺德两龙地区的桑园围，以及下文提及的狮山良凿围七十二乡。在乡村世界里，存在大宗族的村落，有宗族内部的慈善活动，范围以宗族成员为主，构建其相对单一独立的社会支持网络；而多姓村落或村落联合体，则可通过某一中心庙宇或共设的公共机构作为议事中心，由此衍生出各类慈善活动。

因此，佛山地区的宗族慈善与民间慈善团体两类型的慈善事业，实际上是与该地的经济、社会、文化的共同作用下产生的。甚至由于明清以降佛山地区具有明显的"市镇—乡村"二元格局，也让传统的民间慈善团体在两种环境下有不同的特点。接下来，本报告将以历史上以及延续至当代的几个具体例子，对宗族慈善与民间慈善团体这两个类型进行分析。

二　宗族慈善

（一）历史上的宗族慈善组织

要考察珠江三角洲地区宗族在乡村社会中的面貌，可以从梁启超的《中国文化史——社会组织篇》的第七章"乡治"入手。他在里面提到:"专称乡者,则指一国中最高之自治团体。"(俞荣根,2014:1—6)在本章里,他以自己家乡新会县茶坑村为例,记述了茶坑村梁氏宗族的自治情况。

文中写道,叠绳堂是茶坑村梁氏宗族将祭祀、议事、仲裁、发展经济、兴办社会公益等集于一体的自治机构。而其中兴办社会公益的内容,就包括了支付扫墓、祭祖费用,祭祀所分的胙肉,让"至贫之家皆得丰饱"。叠绳堂还借出厅堂充当教室,并让教师"得领双胙","因领双胙及借用祠堂故,其所负之义务,则本族儿童虽无力纳钱米者,亦不得拒其附学",这相当于用祠堂资助了学童的学费。梁启超还提到一个叫"江南会"的组织,他比之为信用合作社,此会除了以所得利息支付分胙、宴会费用外,其余部分分配给会员,"乡中勤俭子弟得此等会之信用,以赤贫起家而致于中产者尽不少"(俞荣根,2014)。

茶坑村梁氏宗族所开展的慈善活动,范围以宗族成员为主,内容包括了接济族中贫民、助学还有以信贷的方式援助族人起家,这些都是宗族慈善中常见的内容。实际上,有学者就曾总结过,义庄、义塾、义田等都是宗族中的基本慈善方式,宗族开展这些活动,不仅在于济贫救灾,还在于让受助者回报宗族,同时保持本宗族的发展和社会地位。因此,传统意义上的宗族慈善并非社会性的慈善事业,但就其"乡治"性质而言,确实能在一定的社区范围内,帮助到有需要的人。而到了当代,宗族慈善随着地方宗族文化的复兴,其内容及手段也变得更为现代化,但不变的仍然是其"在地性"和"社区性"。

接下来，本报告将以南海大沥平地村黄氏宗族为例，简述宗族慈善在当代社会中的传承和发展。

（二）南海平地村黄氏：一个宗族建设与发展慈善结合的典型

改革开放开始后，广东地区的宗族文化迎来了复兴，与此同时，作为一种传统慈善的方式，宗族的慈善事业也随之再兴。在佛山地区，当代宗族慈善事业复兴发展的代表，是南海平地黄氏。由此我们能看见，当代地方宗族慈善实际上是附着在宗族中的传统习俗，既是慈善，也是文化。

平地村位于现今南海区大沥镇平地社区内，据《南海平地黄氏族谱》（第九辑）记载，平地村自宋代黄氏先祖开村至今已有八百多年，已传三十多代。根据族谱，黄氏始祖黄适中（字德政）是浙江衢州府龙游县人，生于宋徽宗崇宁五年（1106），经历靖康之变，在宋高宗绍兴十八年（1148）中进士，官授江西南安知军事，绍兴二十四年（1154）卒于任内。黄适中去世后，他的续配彭氏（原配江氏已卒）为了躲避江右兵乱，携子二世祖寒江钓叟公黄九韶往南雄珠玑巷水井头村依外祖而居。黄九韶年长后，到广州赴科应试，偶游名胜，见南海平地村地势宽广，适宜定居，因而在宋孝宗淳熙十三年丙午（1186）奉母彭氏，携妻带子到平地开基，就此定居下来。

平地村作为岭南典型的单姓村落，其宗族事务与村庄的公共事务自然高度重合，同样，平地村的慈善事业也自然与平地黄氏的宗族构建和发展有着密切联系。据现有记载，早在民国时期，平地黄氏就已在平地村与宗族内部开展各种类型的慈善事业。

民国4年（1915）的"乙卯大水"对珠江三角洲各地影响甚远，虽然这场水灾在各地造成了严重的灾情，但从另一个角度看，它又催生出了一些新的社会组织和慈善行为。我们可以在平地村中看到这些现象。

根据平地黄氏族谱的记载，民国4年（1915）乙卯仲夏之月阴雨连旬，东西北三江之水暴发，其时平地黄族整个村庄被洪水淹没，族人均弃家往高处暂避逃难，大批族人逃往村中的祠堂、庙宇等地方。其时平地黄族烟户（有人居住者）有八百余家，自五月二十九日晚至六月初六为止的数天内共倒塌房屋四百八十七间，水灾之惨为数百年所未见，无家可归者亦过半皆以祠堂庙宇为家，族人以月根生祠作救灾办事机构，组织赈灾慈善会协助乡民渡过难关。民国6年丁巳（1917），黄氏大宗祠西厅由古山房二十四世孙月根公经手重建（该建筑亦因"乙卯大水"倾倒），其时该项建筑重建费连谷仓厨房共享银五千元，西厅乃平地黄氏族务议事之所，月根公并题词"入门须下马，同室莫操戈"立碑石于西厅墙壁，以启迪族人（《平地黄氏近百年族史编年记》）。

在此我们可以看到，为了应对"乙卯大水"的灾情，平地黄氏以一间祠堂作为救灾机构，组织善会赈济乡民。面对灾害，以血缘为纽带的单姓村庄，其内生而稳定的社会支持网络发挥了重要作用，平地黄氏族人以祠堂庙宇充当临时的庇护场所，开始救灾赈济工作，更能反映慈善机构的组织制度化。此外，此次救灾行动所体现的宗族团结的精神在灾后重建工作中得到明确提炼，"入门须下马，同室莫操戈"的祖训不仅刻在石碑上，更写入族谱之中。根据平地黄氏大宗祠管理委员会副会长黄汉威的介绍，刻有祖训的石碑曾一度丢失，后来又幸运地被重新发现。如今，祖训依然存在于黄氏大宗祠西厅里，并成为黄氏族人津津乐道的一则往事。

另一个平地黄氏早期的慈善事业则与教育有关。民国16年（1927），平地黄氏创办私立德政学校，学校以黄氏始祖德政公的名字命名，以北山黄公祠及文达黄公祠作校舍，并辅以两座教室，设立体育场，开创平地新学教育先河，取代传统的私塾教育，并由黄氏大宗祠出资选送族人到师范学校培训，以提高教学质量。民国36年（1947），平地利用观音诞演戏之机，发出筹建德政学校新校舍倡议书，成功募款，并于1949年建成新校南海县私立德政小学（《平地黄氏近百年族史编年记》）。

中华人民共和国成立后，这所私立德政学校改为公立平地小学，虽然招生范围不再局限于黄氏族人，但依然是当地最重要的教育机构，也是当地村人以及众多港澳乡亲的母校。自1971年旅港南海平地黄氏同乡会成立后，同乡会的宗亲一直十分关注平地小学的发展。改革开放后，平地乡亲与本村恢复了来往。1987年端午节，平地乡亲借"平地锦龙醒狮盛会"之机，举行了平地小学德政教育大楼落成剪彩暨平地（德政）小学校友会成立的仪式。原来，为了支持家乡教育事业，旅港平地黄氏同乡会捐赠了50万元给平地小学，用以将原来老旧的图书馆改建，并以黄氏始祖德政公之名将新建筑命名为"德政教育大楼"。同时成立的平地（德政）小学校友会，更是南海县第一个正式注册的小学校友会，以加强校友联谊、促进家乡教育事业的发展为宗旨，设立了完善的会务机构及章程，让粤港两地的平地黄氏族人的捐资助学形成常态。

改革开放以来，平地黄氏粤港两地族人致力于恢复平地的传统文化。如今，平地黄氏宗族仍然是以大宗祠为核心的一个社群，在这个社群内部，慈善仍然融于文化活动之中。例如，举办民俗活动和祠堂维护的资金，全靠族人和村民自发捐款众筹而来（黄逸豪、盛正挺，2017）。通过将每年的观音诞与冬祭两项文化盛事作为平台，黄氏大宗祠众筹所得的款项，便用到了维护村中基础设施、修缮古建筑等事项上来。例如业已重修的桐坡黄公祠、药轩黄公祠，平时充当文化室，供村民休憩；例如已被拆毁的北溪黄公祠，则计划在原址上建设北溪公园，让平地村增添一处绿化休闲场所。

在平地黄氏宗族的例子中，我们能看到，虽然宗族在当代已不再充当社区的自治机关，但它所保留的文化内核，却在凝聚族人、开展本社区的公益慈善上起到重要作用。这是一种社区性的"文化软实力"，能够把社区慈善的议题，融入具体的民俗活动当中，从而号召社区成员广泛参与，无形之中，社区的善治得到体现。

三 民间慈善团体

（一）历史上佛山镇的善会

民间善会或者民间行善，实际上是整个民间基层自治的一部分。第一，民间慈善组织的兴起，最早可以追溯到明朝中后期。

明朝中后期社会经济的快速发展，使贫富差距、阶级分化等社会问题越发突出；但另一方面，逐渐富裕起来的民间也有足够的财富去支持慈善事业。明朝政府从建立之初就没有制定明确且长期的慈善救济政策，而到了明朝中后期，政府贪污盛行、行政效率低下，官方慈善救济事业更是缺位。

第二，明朝中后期，基层社会事务是由宗族和地方精英主导的。例如，在佛山地区，黄萧养起义军围攻佛山镇、两龙等地，地方乡绅自发联合，并成功抵抗，再到后来平定起义，大良罗氏族人上书朝廷请求另立新县（今顺德），当时在这片土地上活跃的其实是民间精英。而民间精英在作为地方实际控制人的同时，需要对普通民众提供公共服务，以体现其地位和对地方社会的影响力。在公共服务当中，慈善事业是不可或缺的一块。据乾隆《佛山忠义乡志》记载：

> 正德八年，重修灵应祠建牌楼三门及流芳堂，增凿锦香池于灌花池右，绅士霍时贵倡捐；
>
> 嘉靖三十二年大饥，主事冼桂奇出粟赈粥为富人倡，乡赖以济；
>
> 嘉靖三十八年己未修通济桥，深村堡进士霍与瑕捐修；
>
> 隆庆二年戊辰重修通济桥，深村堡霍隆捐修，隆即与瑕世父；
>
> 万历九年修通济桥知县周丈卿捐赀倡修；
>
> 万历三十二年乙巳修灵应祠门楼，经历李好问同弟进士待问捐修。（《佛山忠义乡志》卷三，《乡事》）

上述记载中，只有万历九年（1581）维修通济桥，是由地方官员"捐赀倡修"，其他社会公益工程或慈善救济，都由佛山地区的士绅出资，说明其在社会公共事务中的主导作用。后来地方士绅联合起来，形成了体系化的权力和慈善机构。

在佛山镇，乡仕会馆就是这一领域的代表。明末佛山人李待问官至户部尚书，李氏家族在佛山镇的地位如日中天。李待问联合多名佛山籍的退休官员，在明天启七年（1627）筹建乡仕会馆（又名嘉会堂），处理地方事务以及决定地方公益款项的使用，是佛山镇第一个由士绅组建的制度化权力机构。据民国《佛山忠义乡志》记载：

> 立嘉会堂以处理乡事……自明以降，乡事由斯会议决，地方公益其款亦从是拨出。（民国《佛山忠义乡志》卷三，《建置》）

承担着慈善公益功能的嘉会堂，并不是一个纯粹的公益机构，更多的是一个由地方士绅组建的民间自治权力中心。这一阶段佛山镇的慈善事业实际上附属于地方权力机构。

时间来到清代，佛山镇的自治中心由嘉会堂转移到大魁堂，与嘉会堂一样，"乡事由斯会集议决，地方公益其款亦从是拨出"（民国《佛山忠义乡志》卷三，《建置》）。罗一星认为，大魁堂是从一个由绅士里民公举而成的祖庙管理机构演化而成，其权力来源是合镇绅士，其功能主要在于议决乡事，出纳祖庙尝产，组织地方公益事业和拨发公益款项（罗一星，1994：363）。

大魁堂接管祖庙后，于乾隆二十一年（1756）创建汾江义学，

"岁糜七八十金皆于祠租取给，会课与义学同条共贯耳"（罗一星，1994：364）。

除了义学，在大魁堂主持的地方公益慈善事业中，尤以义仓最有代表性。乾隆四十三年（1778），广东出现大饥荒，侨寓举人劳潼和区宏绪等大魁堂值事共同商议，禀宪捐签发社仓（官办）谷赈济乡人，设公厂发赈。乾隆五十二年（1787），再度出现饥荒，公厂难以再发谷赈济，劳潼与众乡绅向官府请示，从佛山阖镇铺店提取部分租银买谷发赈济。此后，众士绅"谋思久远之策"，于乾隆五十五年（1790）议立章程，以"乾隆四十八年乡先生陈梦光等劝捐银六百两再正埠官地两旁建铺收租"之费的一部分，在麒麟社街买地建仓以备赈济之用，自此，佛山义仓建立，"改变了过去佛山只靠社仓赈济的局面"（罗一星，1994：365）。自嘉庆至道光期间，佛山义仓曾大赈五次，道光十四年（1834）发赈，赈期长达四十天，散米一万二千余石，获赈人口七万余人。正如罗一星所言，佛山义仓的散赈，对稳定佛山的社会秩序，维护工商业正常经营，有不可低估的作用。除了饥荒散赈以外，大魁堂的赈济还包括拨项公祭义冢、置建新义冢，拾婴，拨款清理河涌，以及敬老推贤、恢复乡饮酒礼等事项（罗一星，1994：366）。在这里面，既有传统意义上的公益慈善活动，也有迎合佛山镇民工商业利益诉求的活动。

相比起乡仕会馆嘉会堂，大魁堂的构成更为多元化，成员"只问公益热心与否，不问功名高下，不视年尺长幼，不分土著侨寓"，因此也就包括了仕宦、举人、生员、耆民、商贾。这些人组成了大魁堂值事、义仓值事、清涌值事，构成了"大魁堂系统"，涵盖了负责祭祀兼具赈济的祖庙系统，负责赈济和公益建设的义仓系统，以及负责文教兼具侨寓祭祀的书院系统。由此，大魁堂成为清代佛山镇的自治权力中枢，其值事为代表阖镇商民与官府打交道的正式代表（罗一星，1994：368—375）。

从明代的嘉会堂到清代的大魁堂，我们可以了解到，明清时期佛山镇的地方慈善事业体现了鲜明的自治特点。一方面，通过自治组织的众议，佛山镇的地方财富实现了再分配，让市镇中的弱势群体享受到了市镇发展的收益；另一方面，这种财富再分配也确保了佛山镇在面对灾荒时的应对能力，让阖镇商民免遭致命打击，起到了稳定社会秩序的作用。

如果从现代的角度来看，明清时期佛山镇的地方慈善事业有捐款以及工商租税作为恒产（即今天的"基金"），有多元化的管理班子，集体决策和集体监督的原则和具体章程，这些均已呈现现代公益慈善运行的轮廓，而其独立自主的议程设置（赈济、清涌）以及和官府的交往，也体现了明清时期佛山镇"政府—社会"的良性二元关系。

（二）以顺德为例的民间慈善事业

在梁其姿的《施善与教化》中，附有根据全国各地方志记载整理而成的慈善组织名录。就地方志中有记录的数量而言，顺德的慈善机构有 27 家，是整个广州府乃至全省各县中最多的，可见顺德人的慈善精神和乐善好施的精神。以下摘录出顺德的慈善机构：

育婴堂（1843，官办）、同仁社（1843，民办）、接婴堂（1860，官办）、同仁善堂（1885，民办）、同志善社（1887，民办，大良龙氏）、体仁善堂（1889，民办）、寿仁善堂（1889，民办）、赞育善堂（1896，民办）、安怀善堂（1899，民办）、来苏院（1890，民办，大良龙氏）、保婴堂（1900，民办，大良龙氏）、本仁善堂（1900，民办）、同乐善堂（1903，民办）、保济院（1904，民办）、济生善社（1905，民办）、如春善堂（1906，民办）、博人善堂（1908，民办）、集义善社（1908，民办）、志仁善社（1908，民办）、平安医院（1908，民办）、集益善堂（1909，民办）、联济善堂（1911，民办）、康济义院（1911，民办）、广乐善堂（1911，民办）、爱仁善院（1911，民办）、广爱善堂（1911，民办）、辅仁社（1911，民办）。

1813年，翰林院编修、清晖园创始人龙廷槐辞职回乡后，热心乡事，并主理济生善社，曾一力筹款白银一万两，供大良地区济贫救荒使用。咸丰四年（1854），两广总督叶名琛、广东巡抚贵柏要求龙氏领袖龙元僖开办顺德团练总局。龙元僖创办总局，并任广东团练大臣一职。元僖之后，龙氏在顺德的地位有增无减，主导的慈善活动至清末也从未中断。

大良义仓：

光绪六年（1880），龙元僖带头筹办大良义仓。由大良的地主按田亩多少来捐款，一亩田地一造捐出一分钱，又在各关局辖下的庙堂酌抽庙捐，所筹善款购买粮食，入仓储备，以作救灾。

同志善社：

光绪十三年（1887），龙赞宸在大良城南路湛公祠创办同志善社，请医生为街坊赠医，并开设药房赠药。

来苏院：

光绪十六年（1890），龙光与龙肇墀在城南萃村坊金榜山麓创办来苏院，以专用对外乡人提供治疗服务。

青云文社：

青云文社是顺德大良清代和民国时期的社会教育事业机构。咸丰《顺德县志》记载："青云文社者，合邑扶植人文机关也，公款无多，未由发展，元僖以邑局稍有之仍余，尽置田产，撙节经费，积数十年，得充防台经费，及嘉惠士林之用。"

保婴堂：

光绪二十六年（1900），龙葆教、罗集及龙肇墀等人共同出资，在大良城南门外笔街（今华盖路）开设了保婴堂。（陈超雄，2015）

顺德的民间慈善组织有两个特点。第一，慈善机构有不同的针对性，如赈灾、教育、医疗、育婴等，这实际上与资助者的喜好和倾向有较大的关系。第二，与家族兴衰有较明显的联系。这些机构几乎都集中在19世纪中后期。而这段时间，也是龙氏家族兴起的时期。龙廷槐和龙元僖皆为朝廷命官，尤其是龙元僖，是广东团练大臣，手握实权。在家族社会地位提升的同时，龙氏族人也承担了顺德相当一部分的慈善事业，树立了富贵立善的榜样。

顺德的慈善事业有着长远且深厚的历史，对当代亦有深远的影响。不少慈善机构,以另一种面貌一直保留并发挥着影响。例如乐从医院的前身是同仁善堂,顺德区陈村青云中学亦与历史上的青云文社有着深远联系。这一继承关系,不仅仅是物质上的继承,更重要的是一种富贵立善的精神的传承。例如顺德区美的集团创始人何享健捐建的广东省和的慈善基金会,以及碧桂园创始人杨国强创办的国华纪念中学、碧桂园职业技术学院,另外,顺德籍富商李兆基、郑裕彤、梁銶琚等,在香港、顺德乃至全国各地皆有慈善捐赠。

(三)南海狮山树本善堂

在南海,直至现在民间善堂中最为有名的,当数狮山树本善堂。在它身上我们能清楚看到清末至民国时期南海民间社会的地方自治组织、乡绅及商人群体如何参与到慈善事业之中。

狮山树本善堂的创办,最初的目的是灾后赈济。光绪五年(1879)五月二十九日,由于连场大雨,西江、北江水涨,先后淹没朝流基和牛屎湾,使良凿围内成为泽国,大多乡村被水浸,农田淹没,村民待救。为了救济难民,良凿围各乡的善长解囊相助,并倡议筹款,修筑堤围,并创建金堤永固为七十二乡村议事之所,并开始筹划将原来的流芳本堂改为树本善堂。而在良凿围乡里绅民力有未逮之时,远在美国的"金山梓友"乐捐一万多元,让树本善堂得以在光绪十四年(1888)落成,并开始赠医施药、施粥。[①]

[①] 详见《狮山树本善堂一百二十周年庆志》香港树本善堂有限公司副董事长何福林致辞,第5页;及收录于该纪念册的《良凿围七十二乡村碑记》,第26页。

《良甾围创设树本善堂碑记》记载，树本善堂是合众乡人之力而建成的，"送此地者，为乡邻仗义人等，立此项者为关明生先生，联名领县宪示者，为三品衔补用知府李宗宇、举人罗贞元、生员李嘉谟、袁福溥等，若而人助营造暨倡善之赀者，若而人董兴等之役者，为大良坑乡何日初、白藤乡邓国桢、三江口乡谭钟英、华平乡何绍梓等"。这里提到的人，有乡绅、举人、生员。除各乡善长及"金山梓友"捐资，各乡士绅倡导并管理外，碑记还提到"邑侯张蘅叔司马奖励情殷，慨捐廉俸百元"。在另一份光绪十四年（1888）的南海县碑记中，可以知道这位邑侯就是县官张为，他不仅捐银一百元，还向乡绅保证如果有无赖之徒在善堂内借端生事，将"拘案究惩"。①

得到各乡善长和"金山梓友"捐资，以及南海县官的保证后，狮山树本善堂顺利开设。建成后的树本善堂，以"赠医施药，扶贫助弱，修桥筑路，兴办学校，造福乡梓"为宗旨，开启了狮山七十二乡村的慈善事业，1933年更在香港注册成立树本善堂有限公司。在该公司的资助下，狮山树本善堂持续向乡民赠医施药。善堂内常设坐堂医生，如最后一批坐堂医生之一何宜宁所说，"当时村民大病小病都会往善堂奔"，"只要乡长村长开个纸条，村民就可以到善堂看病，免费取药"（苏碟琴，2013）。

进入20世纪下半叶后，除了赠医施药外，香港树本善堂公司还参与了家乡其他方面的建设，例如1978年捐款30多万元港币筹

---

① 张为的职务全称为"钦加同知衔署南海县事尽先补用县正堂加三级纪录十次"，碑记详见《狮山树本善堂一百二十周年庆志》第28页。

建狮山医院；1992年捐建小塘医院；1984年在树本善堂侧兴建狮山中学（后改为现在的狮城中学），并持续捐资助学。此外，修桥铺路、建设小塘树本善堂分会所等都离不开香港树本善堂公司的努力和资助。

正如梁其姿在《施善与教化》中提到的，明清善堂的独特之处，在于民间非宗教力量成为主要的、有组织的推动力，地方上的绅衿、商人、一般富户、儒生甚至一般百姓，是善堂的主要资助者及管理者（梁其姿，2001：321）。树本善堂在建成之初，便是良凿围七十二乡之下的慈善机构，其倡建者、捐资者、管理者，都是梁其姿提到的上述人士，清晰地体现了当时地方慈善机构的民间自治色彩。

此外，无论是从前南海县官捐款以及保障善堂安宁的承诺，还是当代政府修复树本善堂、倡导"树本精神"以及与香港树本善堂公司共同推动慈善事业，都体现了民间慈善与官方合作的特点。从这一例子可以看出，佛山地区的传统民间慈善团体，虽然经历百年变迁，其兴办慈善的宗旨依旧不变，显示了一种传统精神的延续。

四 小结

佛山地区作为有着深厚民间自治与民间慈善传统的区域，传统的慈善事业对现代慈善的建设有着积极的借鉴意义。

首先，佛山地区的传统慈善事业，不论是宗族慈善还是民间慈善团体，都突出体现了其在地性。两类慈善形态，皆依托一定范围的社区及其内部的居民，或凝聚一族，或联合各乡，在一定程度上构建起一个在"组织化"中开展各类慈善活动的团体。

其次，两类慈善形态都强调了参与性。这种参与性的一个重要表现就是集体议事的原则，在黄氏大宗祠管理委员会的群策群力，古代佛山大魁堂与义仓值事们的共同决策，良凿围阆乡代表议建树本善堂等事例中，均有所体现。在这种相对平等的集体议事之下，慈善项目的正当性获得广泛肯定，也便于将慈善项目置于集体监督之下，这让各项慈善项目能持续开展下去。

此外，在上述例子中不难发现，由于佛山地区特殊的地理历史因素，无论是宗族慈善还是民间慈善社团，都构建了一个开放性的社会支持网络。平地黄氏的同乡会、狮山树本善堂在香港注册的公司以及顺德籍的慈善家们，由于血缘、地缘、历史文化等多方面的综合因素，这些传统慈善事业为当今社会、本地社区留下了丰富的慈善资源。这样一个社会支持网络不仅是开放性的，也是历史性的、文化性的，更是不可取代与复制的。为此，我们应当尊重传统，并努力保持这个既存社会支持网络的良好运作。

传统的慈善组织和慈善事业，之所以遍地开花，很大程度上是基于历史上地方基层的"大社会，小政府"情况，社会承担了慈善事业。在传统文化复兴的当下，不仅传统慈善事业的精神，还有其形式特点以及制度背景，都值得我们思考借鉴。

综上，我们能看到传统慈善事业中政府与民间的良性合作关系，传统慈善强调的是民间参与，在现代亦不能例外。虽然与皇权不下县的年代相比，现代的行政架构深入乡镇一级，强大的行政力量是现代慈善事业毫无疑问的主导者，这与传统上以地方士绅为主导的慈善事业有着本质区别，但并不能排斥民间力量的参与，例如佛山近年来开展的"50公里徒步"活动，是政府牵头组织的大型活动。如果把其他因素抽离，仅仅从慈善的角度去看徒步活动，组织者与参与者的界限并不明确，因为某程度上是全体佛山市民共同开展的一场活动，慈善款捐赠方是全体佛山市民。在这个过程中，政府起到的是一个牵头和撬动资源的作用，并成功激发和吸引民间力量参与其中。慈善事业需要形成多中心主体、官方与民间相互合作的公共行动体系。

以传统慈善为镜鉴，现代慈善应该着眼于民间的广泛参与和独立的民间慈善组织的繁荣和壮大，而这离不开一个适合的土壤，慈善环境和文化的营造、慈善制度的完善和慈善参与体系的构建，应是努力的方向。在上述传统慈善的例子中，我们都能看到佛山地区民众的自发性和积极性，以及民间力量在开展慈善活动时所迸发出的能量。

传统慈善事业发展到现代，也经历了一个不断发展与蜕变的过程，并在当代依旧生生不息。既然历史证明了民间力量推动慈善大有可为，那么在当下，我们一方面应当为各类传统或现代的慈善机构提供适合的土壤，激发民间参与慈善的巨大潜能；另一方面，我们也可在传统慈善的文化脉络中吸取精华，并应用在现代新的慈善事业之中。

参考文献

[1] 余日昌，2012，《中华传统慈善的历史渊源》，《江苏省社会主义学院学报》第3期。

［2］梁其姿，2001，《施善与教化——明清的慈善组织》，河北教育出版社。

［3］罗一星，1994，《明清佛山经济发展与社会变迁》，广东人民出版社。

［4］俞荣根，2014，《梁启超的"乡治"论及其启示》，《五邑大学学报》（社会科学版）第1期。

［5］黄汉威编《平地黄氏近百年族史编年记》。

［6］黄逸豪、盛正挺，2017，《南海大沥平地：黄氏大宗祠打造特色民俗活动》，《南方日报》7月21日，第ND02版。

［7］（清）陈炎宗，1986，《佛山忠义乡志》，佛山市博物馆编印。

［8］冼宝干，2017，《佛山忠义乡志》，岳麓书社。

［9］陈超雄，2015，《华盖山下——顺德大良中区纪事》，《珠江商报》11月22日。

［10］苏碟琴，2013，《树本善堂昔日医生传授养生之道》，《珠江时报》1月15日。

村居福利会转型背景及路径

——以佛山市顺德区为例

崔宏亮

摘　要：中国公益慈善近几年蓬勃发展，新理念、新思潮、新模式不断涌现，社区基金会即为其中之一。社区基金会的起源、功能、独特价值以及本土化，俨然成为基金会行业的热点。顺德作为珠江三角洲经济发达地区，事实上已有一批本土社区基金会——村居福利会。这些福利会是顺德社会建设领域改革的产物，自诞生到现在的转型，无其他地区经验可供借鉴。笔者从中国公益慈善发展的背景及社区基金会的特征、功能等角度，尝试为顺德村居福利会的转型提供一条实践思路。

关键词：公益慈善　社区基金会　村居福利会

2008年以来，中国公益事业呈井喷式发展，从法律制度到各项条例及规范，从GDP占比到社会服务机构、基金会数量，从参与志愿服务人数到全职工作人员数量,从相对边缘到全民热议,这九年,公益行业发生了深刻的变化。

自《中华人民共和国慈善法》出台以来,"慈善组织"这一法律定义的出现,意味着基金会、民办非企业单位、社团三者的界限开始模糊,三者传统的运作模式,现今可能面临挑战,或者说到了一个十字路口。公益慈善行业也从相对封闭,到有越来越多的跨界,下一步如何发展,成为公益慈善组织不得不高度重视的议题,面对这一局面,需要更加综合化、全面化的思考及规划。

一 整体背景:社区基金会成长的中国土壤

中国的公益慈善事业存在地域发展不均衡的态势,早期以国际机构引领为主,通过在北京、上海、广州、深圳、成都、贵阳、昆明等地长期设立办公室,对当地公益慈善的生态有着巨大的影响,其中佼佼者如昆明、贵阳,更是执公益慈善之牛耳。然而2008年后,随着国际机构的业务缩减及陆续撤出,这些地域的行业影响力逐渐下降。

国际机构所带来的,除资金支持以外,还有更注重行业、领域生态培育的思路。这一思路也随着中国籍工作人员的成长,并投身国内基金会、非政府组织(Non-Governmental Organization,以下简称NGO)的建设,成为中国本土公益慈善组织的工作、发展核心思路。

概括来说,除了实践经验和历史,国内基金会与国际机构最大的不同在于国际机构很早就做到将理念、价值观、对社会发展的独特判断纳入日常运作中，同时对机构业务领域的分析严谨，有完整的逻辑架构。而国内的机构处于边做边探索的阶段，一是对于成熟经验或模式的渴求更大，二是中国社会发展存在高速变化、区域发展不均衡、后工业社会的问题与前现代社会的问题并存等特征，这些特征都使得中国的机构需要更多的前瞻性及预判性。

二 野蛮生长：社区基金会发展的行业属性影响

从早期的参与式发展、志愿服务到现在的公益慈善、社会服务、社会企业，从市场化之争到公益和商业之争，实践经验越丰富，对理论和模式的需求越凸显。各地在传统慈善的基础上，各自探索适合本地的发展模式，而作为行业上游的基金会，尤其是国内一些很有影响力的基金会，在经历了粗放式发展后，开始推广各自的经验和理论。其中，佼佼者如爱佑慈善基金会、阿拉善SEE基金会、壹基金等，已开始布局并初步形成基金会体系。而类似南都公益基金会则开始启动平台建设工作；腾讯基金会则搭建"99公益日"筹款平台；阿里巴巴公益基金会专攻乡村教育和环保；基金会中心网、灵析、中国发展简报等则从垂直领域、技术、研究等切入；清华大学、北京大学、中国人民大学、中山大学、深圳国际公益学院等则研究和专注于人才培养路径等。整个公益行业初步形成了资助、项目管理、监测评估、传播、人才培养等体系雏形。

但从社区基金会来看，一个关键问题在于，扎根或投身社区工作的机构，多为社工机构、志愿服务机构或团队，属于社区基金会的资助盲区（需要特别说明的是，国内社区基金会目前的关注重点在城市社区，社区基金会尚未进入社区发展较为落后的农村地区）。

原因包括：一是资助思维转变；二是知识体系不同；三是社工机构普遍以承接政府购买为主，政府购买的项目要求与基金会资助下的项目要求侧重点不同；四是资助具有路径惯性，首选NGO，对社工机构并不"感冒"。

换言之，基金会虽对行业发展负有使命，却未得到行业的充分认同。同时，相对于国际机构而言，不少基金会并未有足够的社区发展经验，或者说其社区发展的经验并未得到有效传播或推广，譬如中国扶贫基金会、招商局慈善基金会的农村社区发展探索。

而社会服务机构的服务属性，与NGO擅长的运作模式，无论在理论基础上，抑或在实践方法上，都有很大的差别。一是，社会服务机构通常以社会工作的一整套理论为基础，以承接政府购买项目为主，以个案和小组为主要工作方法，工作人员以社工服务为核心工作。二是，NGO沿袭了国际机构在发展领域的理论，以接受国际机构或者基金会资助为主，以机制或模式推广为主要工作方法，工作人员以项目为核心工作。

从这个简单的对比中可以看出，社会服务机构有着明显的重人力资源的特征。举个不恰当的例子，社会服务机构宛如一家独立经营的酒楼，而NGO则更喜欢与人合作经营，进而不断推广自己的模式,力图参与更多的酒楼经营。所以当NGO的模式与社会服务机构的模式碰撞时,基金会便更倾向按照与国际机构交流及实践习得的项目经验进行资助。

所以,当公益以政府购买、创投、大赛、招标的形式如火如荼地在全国开展时,行业对成熟经验的需求就以几何级数的量级增加,因此不少商业的概念及成熟经验可以进入公益领域中。然而,公益与商业在很大程度上的不同在于,公益对社会发展负有天然的使命,而商业则以利润最大化为初衷。公益必然会就促进社会发展提出基于各种理论、模式、经验甚至个人感受的不同解决路径。夸张地讲,有多少公益机构,就有多少解决方案,而这也是公益机构面临的一个很大的张力:促进社会发展的理论探究与规模化的扩张。

虽然有上述不同的运作逻辑,但作为公益领域核心的三种不同类型的组织,如今都面临新形势下的挑战。

其一,中小型基金会层面。在慈善组织的法律概念框架下,无论资助、执行还是混合型的基金会,即将面临登记成为慈善组织的民办非企业单位和社团在筹款方面的竞争,虽然资源逐步增多,但竞争者更多了,如何定位及优化自身的运作模式,成为一个现实的问题。

其二,社会服务机构层面。社会服务机构则从依靠政府购买、少量基金会资助的资源模式逐步转变为资金来源多样的模式。但是,现阶段机构资源的多样并非多元,仍以政府购买服务为主,完成政府购买服务尚且有压力,财务监管、评估等都需要小步慢跑,对创新也只能心有余而力不足。且资助方多了,在不同的项目管理要求下，社会服务机构的运作模式也需要转变。

其三，社团层面。在去行政化改革的背景下，协会、商会、慈善会等在民政部门的大力推动下，逐渐与行政部门脱钩，开启了独立运作，以往的行政化优势不再，如何发展，面临重大挑战。由于商会等行业协会并不以公益慈善为职能，本报告下述分析仅涉及公益社团。

这三类组织的变革成为中国公益生力军实质性正向演化的重要因素，公益的形式也在悄然发生变化。宏观来讲，既往是以公益创投、项目大赛、招标、资助等为主要方法支持各类公益机构，在养老、社区服务、青少年、妇女、流动儿童、农村发展等领域开展实践，现今已显现出从"方法＋领域"到"组合工具＋议题引领"的趋势。

从微观来说，机构的注册性质决定机构核心工作方法的时代已不再，各类机构只有超越类型限制，才能集各类之所长成为应对趋势变化的新思路。

下文即将提到的社区基金会本身特征——这些特征也可看作社区基金会的核心工作方法——带来的启示是：区域性中小型基金会有条件转型为社区基金会；社会服务机构通过竞争与合作，以及自身的综合化转向，则可成为社区基金会重要的合作伙伴；社团利用广泛的资源网络、良好的政社关系，亦可采用社区基金会的模式进行变革。

笔者用较大篇幅描述背景及影响，是想说明，社区基金会并非真空发展，是在这样一个大背景之下发展的，这些背景或多或少成为社区基金会发展的推手，例如较为成熟的基金会的资助方法、国际机构的社区发展工作经验等可成为有力的推动工具。

三 两种不同取向的社区研究视角

在讲述社区基金会前,笔者想谈谈社区研究,对"社区"有了判断,才能知晓社区基金会的运作背景。

社区研究主要有本体论与方法论两种类型。本体论是将社区作为客观实在和相对独立的主体来看待,以是否存在地域性生活共同体,社区如何治理等为主要方向;方法论则是将社区当作一种特殊的方法和切入点,或者当作其他主题的一个具体而独特的场景,从而更好地理解所要研究的问题。从社区着眼来观察、研究社会,见微知著,大量的人类学著作即其代表。

上述两种类型的研究虽然看似纯理论探讨,但无论在社区发展的背景还是逻辑上都有本土借鉴意义。

举例来说,美国的社区基金会与美国乡镇自治传统是有关联的,正是在这样的政治、社会背景下,社区基金会最早发源于美国并发展壮大,进而由美国推广到欧洲、拉丁美洲、非洲、亚洲。值得一提的是,作为欧洲发达国家的德国、意大利,都是在20世纪90年代末期才出现第一家社区基金会,也都具有明显的所在国特征。所以,社区基金会的发展是要深深植根于国家大背景之下,并不存在普遍适用的万能钥匙。

四 社区基金会的发展比较

社区基金会是近年全球社会运动的产物之一,这也是传统发展领域的转型和新的突破点，更是重新强调社区重要性的产物。社区基金会关注的焦点从美国式的强调资产多寡，过渡到中国目前比较常见的强调对社区发展的影响。

当前，深圳、上海、北京及成都的社区基金会均是在政府大力推动的背景下发展起来的，由此可看出，与国际同行相比，中国的社区基金会的特征在于其本土化探索，即社区基金会是作为方法还是目标而被大力推动的。换句话说，中国社区基金会应更强调社区基金会属性还是社区属性[①]，其中前者意味着其作为舶来概念，在没有国内成熟案例可供借鉴的情况下，国际经验就成为学习的模板和方向。可惜，以上内容尚未成为被重视的话题，因此，笔者先对美国社区基金会的特征做一个简单的梳理，详见表1。

表1 美国社区基金会特征

资金运作	设立若干永久捐赠基金，不动本金，依靠基金产生的利息进行资助。这些基金可以分为限定性基金和非限定性基金
非限定性基金	社区需求导向，是基金会影响社区发展的重要工具。它可以资助社区中尚未引起广泛关注的或政府缺位的公共服务，可以资助社区其他非营利组织的创新性项目
限定性基金	在满足社区需求时，充分考虑捐赠人的意愿，基金会提出建设性意见以便使用方向更具合理性
伙伴关系	社区基金会不是直接提供服务的组织，不能直接提供社区公共服务。社区基金会对社区发展的作用要依靠其他非营利组织的服务来实现
资产管理	在理事会的指引下，委托专业机构进行投资理财，扩大资金收益，如布卢明顿和门罗县社区基金会，2012年的投资回报率达到了14.3%，高于同规模社区基金会12.6%的平均水平

---

① 这里的"社区"指村（居）委会，当范围超过上述内容，社区基金会的运作方式与其他类型的基金会相差不多，不做过多介绍。

续表

影响力资助项目	面向地区的非营利组织，由组织根据自己的业务范围自行设计项目申报，鼓励社区内的非营利组织开发基于社区需求的创新性项目、探索性项目等
配比资助	由非营利组织向基金会提出申请并确定筹款目标额，如果本机构自己的筹款额度达到预定目标，则基金会给出相应比例的配比资金。建立配比资金可以让基金会与社区其他非营利组织建立长期合作关系，帮助其他非营利组织建立长期捐赠基金，扩大机构实力

结合美国社区基金会的特征，笔者对中国社区发展理论上会面临的主要问题及社区基金会能产生的作用做一个梳理，详见表2。

表2 中国社区发展面临的挑战及社区基金会的作用情况

社区发展面临的挑战	社区公共事务无人解决，社区居民参与不足
	政府投入有局限性，以低限度公共服务和政府购买为主，无法适应多样化、多元化的本地需求
	外部资源的引入，社会组织只对资助方负责，缺少灵活性和本地化
社区基金会的独特作用	社会发展变化迅速，充满复杂性；不同地区、群体的需求日益多元化，对包括基金会在内的社会组织提出了更高的要求，即良好的适应能力和反应能力
	本土经验的重要性凸显，以往面向全国的具有"普适性"的资助或公益模式受到挑战
	公益生态尤其是区域公益生态建设的紧迫性，构建生态体系对资助机构尤其是基金会具有战略意义上的作用

据上述可知，目前业内对社区基金会抱有较高的期待，但对照表1中美国社区基金会的基本运作，中国社区基金会的运作水平尚有较大差距；表2也只是从基金会或社区基金会的一般视角去看待。这就引申出中国社区基金会模式本土化的问题，即社区基金会的运作模式是越贴近美式社区基金会的特征越好，还是说关注点应在这些社区基金会推动社区发展的成果上——毕竟这才是发

起社区基金会最重要的目的，这也是上面提到的社区属性。

五　顺德社区基金会发展的优势

截至2017年底，顺德区有204个村居福利会，另有区、镇街慈善会11个，形成了三级慈善系统，成为顺德区公益慈善行业的重要力量。过往谈及村居福利会时，无论是政府相关部门还是研究机构，强调最多的就是村居福利会强大的动员及筹款能力，放眼全国，能比肩顺德村居福利会资产规模的也寥寥无几。

除区、镇街慈善会外，拥有全职工作人员的村居福利会并不多，大部分工作人员都是兼职，所做项目、活动也多为助老、助学、紧急救助等，行政化程度较高。如何盘活这些村居福利会，成为一个非常重要的议题。社区基金会的运作模式不失为一种可行的路径。

虽然区、镇街慈善会同样被认为需要转型，但笔者认为，它们的转型有村居福利会不具备的优势：其一，有独立工作人员；其二，近几年亦在不断探索，尝试用新的方式如基金会的资助去资助项目；其三，逐渐与公益机构开展合作，项目类型开始多样化。但对他们而言，发挥传统慈善的影响力影响捐赠人更迫切。

必须认识到，村居福利会在组织结构上，是由村（居）委会发起的，这个明显的出资人或发起方却往往不被重视。按照基金会运作的惯例，发起方的意见非常重要。这里，笔者提出本报告的结论：顺德村居福利会的变革，或者说按照社区基金会的模式来变革，必须尊重村（居）委会的意见，分阶段发展。

一是，传统慈善深化及个性化发展，深挖传统慈善的富矿。比如助老，在节日问候及养老补助之外，尝试邀请社工、护工对老人做精神关怀，进而开展更为多样化和多元化的活动。

二是，差异化及本地化发展，开展更有年轻化特征的活动，吸引本地青年参与。同时可考虑通过购买社工服务的方式，让被购买方成为工作人员，将财务外包，由专业机构来承担财务工作。

三是，前瞻性，亦即战略慈善，以本村（社区）的实际发展情况为标准，与镇街、区政府相关部门合作，预判本村（社区）的未来发展可能遇到的问题、症结，重点攻克。

简单来说，就是三要素：人、事、方法。

一是人，即吸引谁来参与、骨干是谁。公益人才培养是近年来业内在话语、实践上提及较多的，区内亦有同仁启动此类项目，加上民政部门及社会服务机构的督导、培训，及各种外出交流、学习，构成了顺德区公益慈善人才培养的体系；遗憾的是，并未有针对基金会或慈善会、福利会的专项培养。

虽然如此，人才缺乏仍是令业内人士头痛不已的大事。与在人才建设上的投入相比，这样的产出着实不让人乐观。

笔者以为，人才困局的原因是我们对问题的认识有一定的偏差，究竟我们缺乏的是怎样的人才，是资深社工、督导、资深项目管理人员、优秀的中层管理人员、带领团队的高级管理人员、筹款工作人员还是综合性人才？只有当不同类型的机构对于人才有了明确而具体的需求，行业在总体上究竟缺少怎样的人才才能清晰明了地呈现出来。以社会服务机构为例，作为社工，专业的提升和精耕某一领域、方法有着莫大的吸引力，这必然会导致社工对于一线工作有巨大的热情，甚至有不少社工甘愿扎根一线工作而不愿从事管理工作。对于社会服务机构的中层及高级管理者而言，需要给一线社工支持及争取更多的经费，同时还会面临专业上的考验，以及远在香港的督导并不能及时有效地解决他们的问题。

之所以叙述这么多社会服务机构的人才特点，是因为现阶段在顺德区专职从事公益慈善的人员中，社会服务机构占了最大的比例（从区外吸纳相关人才只是个别机构、基金会的方式）。不得不承认，只有这些社会服务机构的工作人员才是未来顺德区社会建设领域的中坚力量，虽然现阶段福利会并不一定能吸纳大量的就业，但以购买服务的方式，可以在最短的时间内拥有实质上的专职工作人员。只需向他们做专项培训，使他们在实践中成长便可。

二是事。可以做什么事，现阶段可以专攻传统慈善的深化及项目化，形成社区影响力。

三是方法。多头并举，以内容为方法，无论是社工服务、社区营造、文化保育、青年资助等，都可以去尝试，在内容的基础上摸索方法，先有内容，再有方法。

而最为关键的是村（居）委会书记、主任，作为本地社区事务召集人、拥有政府及民众赋予的合法性，本身即为最佳的社区发展议题发起人。抛开村（居）委会书记、主任，社区发展就做不好，更不用说"社区基金会"。

顺德区于2017年正式成立第一家以社区基金会为模式的广东省德胜社区慈善基金会，这不仅开顺德区之先河，也是全国性的、行业性的大事件。自成立之初，从理事会治理、秘书处管理、基金会战略规划、项目策略等，德胜社区基金会面临着比其他类型基金会更多的挑战和困惑，这并非个案，基金会管理本身就是"行业痛点"，而外界对德胜的热切期盼又加剧这一挑战。

笔者无意站高指点，也愿意相信德胜社区慈善基金会未来的发展定能为顺德社区的繁荣做出突破性的贡献。

从近几年顺德区有意扎根本地社区的公益慈善组织的发展看，对内，理事会、秘书处的磨合妥协是关键，不应求高度共识，要找底线共识，形成合力；对外，做好战略性的规划和策略不一定是合适的，相反，应尽快有"抓手"，铺开一两项业务，无论是密切扎根社区的社工机构抑或专注某几个领域都可，越早与社区重要利益相关方打成一片，对未来发展越有益，找到成长的节奏，使工作人员能较全面地熟悉各项业务，使常规性、事务性工作指南化、模式化，将精力用在思考、探索和找地气上，才能有根，而有了根就有了底气，就有了自己的"地盘"。

上述仅为笔者一家之言，借此抛砖引玉，在社区基金会概念、实践呈燎原之势时，抛出一些个人观点，希冀引起讨论，共同为顺德社区发展献计献策，创造更有活力、更宜居、更有传统意蕴的顺德。

参考文献

[1]《基层政府派生社团内部非自愿性问题研究——顺德村居福利会案例分析》。

[2]《2012年顺德慈善工作调研报告》。

[3]《顺德区公益慈善事业发展状况调研报告》。

［4］徐宇珊，2014，《社会组织如何提供社区公共服务——以深圳为例》，《开放导报》第5期。

［5］徐宇珊，2015，《以"永久捐赠基金"为基础的社区基金会——以布鲁明顿和门罗县社区基金会为例》，《中国社会组织》第7期。

［6］徐宇珊，2017，《我国社区基金会的功能定位与实现路径——基于美国社区基金会与地方联合劝募经验的启发与借鉴》，《中国行政管理》第7期。

［7］孙春宁、徐宇珊、苏群敏，2015，《社区基金会将在社区中扮演什么角色？——社区基金会的"形"与"神"》，《中国社会组织》第3期。

［8］任军铎，2011，《民德与民治：乡镇与美利坚政治的起源》，上海人民出版社。

佛山市企业慈善发展报告

汪跃云　朱丽玲　姚悦洋

摘　要： 作为中国民营经济和制造业的重镇之一，佛山市近年来在公益慈善领域的投入同样令人瞩目，从市委市政府对"乐善之城"的战略部署与资金支持，到民间结合传统慈善与现代公益的慈善创新方式频出，社会各界的慈善意识不断增强，慈善参与热情日益高涨。其中，作为民营经济的重要主体，佛山市民营企业和企业家们延续了乐善好施、回馈乡土的朴素情怀，同时植入他们对现代公益的理解：在慈善事业的规划设计、行业生态的营造培育、企业慈善与企业战略结合等方面的考虑呈现创新性、多样性和可持续性，逐步推动和影响佛山慈善行业的发展。本报告尝试从企业慈善理论、企业慈善现状、企业慈善案例等方面描述佛山市企业慈善发展的轮廓和细节，同时为本土公益慈善实践提出可行性建议。

关键词： 公益慈善　企业慈善　慈善家

一　导论

随着《中华人民共和国慈善法》（以下简称《慈善法》）于 2016 年正式颁布，中国的公益慈善事业开启了新的篇章。如果说 2008 年是中国公益慈善事业的元年，那么，2016 年《慈善法》的颁布对于中国慈善事业的发展，无疑具有里程碑式的意义。在这一背景之下，佛山市企业慈善的发展明显地具备了与时代同步、与社会发展同步的特征。

企业不仅是创造经济利润的主体，也是推动公益慈善事业发展的中坚力量。在我国，企业慈善在教育助学、扶贫济困、灾害救助等领域发挥了举足轻重的作用。特别是在面临突发性自然灾害事件时，企业作为捐赠主体，对于在短时间内捐赠资金、调集物资、组织人力等起到了巨大的推动作用。《慈善法》颁布实施后，伴随着公益捐赠税收减免、公益股权捐赠、慈善信托等一系列政策和法律法规的出台，更进一步了推动我国企业慈善的发展。

杨团主编的《慈善蓝皮书：中国慈善发展报告（2017）》指出，我国的企业社会责任正在与国家战略、慈善发展、全球环境、高校捐赠有效结合，这是中国企业家慈善理念拓宽的一种表现。尤其是央企、民企、外企等各类企业纷纷将精准扶贫作为企业社会责任的重要方向。报告还显示，截至 2016 年底，企业发起成立的基金会共有 763 家，占全国非公募基金会总数的 19.17%。其中，广东省企业发起设立的基金会总数多达 179 家，是全国企业基金会数量最多的省份（杨团主编，2017）。

佛山市作为一座历史文化名城，具有深厚的慈善文化根基。2016年底，中国慈善联合会发布了第四届"中国城市公益慈善指数"，佛山市综合指数在全国256个城市中居第23位，在广东省排名第4位（佛山市民政局，2018）。

为促进佛山市现代慈善事业快速发展，佛山市民政局起草了《佛山市建设"乐善之城"行动计划（2018—2020）》（以下简称"行动计划"）。行动计划倡导企业界将慈善精神融入企业文化建设，把参与慈善作为履行企业社会责任的重要方面，通过捐赠、支持志愿服务、设立基金会等方式参与慈善。我们可以看到，从政府到民间，从传统到现代，从专业到跨界，佛山市已经形成企业慈善事业发展的良好生态。

本报告将主要阐述佛山市企业慈善发展的现状：第一部分在国家发展背景下，概述佛山市企业慈善的背景；第二部分回顾佛山市企业慈善的主要理论和概念；第三部分对佛山市企业慈善的相关数据和企业慈善的总体情况进行简要分析；第四部分以佛山市本土的何享健家族慈善体系为例，探讨家族企业在进行企业慈善事业中的经验、方法和路径；第五部分结合佛山市本土企业慈善现状和实践经验，提出可行性建议；第六部分是总结。

二 佛山市企业慈善理论分析

企业慈善是指营利性企业将它们的部分利润或资源等无偿捐赠给慈善事业的行为。这些捐赠可以直接来自企业，也可以是来自一个独立的、企业资助的基金会或公共慈善机构。西方学术界对于企业慈善的理论发展经历了企业是否应承担社会责任的争论，到企业社会责任理论、利益相关者理论、企业公民理论、战略性慈善行为理论的演变过程（张奇林、黄晓瑞，2013）。

我国企业慈善的发展起步较晚，相较之下缺乏战略性部署。但随着国家层面一系列支持性法律法规和地方政策的出台，近年来企业慈善的发展呈现了良好的态势。2016年实施的《慈善法》，2017年《企业所得税法》中关于企业慈善捐赠的扣除规定，2016年财政部、国家税务总局发布的财税〔2016〕45号《关于公益股权捐赠企业所得税政策问题的通知》以及银监会、民政部联合印发的《慈善信托管理办法》都为企业慈善的进一步发展奠定了政策基础。而地方也出台对应的支持性政策，落实企业慈善行为在地方的发展。

西方企业慈善的相关理论在中国本土化实践过程中，需要不断结合实际，对当下的环境有良好的因应，从而生成适用于中国企业慈善的相关理论。从佛山地区的实际情况来看，企业慈善的动机虽然各有差异，但总体上是从基于传统的地方文化情感认同和道德层面的乐善好施，转向与企业发展、企业战略、品牌建设等因素相结合的现代企业慈善。此外，佛山市企业在推动地方慈善行业发展和生态形成以及捐赠方式上的创新在全国范围内也具有一定的示范意义。

以何享健家族为例，何享健家族通过捐赠60亿元家族资产注入广东省和的慈善基金会来践行企业社会责任。通过股权捐赠、慈善信托等捐赠方式的创新，推动顺德当地的慈善事业发展。此外，何享健家族通过广东省和的慈善基金会这一母基金，进而在当地推动成立支持养老的德耆慈善基金会，支持青年创新创业的双创基金会，支持社区发展的社区基金会以及岭南园林的运营管理机构——和园文化发展中心等。在企业慈善理念上，家族、治理、品牌、团队、战略、资产、可持续等都是该基金会考量的要素，也许并不完全适用于现有的企业慈善相关理论，但相信经过这样的摸索及具体实践，再结合本土实际，能够生发出本土化的企业慈善理论。

三　佛山市企业慈善现状

佛山市民营经济发达，是中国的制造业名城。2017年，中国信息通信研究院工业百强县（市）课题组发布《中国工业百强县（市）、百强区发展报告》，其中的"中国工业百强区榜单"上，佛山市五区全部在列，其中顺德区、南海区分别居全国第三位、第五位。而其中，民营经济发挥了主导作用，根据《2016年佛山市国民经济和社会发展统计公报》，2016年民营经济占佛山生产总值的比重为63.5%。2017年1月5日，在佛山市工商联第十四次会员代表大会上，佛山市委书记鲁毅表示，2016年佛山市民营企业对全市工业增长贡献率达78.7%，并强调，佛山市提出打造面向全球的国家制造业创新中心、宜居宜业宜创新的高品质现代化国际化大城市，背后的基础支撑正是民营经济（叶洁纯，2017）。

与民营经济的整体体量及经济贡献度相对应，佛山企业家对于社会公益慈善的关注与支持——尤其是针对本土社区的各方面良性发展较为积极主动。2017年6月19日，佛山市委、市政府召开"佛山·脊梁企业"、"佛山·大城企业家"命名大会,并在会上弘扬佛山企业家的精神品质（田海燕,2017）。会议提出,慈善为怀、有社会担当就是佛山民营企业家精神的特质之一。比如,何享健先生从早期的企业、个人捐赠,到建立慈善基金,再到60亿元永续慈善规划,迈上了公益慈善事业新阶段,实现了"让慈善之水源远流长"的理想目标。市委书记鲁毅也曾在何享健家族捐赠仪式上,动员和号召全市民营企业家和公务员队伍向优秀慈善家学习。与何享健一样,碧桂园集团董事局主席杨国强先生对公益事业也十分热衷。早在20年前碧桂园初创之期,杨国强先生经济实力并不太强,却以母亲的名义设立"仲明大学生助学基金",每年按时汇给基金账户100万元,2006年开始每年汇入200万元,默默资助了广东省19所高校的9131名贫困学子。同时,通过各种途径,资助了清华大学、北京大学等多所高校,设立各类奖学金、教育基金,并创办了三所全免费学校,接收处于辍学边缘的学生2588名,资助培训农村籍退役军人14466名。此外,杨国强先生不遗余力地参加产业扶贫、救灾赈灾等活动（刘泰山,2017）。杨国强先生及碧桂园集团已累计捐赠超过32亿元,杨国强先生及碧桂园集团先后获得7项"中华慈善奖"。以美的集团、碧桂园集团为代表,越来越多的佛山企业和企业家发展起来后自觉加入到慈善事业当中,何享健、杨国强、李兆基、郑裕彤等企业家成为典范（佛山市委宣传部,2017）。

同时,根据佛山市民政局提供的部分数据,以及从广东省社会组织信息网上获取的数据,笔者从企业捐赠、企业基金会登记、企业冠名基金设立三方面对佛山企业慈善的现状进行梳理,具体如下。

（一）企业捐赠

企业捐赠的部分包含了佛山市顺德区及南海区自2014年至2016年的捐赠情况。在国有及国有控股企业方面，货币捐赠呈逐年增长的态势，其中，顺德区的平均增长率为96.4%，不仅在增长率上远超南海区的39.1%，也在总量上多于南海区。在民营企业方面，南海区在货币捐赠量上显著多于顺德区，年均2710.9万元，而顺德区年均捐赠量是597.2万元（由于该数据仅从慈善会系统的捐赠行为中获取数据，可能无法完全反映现实）。由于目前只有南海区的港澳台资、侨资企业以及外资（合资）企业的捐赠信息，行政区之间比较并不可行，但此两项在南海区呈现增长的态势，年均捐赠量分别是244万元和541万元。

（二）企业基金会

根据广东省社会组织信息网公开的2016年年检信息，佛山市一共有18家省级基金会，其中由单一企业设立或有单一企业背景的基金会共6家，由超过2名企业家或由2家企业联合成立、捐资的基金会有2家，为方便统计，将以上8家的数据共同处理分析。

1. 资产状况分析

根据2016年年检数据，8家省级基金会的平均总资产是99683125.54元，但基金会之间的资产分布不均匀，其中广东省和的慈善基金会和广东省国强公益基金会2家基金会的总资产均为3亿元以上，其余6家基金会的资产在平均值以下。总收入和总支出的分布状况与总资产的分布类似。

2. 资助领域

各基金会的资助领域大多有重合，但由于现有数据无法体现各基金会的资助侧重点，只能够提炼出资助领域的大致分布。大致分布如下：济贫助困领域有7家，资助教育领域有5家，救灾领域有3家，养老领域有3家，文化领域有3家，卫生医疗领域有2家。

（三）企业冠名基金

2014—2016年，顺德区的企业冠名基金会数量几近翻倍，从84家增加到164家。与同时期的南海区比较，不仅增长速度显著高于南海区，总体数量也在2016年超过了南海区的138家。

整体来说，由于获取的数据有限，企业慈善部分的现状难以完整呈现，建议未来通过科学的社会调查及数据采集方式对五区的整体数据进行系统收集，以便进行高质量的、有效的分析及建议。

四 案例：何享健家族慈善体系

2017年7月25日，75岁的美的集团创始人何享健先生偕夫人及儿孙，公布了60亿元慈善捐赠计划，其家族慈善体系也在规划、筹备近三年之后公开亮相。

何享健家族的捐赠计划由股权捐赠和现金捐赠组成，具体如下。何享健捐出其持有的1亿股美的集团股票[①]，设立慈善信托。

[①] 2017年7月24日（捐赠仪式前一天）收盘价为43.42元，2018年1月15日收盘价为61.16元。

现金捐赠的部分总额为20亿元人民币，包含5亿元现金设立的顺德社区慈善信托，该慈善信托于2017年5月27日在广东省民政厅完成备案。另外15亿元现金涵盖了精准扶贫、教育、医疗、养老、创新创业、文化传承及支持公益慈善事业发展等多个领域，推动了两家新型慈善基金会——广东省德胜社区慈善基金会和顺德区创新创业公益基金会的成立，并向省、市、区、镇、村等五级慈善会进行了捐赠，设立了四个专项基金（见图1）。

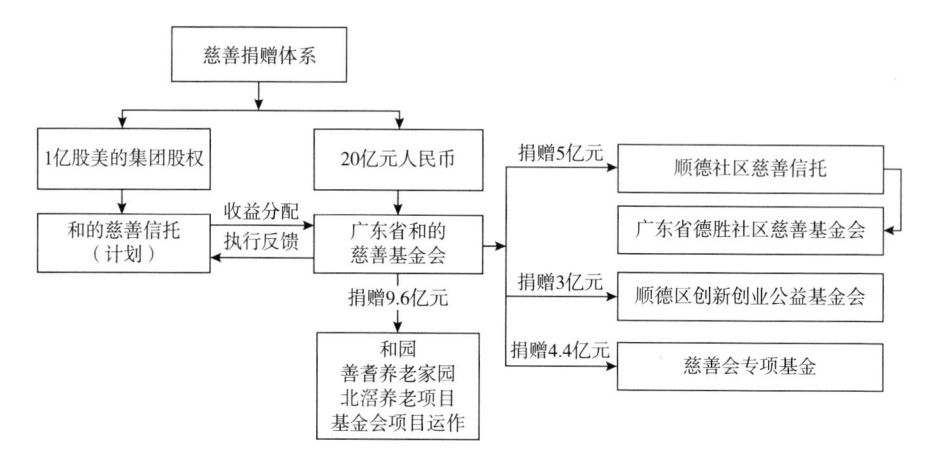

图1 何享健家族慈善捐赠体系框架

资料来源：和的慈善基金会内部资料。

以下，笔者将从该慈善捐赠体系以及何享健家族的慈善文化与企业发展脉络进行分析。

（一）详解何享健家族慈善捐赠体系

此次公布备受外界关注，除了数额之巨大引起热议，这个体系中运用的立体、创新、可持续的慈善机制，也被媒体评论认为是树立起中国现代公益慈善事业的示范标杆（高绮桦，2017）。

首先,捐赠方式多元创新。体系中采用了股权与现金的多元捐赠组合,既推动成立了立足本土社区的基金会,又设立了专项基金,还有"慈善信托+基金会"的双轨模式,相较于企业慈善和家族慈善中传统的"捐物捐钱"输血模式有所突破。体系中所运用的现代公益慈善理念和方式更具立体性、科学性和发展性,也更有利于树立企业和家族基金会的良好品牌形象。

其次,慈善事业开展方式具有开创性和可持续性。体系中涉及两个慈善信托,分别是1亿股美的集团股票的股权信托(计划)与5亿元的顺德社区慈善信托(已成功备案)。前者属于承诺捐赠,但由于相关配套政策未整体落实,暂时只能将计划延后,在时机成熟时再及时推动落地;后者已经正式在广东省民政厅完成备案,根据民政部"慈善中国"信息平台公开信息查证,该信托是国内截至目前资金规模最大的单笔慈善信托案例[①],并成立了国内规模最大的社区基金会。对此,清华大学公益慈善研究院副院长邓国胜教授表示,慈善信托的优势在于资产隔离,有助于捐赠人的意愿得到永续实现,但由于税收减免等政策尚未得到很好解决等问题,此前国内不少富豪将慈善信托设立在境外,本次广东省和的慈善基金会的慈善信托在本土落地,对鼓励更多慈善信托设在本土具有标杆示范的创新意义(蒋晓敏、罗湛贤,2017)。

再次,慈善领域和项目的选择具有战略性,既回应本土需求,

---

① 详见民政部"慈善中国"信托查询网页:http://cishan.chinanpo.gov.cn/biz/ma/csmh/e/csmheindex.html。

又与国家政策和行业趋势有较高配合度。从该体系中慈善资源投放的区域，不难看出何享健及其家人对本土的高度关注和回馈乡梓的朴素情怀，且议题广泛，包含文化、养老、教育、社区服务等，都与佛山市、顺德区本地的社会公益慈善需求吻合。同时，配合国家精准扶贫政策，基金会还向省慈善总会扶贫济困日活动捐赠1亿元，将用于支持新时期精准扶贫、精准脱贫三年攻坚的工作，定向支持韶关市南雄市及仁化县等地的共九个村庄；顺德区创新创业公益基金会的诞生也与国务院"万众创新，大众创业"的号召息息相关。从行业趋势上，不管是社区基金会，还是慈善信托，都是近年来蓬勃发展的行业新业态，并且将在《慈善法》及相关法规逐步完善的情况下，获取更大的发展势能。

最后，慈善资源的管理要求具有可持续性和科学性。在捐赠仪式上，何享健对捐赠善款的管理提出三点要求：第一，要妥善安排，有规划有次序地运用好；第二，规范管理，公开透明，依照法规有效实施；第三，做好资产保值增值工作，不让资金闲置，让资金创造更大价值，造福更多人。在具体操作中，广东省和的慈善基金会在资助管理方面同样引导合作伙伴——不管是慈善会还是社会组织——要在保证资金安全的前提下，采取合法、有效、专业的投资方式，充分发挥资金的杠杆效益和作用，实现捐赠资金的保值增值和持续、稳定运作。据广东省和的慈善基金会工作人员表示，这样的"善财之道"在本地慈善会系统的资金管理中，是具有突破性的，但通过逐步的引导和经验分享，几级慈善会都开始利用专业的投资管理资源，尝试建立合理有效的投资决策和风险控制机制，对慈善资金进行科学管理。

（二）把慈善作为一种家族文化传承

根据美的集团官网介绍，1968 年，何享健带领 23 名顺德北滘居民，筹集 5000 元，以生产自救的方式开始创业。1980 年，美的集团正式注册商标并进入家电行业。① 2016 年，美的集团实现营业收入 1590.44 亿元，并在 2016 年和 2017 年两次入选《财富》杂志发布的年度全球 500 强公司。②

据《中国慈善家》杂志采访和梳理，早在 20 世纪 90 年代，美的集团刚刚步入快速发展阶段之际，何享健就开始用慈善的方式回馈家乡和社会，在他的影响下，其家人和企业均热心慈善、积极履行企业社会责任。截至 2017 年 7 月，美的集团累计捐赠达 9 亿元人民币；何享健的儿子何剑锋在 2010 年成立企业基金会——盈峰慈善基金会，这也是佛山市首家非公募基金会；同时，何享健开始对家族公益慈善事业进行思考和规划，在 2012 年 8 月，何享健将美的集团转交职业经理人运营后，全身心投入慈善事业中；2013 年 12 月，何享健创立广东省何享健慈善基金会（后更名为广东省和的慈善基金会）并担任荣誉主席，其儿子何剑锋担任基金会主席，两个女儿何倩兴、何倩嫦，也分别担任基金会理事长和理事。

从当年小作坊式的"北滘公社塑料加工组"，到以消费电器、冷暖空调、机器人与自动化系统等为主营业务的世界级科技集团，

---

① 详见美的集团官网：http://www.midea.com/cn/about_midea/history.shtml。
② 在美国《财富》杂志发布的 2017 年度全球 500 强公司评选名单中，美的集团排名第 450 位，相比 2016 年上升 31 位，是中国唯一一家上榜的家电企业。

掌舵人何享健始终坚持"开放、和谐、务实、创新"的企业精神。而不管是在家里，还是在公开场合，何享健都强调，他的财富，得益于自己的拼搏努力和美的人的共同努力，还得益于改革开放，得益于国家政策、各级政府的支持。如今，他又将这股精神和这份感恩情怀延续到他的家族慈善事业中。

从早期通过企业、个人进行捐赠，到建立专业化的平台，到系统、可持续的慈善基金会运营，再到宣布60亿元永续慈善的规划，何享健及家人对于慈善的文化理念、工作方式、传承体系等都有了更进一步的行动。

在捐赠仪式上，何剑锋总结了家庭对于财富和慈善的思考："价值观才是最好的传承，美德才是最大的财富。"他还表示，未来和的慈善基金会将会从"一流的基金会、有影响力的项目、专业的治理管理、慈善交流与合作"四个方面去开展工作。

何享健感谢家人对自己捐赠行为的支持，他说，家人都非常希望把慈善事业做好，捐赠60亿元是全家人的心愿，在捐赠仪式上，他说道："我的捐赠得到我家人一直以来的认同，包括我的太太、子女。我跟家人都非常感恩，（懂得）要有社会责任感，要回馈社会，要帮助别人。做公益慈善是我们的责任，也是我们应尽的本分。"（谢舒，2017）

香港中文大学教授范博宏专注家族企业传承治理研究，"美的模式"是他的研究范例。在他看来，何享健创业的出发点就是关注社会，所以结果也会回归社会。"何享健从1960年代街道工厂开始做起，刚开始他做的是瓶盖，并不是因为对做瓶盖有什么热情，也不是说要做一个世界500强，而是为了帮他的邻居、朋友找活干，所以他才到处去找订单，让他的邻里能够找到事情做，养活大家。"（谢舒，2017）

范博宏早期做过一项研究，对中国香港、台湾地区以及新加坡250个上市的华商家族企业进行跟踪调查。研究结论是，完成交班以后，这些家族的财富平均缩水60%。"美的的传承到目前为止，不但事业没有滑坡，家族也能够持续幸福，这是我研究的一个例外，是个成功的例外。"范博宏认为，这跟何享健重视家庭制度的建立和家庭人员的培养有很大关系，"何先生有一个很大的心愿，财富要回馈社会，并且他培养他的子女和孙辈参与慈善行为，这不但能够对社会好，而且也是一个很好的培养家人的价值观的方式"。（谢舒，2017）

五 企业如何开展慈善的建议

《慈善蓝皮书：中国慈善发展报告（2017）》发布的数据显示：2016年底，企业发起成立的基金会共有763家，占全国非公募基金会总数的19.17%。其中，广东省企业发起设立的基金会总数高达179家，是全国企业基金会数量最多的省份。

广东地区具有良好的企业慈善传统，因此，企业慈善发展具有良好的基础。数据表明，广东省是2016年全国企业基金会成立最多的省份。因此，本报告结合佛山地区企业慈善发展现状，对企业开展慈善提出以下建议。

（一）准确定位企业慈善行为的目标，选择对应的慈善资助领域

根据慈善公益组织的需求，发挥企业在资金、产品、人才、技术、设备等方面的优势，对合适的慈善项目提供相对长期稳定的支持。在慈善项目的选择上，北京大学教育基金会的宋先花认

为，应将重点放在与自己的主营业务相关，同时能够解决经济与社会问题，改善企业竞争环境和长远发展前景的慈善项目上。立足传承佛山市当地慈善文化发展的同时，也根据企业特点，选择对应的和擅长的资助领域，进行深入发展。符合弱势群体和公益组织的多元需求，共建合作共赢的公益生态和企业慈善环境。

（二）根据企业特质，制定长期稳定的战略性部署

一方面，有条件的企业在内部应设立专门从事慈善捐赠的业务部门，制定企业慈善相关的策略，了解我国慈善和公益行业生态和服务群体的需要。使得企业慈善资助的行为更加有效，切实推进社会问题的解决。另一方面，企业通过与政府和非政府组织合作，三方利用各自优势，例如政府出地、企业出资本或者人力资源、非政府组织以专业化服务弱势群体，往往成为一种比较流行的模式。通过跨界合作带动各利益相关方，提升社会影响力。

（三）创新多元资助方式，完善科学高效的评估标准与评估体系

为了确保企业慈善行为的实效性，而不是仅仅停留在捐款捐物上，企业慈善相关部门应该创新资助方式，不仅做项目的资助者，也要进行参与式资助。与此同时，也可尝试采用公益捐赠、股权捐赠、慈善信托等多元方式资助慈善事业。同时，建立一套科学高效的评估标准与评估体系。从公益项目的策划、实施到效果评估等方面建立一系列的工作程序，有必要邀请第三方机构来评估项目执行效果，进行系统性评价。从而实现更高效和有针对性的资助，有利于实现资助目标背后的社会问题的解决。此外，也可以检验战略性的企业慈善对于企业回报社会、改善市场竞争环境、协调企业与社区及社会公众关系方面的成效等。

六 总结

为了更好地对佛山市企业慈善整体状况进行阐述、呈现和剖析，本报告对相关的企业慈善理论和政策背景进行梳理和回顾，并通过从官方渠道收集的数据进行企业在慈善基金会、专项基金等方面的行动现状简析，同时以佛山市当地慈善家何享健及其家族的慈善体系作为案例，进一步了解佛山市的财富家族在慈善传承方面以及将企业精神延伸至慈善板块时所采用的方法和路径。最后，我们针对性地提出了几点可行性建议，希望为本土企业慈善提供更多的操作思路。

在本报告写作过程中，我们也在反思本报告存在的不足之处，希望读者指出，并供其他研究者参考。西方学术界对于企业慈善的理论进行了比较系统的研究，并对于企业慈善行为产生了不同的争论；相比之下，具体到中国乃至佛山市的企业慈善行为时则不具较强的解释力。对此，希望国内的企业慈善研究者能够重视适合中国企业慈善行为的理论研究，结合本土的实践案例对相关理论进行充分发展。民政部门提供的数据具有一定的局限性，比如，在市区注册的基金会并没有提供资产和财务信息，对本报告进行的现状分析造成一定的困难。对此，一方面建议未来的研究者尽可能采集一手数据，另一方面希望民政部门、统计部门加强对相关企业慈善数据的定期收集与更新。

参考文献

[1] 杨团主编，2017，《慈善蓝皮书：中国慈善发展报告（2017）》，社会科学文献出版社。

[2] 佛山市民政局，2018，《佛山市建设"乐善之城"行动计划（2018—2020）》，1月11日。

[3] 张奇林、黄晓瑞，2013，《国外企业慈善研究述评》，《社会保障研究》第4期。

[4] 宋先花，2011，《对企业慈善模式构建的思考》，《现代企业文化》第29期。

[5] 叶洁纯，2017，《南方日报》1月6日，http://www.southcn.com/nfdaily/nis-soft/wwwroot/site1/nfrb/html/2017-01/06/content_7611298.htm。

[6] 田海燕，2017，《南方都市报》6月20日第FB01版，http://epaper.oeeee.com/epaper/K/html/2017-06/20/content_38585.htm。

[7] 刘泰山，2017，《人民日报》8月11日第20版，http://paper.people.com.cn/rmrb/html/2017-08/11/nw.D110000renmrb_20170811_1-20.htm。

[8] 佛山市委宣传部，2017，http://fs.wenming.cn/wmfs/201712/t20171214_4927884.shtml，12月14日。

[9] 高绮桦，2017，《南方日报》7月28日，http://www.southcn.com/nfdaily/nis-soft/wwwroot/site1/nfrb/html/2017-07/28/content_7656629.htm。

[10] 蒋晓敏、罗湛贤，2017，《南方日报》（佛山新闻版）7月26日，http://fs.southcn.com/content/2017-07/26/content_174998469.htm。

[11] 谢舒，2017，《详解美的创始人何享健慈善计划：60亿建立慈善信托》，《中国慈善家》8月刊。

[12] 卢凯阳、胡嘉仪，2017，《南方都市报》7月25日，http://news.163.com/17/0725/13/CQ6O7VL1000187VE.html。

佛山地区公益创投发展报告

刘 维

摘 要："公益创投"的概念来源于欧美，其在中国的"生根"和快速发展，离不开政府推动社会治理创新的制度背景。然而，中国和西方的社会历史背景和现实环境完全不同，公益创投的本土化过程不可避免地需要与本土政治、文化、经济等进行互相调适，而在某种程度上可能产生路径的偏移。但不可否认的是，公益创投在中国经过近十年的本土化探索，培育和发展了大批草根社会组织、社会中介组织、社会企业等，对传统基金会和企业的角色转型和公益慈善的发展起到了重要的助推作用，也成为影响广泛而深远的社会治理创新行动之一。本报告从公益创投的概念、公益创投在中国的起源与发展、佛山地区公益创投的发展、经验与反思、对策建议五个部分进行论述，以期让读者对公益创投的发展由来及在佛山的公益创投实践有一定的了解。

关键词： 公益创投 政府购买服务 佛山 能力支持

一 什么是公益创投？

在学术界，"Venture Philanthropy"没有一个明确的定义和模式，一般将其作为一种公益资助理念的总称，有几种名称被交叉使用，比如"公益风险投资"、"公益创投"、"慈善投资"、"慈善创投"、"战略性投资"等，在我国通常被翻译为"公益创投"。公益创投的定义应用最广泛的是欧洲公益创投协会（European Venture Philanthropy Association，简称EVPA）提出的："公益创投是将风险投资的工具用于公益慈善事业，通过为社会目标组织提供资金和非资金支持，以提升社会目标组织自身的能力和社会影响。"（European Venture Philanthropy Association，2007）

"Venture Philanthropy"最早是由美国慈善家约翰·洛克菲勒（John Rockefeller）在1969年美国国会税收改革法案听证会上提出的，用以表述一种用于解决特殊社会问题的具有一定风险的资助形式。20世纪90年代中期，美国的一些基金会开始了公益创投的具体实践，基金会在募集资金参与慈善事业时，使用商业风投的方法评估公益组织的社会效益，并利用资金资助，辅以提供战略管理等非资金支持为公益组织提供帮助。20世纪90年代末期以后，美国政府开始关注公益创投的发展，并成为公益创投的重要投资人。同时期公益创投开始被引入英国、意大利等欧洲国家。2004年欧洲公益创投协会（EVPA）成立，这标志着欧洲公益创投进入快速发展时期。EVPA（2007）对公益创投的特征总结较为全面，包括以下六个方面。

（1）高度的参与性：公益风险投资者通常会介入组织的内部管理，或成为组织中的管理人员。

（2）量体裁衣的金融安排：公益风险投资者会根据组织的特征，评估出最适合组织的金融安排。

（3）长期的资金支持：公益风险投资者通常为组织提供3—5年的资金支持，一般以组织在投资期满前实现财务自给为目标。

（4）非资金支持：除资金支持外，通常还会提供一系列的增值服务，如战略规划、营销与沟通技能、管理培训、人力资源指导、资源网络搭建、接触潜在的投资者等。

（5）组织能力建设：公益风险投资致力于在其投资组合中培养组织的运行能力和长期生存能力，而不是投资单个的方案或项目。

（6）绩效评估：公益风险投资是基于绩效的投资，重点关注良好的业务规划、可评估的产出、预定目标的达成、明晰的责任归属以及良好的管理能力。

欧美公益创投的运作流程与商业风险投资的过程类似，主要包括五个步骤（见图1）：其一，投资方遴选潜在的投资对象；其二，开展尽职调查（Due Diligence），包括对组织使命、团队、市场、风险等方面进行全方位的评估；其三，选定受资助方，双方共同拟定出资方案、组织战略和服务提供方式等，按照约定进行资助和能力建设，最终完成组织目标；其四，资助方对受资助方进行成果考察，包括对项目的绩效评估、组织能力成长评估等，并制定退出策略；其五，资助方退出并开展新一轮资助（张其禄、叶一璋，2008；赵萌，2010；蔡琦海，2011）。

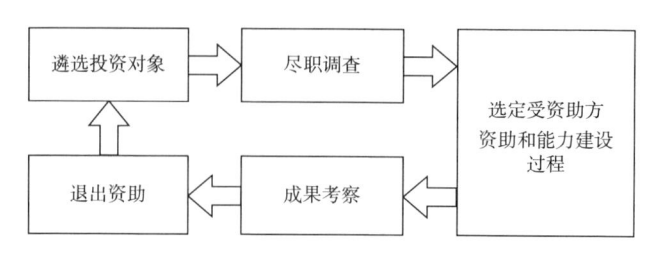

图 1　欧美公益创投的步骤

二　中国公益创投实践的起源与发展

中国与欧美意义上相近的公益创投实践始于 2006 年，"NPP 新公益伙伴"于当年成立，并在 2007 年与中国红十字基金会合作注册了"NPP 公益创投基金"，它以风险投资的模式和企业管理的理念，帮助有拓展价值和潜力的公益组织进行能力建设，这被视作中国首个公益创投基金。2007 年，以联想集团等为代表的企业开始以公益创投的形式履行企业的社会责任，协助公益组织提高运作效率，追求更大回报的社会效益。2009 年，上海市民政局联合恩派公益组织发展中心举办了上海首届社区公益创投大赛，这是中国首次由政府组织的公益创投实践。随后以"公益创投大赛"为载体的公益创投实践逐步扩展到周边地区，深圳、宁波、东莞、河南、苏州、南京、昆山等省市陆续进行了借鉴和发展。

从公益创投的运作模式来看，岳金柱把我国的公益创投主要分为公益孵化器模式、评估介入模式、合作伙伴模式以及重点投入模式（岳金柱，2010）。其中公益孵化器模式指的是，筛选符合条件的目标公益组织进入孵化中心，通过提供资助和场地支持等，从财务、资金、人才、管理等方面提供能力建设，推进社会组织的可持续发展；评估介入模式指的是通过对受资助项目进行评估，"以评促进"，引导公益组织提升项目成效和组织能力；合作伙伴模式指的是，资金提供者介入受资助的公益组织的管理过程，输入资金、人力资源和管理经验等，实现合作双赢；重点投入模式指的是对某一特定领域进行有针对性的资源投放，比如在公益人才培育领域投入资金和人力资本支持等。

按公益创投的发起者或资金供给主体来划分，我国的公益创投实践可分为基金会发起模式、企业资助模式和政府主导模式（吕纳，2012；崔光胜、耿静，2015）。政府主导模式指的是政府提供资金支持，兼顾公共服务效率和效果以及社会组织培育的公益创投模式（同春芬、管英，2015）。在我国目前的公益创投实践中，地方政府已然成为主导力量，地方政府主要以项目大赛的形式遴选项目，并给予入围的项目资金和非资金支持（李健、唐娟，2014）。

相较于欧美国家，我国政府主导的公益创投地方实践形成了自身独特的特点，笔者尝试梳理了我国地方政府主导的地区首届公益创投大赛实践，各地区间的比较见表1。

表1 我国各城市举办首届公益创投大赛的实践比较

城市	上海市	深圳市	东莞市	南京市玄武区	湖北省
时间	2009年	2009年	2011年	2011年	2014年
名称	社区公益创投大赛	公益项目创意大赛	公益创投活动	社区服务公益创投项目	社区公益创投大赛
实施主体	非营利组织（上海浦东非营利组织发展中心）	非营利组织（深圳市社会公益基金会）与媒体（深圳电视台）	非营利组织（恩派公益组织发展中心、东莞市现代公益组织评估中心）	非营利组织（南京市公益创投协会）	非营利组织（湖北城市社区建设研究中心）

续表

主办部门	市民政局	市民政局	市民政局	区民政局	省民政厅
资金来源	福利彩票公益金	社会捐助、福利彩票公益金	社会捐助、福利彩票公益金	财政资金、福利彩票公益金、慈善基金、社会捐助	福利彩票公益金
资助期	一年	一年	一年	一年	一年
资助金额	20万元以下	20万元以下	社会定向捐助资金配套比例1:2,上限50万元	资助项目不超过2万元,招投标和定向购买项目不超过20万元	1万—3万元(含0.5万—1万元奖励资金)

从这几个较早由地方政府开展公益创投的实践来看,我们可以看到其趋同性较高,包括:各地公益创投的主办政府部门都是民政系统;实施主体一般是第三方非营利组织;资金来源都有福利彩票公益金;都主要面向社会相对弱势人群;实施周期普遍较短,通常只有一年。区别在于:公益创投的发起部门从市级往区级和省级扩散;部分地区的资金来源除了福利彩票公益金,还涵盖了地方财政资金和自筹资金成分;在实施主体上,第三方非营利组织的属性有所不同,比如部分地方由基金会或社会团体负责组织,在第三方非营利组织的数量上也有差别,比如部分地区采用两个第三方组织合作的形式共同实施;在资助金额上,从1万元到20万元不等,部分地区的项目资助金额较小,只有1万—3万元。

与公益创投发展较为成熟的西方国家相比,我国的公益创投实践有趋同的地方,但也具有自身独特的发展特征。笔者根据目前国内的研究成果(赵萌,2010;蔡琦海,2011;李学会,2013;吕双慧,2015;等等)及自身的研究发现,进一步梳理了中国大陆和欧美地区的公益创投实践的对比，见表2。

表2 中国大陆和欧美地区的公益创投实践的区别

类别	大陆公益创投	欧美公益创投
资助主体	政府及其执行机构主导	私募基金会为主
资金来源	福彩公益金、财政资金为主，基金会和企业投入为补充	政府投资、私募基金会和个人相结合
资助期限	短期资助，一年	长期资助，三到六年
运行机制	出资方一般不参与组织运作，委托第三方组织执行	资助方出资，且参与受资助组织的日常运作
资助形式	资金为主、辅之以能力建设所需的知识、技术等	量身定制的资金与非资金支持
实现主体	以非营利组织的项目为主体	以社会目标组织为主体
评选依据	以项目创新性、公益性、可持续性、受益面等为主	以创意和责任为主
成果评估	项目的成果报告，即是否完成原定的服务量和服务标准	对项目和组织的绩效评估，测量社会投资回报以及社会组织的成长
退出机制	短期创投，一般项目期满后退出	判断社会组织达成社会目标且有自主发展能力，确定社会组织能够独立运营后，投资者便终止对受助对象的支持

目前我国学术界对公益创投与政府购买服务的关系存在不小的争议。部分学者认为公益创投是政府购买社会服务的新方式（芦苇、林琼，2014；吕双慧，2015；王瑞鸿，2012；傅金鹏，2013；王劲颖，2012；崔光胜、耿静，2015；马蕾等，2016；朱晓红，2016；等等）。但也有学者质疑，认为公益创投的出发点不是购买社会服务，核心目的是培育社会组织，认为国内的公益创投实践实际与西方的公益创投初衷有所偏离（许小玲，2015）。赵萌（2010）对传统资助活动和公益创投进行了区分。她认为传统资助活动针对的是具体项目，其目的是在特定的时间内缓解或解决特定的

社会问题;而公益创投的主要目的在于增强被支持组织可持续解决社会问题的能力,这两种形式在目标、使命、组织结构和工作方式等方面有所区别。

鉴于此,本报告以西方公益创投研究者普遍认可的定义[①],与国内政府购买社会组织服务方式,包括定向委托、公开招投标、竞争性谈判等,进行了对比,尝试归纳了两者在以下几个方面的区别(见表3)。

第一,准入的条件不同。其他政府购买服务形式要求社会组织自身具备一定的能力和资质条件,且侧重项目书的目标和内容的可行性和项目成效;公益创投一般面向初创型或微型的社会组织,侧重机构的理念和创新,以及机构的发展潜力。

第二,公益创投强调社会组织之间的竞争性。定向委托、公开招投标、竞争性谈判等购买方式是基于单个项目的委托和竞争,供应对象数量都是有限的。公益创投不限定项目数量和供应商范围,项目数量、类型以及组织范围更加广泛。

第三,公益创投强调服务需求的"自下而上"。其他政府购买服务形式,如定向委托、公开招投标、竞争性谈判等,政府明确规定了购买的内容和具体要求,需求是"自上而下"制定的。公益创投则不限定服务内容和服务对象,由社会组织自行根据实际需要提出,更加强调"服务需求的自下而上",具有更强的自主性。

第四,公益创投注重社会组织的能力建设。在一般政府购

---

① 参考EVPA对公益创投的定义和特征。

买服务方式中，政府没有义务为社会组织进行能力建设，虽然政府购买服务的经费中可能配置一定比例的督导和培训费用预算，但这由社会组织自身支配，且只是支持单个项目的运作，对机构的能力支持有限。公益创投的核心特征之一是注重社会组织能力支持，通过提供全程的过程支持，推动社会组织本身和项目的成长和发展，以实现社会组织完成自身造血，实现独立运转为目标。

第五，公益创投强调多方参与。在政府购买服务中，政府一般作为出资方、监督方，与执行的社会组织构成资助方和受资助方的"二元关系"，互动很少，一般只有在项目接洽确定、项目中期和末期的评估时有互动。公益创投强调政府部门与社会组织的互动和合作关系，政府部门在过程中也要参与对社会组织自身的运作管理，以及对服务实施过程的跟踪了解等。

第六，退出节点不同。其他形式的政府购买服务，侧重对服务成效的评估，如服务成效达到要求，会考虑延续性长期购买，不限定退出时间。公益创投除了需进行项目绩效评估外，还需要进行组织能力成长评估，如组织能力已得到提升，实现财政自我造血功能，那么资助方将会退出，转而对下一个组织进行资助。

表3　公益创投与其他政府购买服务形式的区分

政府购买服务形式	公益创投	定向委托	公开招投标	竞争性谈判
行为对象	初创型或微型社会组织	指定符合条件的社会组织	3家或以上社会组织	邀请3家以上社会组织谈判
选定标准	项目理念和创新	项目可行性和项目成效	项目可行性和项目成效	项目可行性和项目成效

续表

政府购买服务形式	公益创投	定向委托	公开招投标	竞争性谈判
需求认定方及认定方式	社会组织 自下而上	委托方 自上而下	委托方 自上而下	委托方 自上而下
支持形式	资金支持、非资金支持	资金支持	资金支持	资金支持
过程特点	过程支持	过程监督	过程监督	过程监督
行为目标	社会组织能力提升	社会服务绩效	社会服务绩效	社会服务绩效
退出节点	完成组织的财政自我造血功能	视评估结果而定，不确定	视评估结果而定，不确定	视评估结果而定，不确定

三 佛山地区公益创投的发展情况

佛山地区以项目培育大赛促进公益服务和组织发展的实践最早可追溯到2006年，当时南海区团委、南海区义务工作者（志愿者）联合会举办志愿服务项目招投标（后改为志愿服务项目培育大赛），投入资金选拔优秀志愿服务项目进行奖励和实施，以孵化和培育志愿团队，大赛延续至今有十余年。而明确以"公益创投"为理念和模式开展公益项目培育的实践则始于2012年2月由佛山传媒集团主办，佛山日报社、佛山市慈善会承办的佛山市首届公益慈善项目大赛，该大赛开佛山公益创投的先河。佛山的公益创投实践发展至今有六年的时间，从早期以民间公益力量为主体发动，到逐渐由市、区、镇各级政府部门为公益创投的主要发起者。在各方的大力推动下，目前佛山公益创投呈现遍地开花的局面，形成了"政府主导、基金会支持、企业补充"的地方实践模式，通常以"项目大赛"形式开展，包括项目申报、项目评审、项目资助、能力支持、过程监督、项目退出等过程。本报告根据佛山市公益创投的发展特征，将其分为三个发展阶段。

（一）第一个阶段（2012年—2013年初）

1. 民间力量最早推动，面向主体较为多元

佛山市民间以媒体、企业、基金会为主体的公益创投兴起得比较早，2012年2月首届佛山市公益慈善项目大赛明确表示采用公益慈善创投的方式，采用"传媒搭台、企业支撑、第三方执行、社会共建、公众参与"模式（张少鹏，2015），连接多个主体资源。大赛对申报机构的性质不加限制，民间公益组织、事业单位、公司企业、志愿者团队、个人等均可报名参加，而未注册的机构申报则需要有已注册的机构作为挂靠单位。大赛资金是由佛山市17家本地爱心企业捐赠，每家企业资助5万—15万元，共计筹集185万元。大赛邀请了广东省千禾社区公益基金会作为第三方执行机构，进行社会组织能力建设、公益资源网络搭建、项目走访监察以及项目评估等，以提升各项目的策划及执行能力。[①] 大赛在项目评审中，设置了专家评审、公众网络票选、专家面试、企业终选四个环节，最终入选的18个项目实施主体类型涵盖个人团队、企业、事业单位、公益组织、社工机构等（见图2）。

---

① 参见广东省千禾社区公益基金会网站，http：//www.gdharmonyfoundation.org/project_population/79.html。

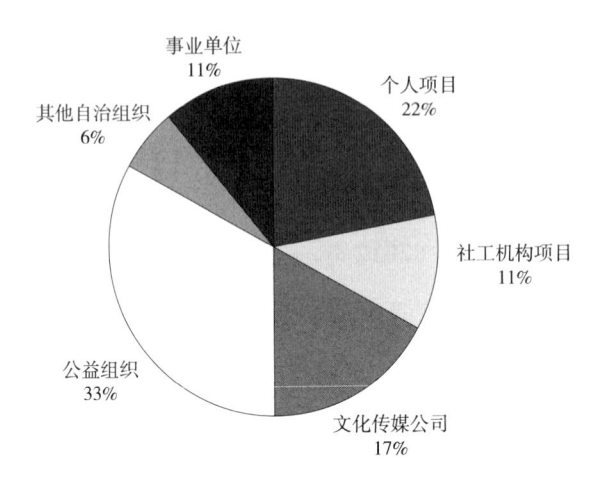

图2 佛山市首届公益慈善项目大赛获选项目实施主体分布

2. 政府抱试验态度，大力扶持社工机构和草根组织

2012年9月，由佛山市顺德区人民政府主办，顺德区民政和人力资源社会保障局协办，顺德区社会创新中心承办的顺德区首届公益创新大赛正式启动，大赛也明确提出并运用"公益创投"的概念，这是已知的佛山地区最早由政府部门主导举办的公益创投活动。顺德区人民政府投入了500万元资金，面向所有领域征集公益项目创意，大赛规定的申报主体也较为广泛，除政府部门以外的任何单位和个人组织皆可申报，在最终入围的27个创投项目中，涉及主体类型较为多样，有个人、社工机构、公益组织、事业单位等，其中以社工机构为申报主体的项目获选率最高（见图3）。

与佛山公益慈善项目大赛相似的是，顺德区公益创新大赛对申报主体要求较为宽泛，除限制政府机关申报外，任何单位和个人组织都可以报名参与；大赛的项目评审也设置了项目申报、初赛评审、项目育成推介、总决赛评审四个环节；也聘请第三方机构协助大赛执行，都对获资助主体提供资金和非资金支持，明确提出对公益社

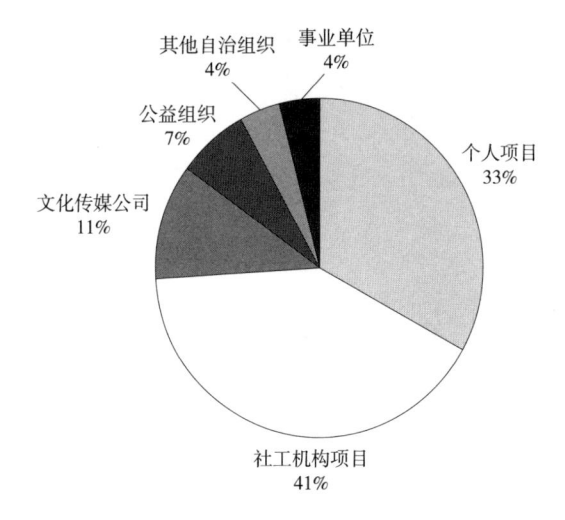

图3 顺德区首届公益创新大赛获选项目实施主体分布

会组织的扶持。但与佛山市慈善项目大赛不同的地方是，顺德区公益创新大赛对社会组织的筹资能力提出更高的要求，大赛采用"社会捐助+政府种子资金的1∶1配套"形式，最高配套限额50万元；此外大赛邀请公众代表担任评审嘉宾，更加注重公众参与。

2012年，佛山市南海区和南海区大沥镇、佛山市禅城区等政府部门也进行了类似公益创投模式的尝试，突出特征是以竞争性资金分配为投入方式，资助、扶持项目和组织发展。该年佛山市南海区委、区政府设立了社会建设创新奖励专项资金，由南海区社会工作委员会承办，采用竞争性分配方式，选拔和资助优秀的社会创新服务项目，支持和引导社会力量进入社会服务与社会管理领域。南海区大沥镇开展街坊会竞争性资金分配，培育和扶持社区草根组织，使其发展为专业机构。禅城区团委、禅城区慈善会发起"微志愿慈善金"公益慈善项目，以环保宣传等五大项目向社会组织招标，提供扶持资金助推非营利组织的发展，这与南

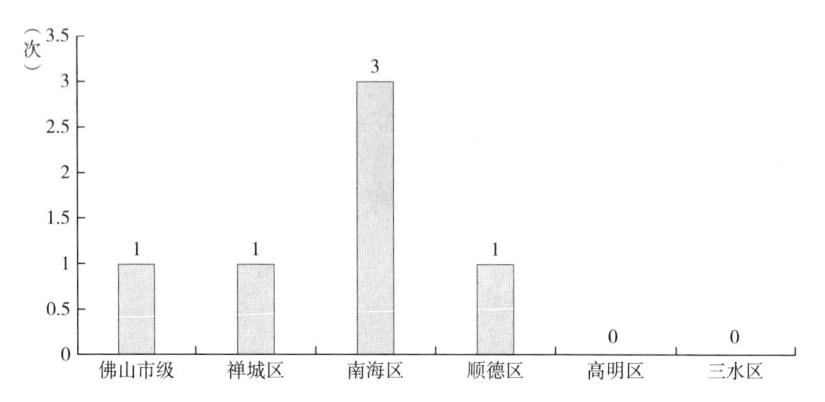

海区举办的志愿服务项目培育大赛的做法较为相似（见图4）。

图4 2012年佛山地区举办公益创投实践情况

（二）第二个阶段（2013年初—2015年底）

1. "纵向—横向"扩散格局

在企业、基金会和政府纷纷试水公益创投的刺激和带动下，佛山南海区、禅城区、三水区、高明区等后来居上，越来越多的政府各级部门、工青妇群团组织、基金会、社会团体、企业等成为公益创投的主办方。据笔者统计的数据，2013—2015年佛山地区公益创投实践呈现蓬勃发展的态势，其中2015年达到历史最高峰，当年佛山市及五区共举办了35次公益创投实践（见表4）。

表4 2012—2017年佛山地区举办公益创投实践汇总

单位：次

年份	佛山市级	禅城区	南海区	顺德区	高明区	三水区	总计
2012	1	1	3	1	0	0	6
2013	3	2	5	1	0	0	11
2014	5	2	11	7	0	0	25
2015	5	3	15	9	2	1	35

续表

年份	佛山市级	禅城区	南海区	顺德区	高明区	三水区	总计
2016	4	2	11	7	2	0	26
2017	4	2	14	4	1	0	25

相对于国内其他城市举办的公益创投活动，佛山市以地方政府职能部门及工青妇系统发起的公益创投更为多元。从纵向层面而言，佛山市、区、镇三级地方政府部门和工青妇系统都以"公益创投大赛"形式推动过公益创投实践；从横向层面而言，不仅限于民政系统，几乎所有与社会政策相关的职能部门甚至规划部门都主办或参与过公益创投活动（陈永杰，2013：53）。

政府参与的公益创投的发起设立有多种形式，包括政府部门单独发起、政府多部门发起和政府部门联合其他组织发起等。其中，市级层面主要包括市民政局、市社会工作委员会、市工青妇系统、市文广新局、市文明办等；区级层面主要包括区民政局（民政与人力资源保障局）、区社会工作委员会、区工青妇系统、区文明办等；镇街层面包括各镇社工委（社工局）、镇工青妇系统等。此外，一些公益创投的主办方还包括市、区、镇各级慈善会、基金会、爱心企业。

在佛山市各级政府主办的公益创投实践中，以佛山市南海区最为典型。南海区有7个镇街，至2015年底，几乎7个镇街的政府职能部门都主办了公益创投活动。2012—2015年，政府及工青妇系统主办公益创投活动的次数呈递增状态，且镇街层面举办公益创投的次数已经超过区级层面，公益创投大赛有从市、区级下沉到镇街、社区层级的趋势（见表5）。

表5　2012—2017年南海区政府及工青妇系统等单位主办公益创投实践情况

单位：次

年份	区政府	区工青妇	镇政府	镇工青妇	社会团体	企业	社区基金会
2012	1	1	1	0	0	0	0
2013	1	2	2	0	0	0	0
2014	2	2	5	1	2	0	0
2015	2	3	7	2	2	1	0
2016	1	2	7	1	2	0	0
2017	2	3	6	3	2	0	1

2. 公益创投的政府投入和举办次数持续增加

地方政府成为佛山公益创投的主导力量，可以从两个方面来体现。第一是政府财政资金[①]投入公益创投的资金总额持续增加。据不完全统计，佛山公益创投的总投入从2012年的900.8万元，到2015年增加到4213.11万元，连续三年呈现近乎翻倍的增长，其中政府财政收入的增加是最大的推力，政府财政资金投入公益创投的资金从2012年的723万元增加到2015年的2934万元（见图5）。

图5　佛山公益创投总投入和政府投入比较

[①] 本报告所提及的财政资金不含各级慈善资金、民间基金会、企业及个人捐赠的资金。

在 2012—2015 年的公益创投实践中，佛山各级政府财政资金投入占总体比例维持在七成或以上，2012 年比例达到 80.26%，2013 年和 2014 年分别达到了 73.77% 和 75.32%，2015 年比例有所下降，趋近七成（见图 6）。

图 6　佛山公益创投的政府投入占总投入的比例

同时，政府举办的公益创投大赛数量明显增长，并且从市级、区级到镇街级扩散。如图 7 所示，2012 年政府主办的公益创投次数仅为 5 次，到 2015 年达到了 28 次。政府主办的公益创投次数占总体的比例从 2012 年的 83.33% 上升到 2013 年的 90.91%。而 2015 年政府主办的公益创投次数虽达到历史新高，但随着社会各界对公益创投实践的关注度上升，各级慈善会、民间基金会都积极参与主办各类公益创投大赛，当年政府主办的公益创投活动次数的比例下降到 80%，但比例依然保持在八成左右（见图 8）。这说明佛山市公益创投的发展无论在举办数量、投入金额还是在参与广泛度方面，在 2015 年都达到了峰值。

佛山慈善事业发展报告（2017）

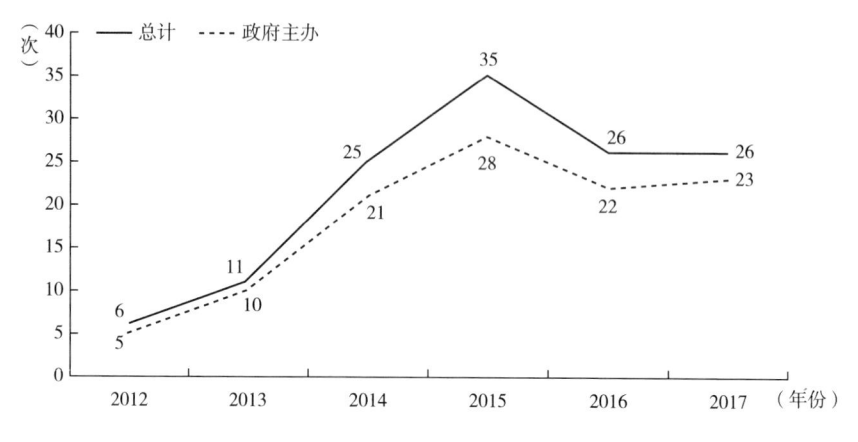

图 7　佛山政府主办的公益创投实践与总体的比较

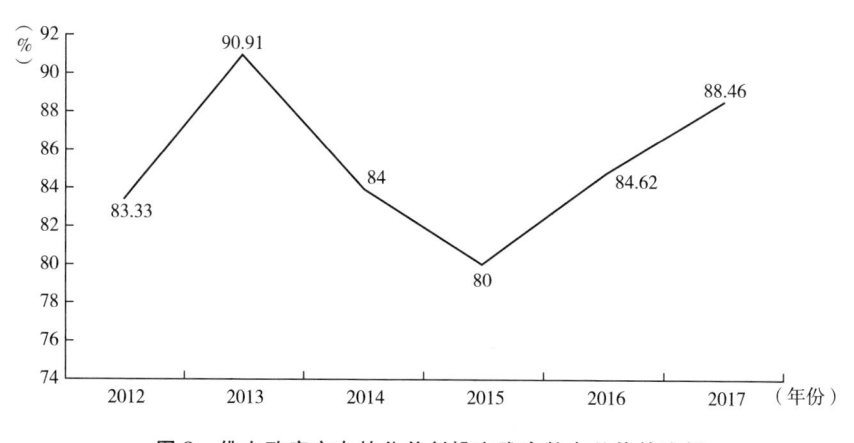

图 8　佛山政府主办的公益创投实践次数占总体的比例

3. 申报对象更针对公益类社会组织

这一阶段的另一显著特征是，公益创投大赛的申报主体更具针对性，从早期的不限制单位和个人，到限定参与主体范围，且更加针对不同层级的实施公益服务的社会组织。比如佛山市级举办的公益创投大赛更倾向于市级注册的社会组织，且从地区均衡发展的角度，有意优先照顾欠发达地区的公益组织申报的项目。区级层面举办的公益创投也倾向于本区注册的社会组织项目，要求项目实施在本区范围内。而镇街层面的公益创投则更针对社区社会组织和自组织，突出培育社区社会组织的功能。比如南海区大沥镇面向已成立的27个街坊会开展竞争性资金分配活动；西樵镇"至善基金社会服务项目"针对镇内的社区互助社；丹灶镇"有为基金优秀社会服务项目"针对镇内成立的社区邻里家。这些社区社会组织和自组织一般由社区热心居民或志愿人士组成，部分镇街引入社工机构力量补充增强专业支持。镇街层面的公益创投，一般通过鼓励社区社会组织以及其他社会组织承接政府服务项目，推动社区居民参与社区事务管理，以达到"凝聚民心"、"服务居民"、"推动民主自治"、"创新基层治理"的目的。①

（三）第三个阶段（2016年至今）

1. 公益创投大赛举办放缓，地方政府对公益创投趋于谨慎

从2016年开始，佛山地区公益创投实践经历快速发展后逐渐放缓，举办次数和发展规模逐渐趋于平稳下降，如图12所示，全市举办公益创投的次数呈下降趋势，政府部门投入公益创投的财政经费总量和占比也出现轻微下跌。部分公益创投大赛也经历举办几届之后开始出现暂停举办的情况，比如最早发起的佛山市公益慈善项目大赛在2012—2015年连续举办四届大赛后宣布暂停；佛山市三水区在2015年举办首届公益慈善项目大赛，仅在举办一届之后便不再继续举办第二届等。这些公益创投实践中止的背后，

---

① 详见《丹灶"邻里家"开启居民自助服务模式》，http：//www.fswmw.gov.cn/jwmsxf/201404/t20140422_1128370.htm；《西樵樵乐社区开展公益服务，服务居民同时更凝聚民心》，http：//epaper.citygf.com/szb/html/2014-12/08/content_554746766.htm。

是越来越多的声音在批评或质疑公益创投的碎片化购买，带来项目社会效益不明显、社会组织培育效果有限等问题。而公益创投带来的失败风险也逐步显露，部分大赛出现一些项目因资金使用违规或项目目标偏离等被停止资助的现象，对于政府部门而言，由于资金属于公共财政，因此财政资金使用的问责风险也使得地方政府在公益创投实践中趋于谨慎。

2. 公益创投资源整合趋势加强

这一阶段的公益创投实践出现了一个明显特征，就是资源整合度加强，其主要表现在两个方面。第一个是政府部门举办公益创投的整合力度加大。比如顺德区，2016年顺德区政法委、区社工委、区妇联、团区委联合举办顺德区第三届公益创新大赛，创投规模扩大，种子资金池达840万元；2017年顺德区社会工作委员会和顺德区民政和人力资源社会保障局合作举办社会建设"众创共享计划"，资金规模达到1000万元；2017年南海区狮山镇联合狮山镇社会工作委员会、狮山镇总工会、狮山镇妇联、狮山镇团委多个部门举办"益动狮城·狮山镇第三届公益创投活动"，投入资金120万元；等等。这些联合多部门组织的公益创投大赛，避免了资金的碎片化购买和重复投入，极大地调动了社会各界参与社会建设创新的积极性。第二个特征是民间社会资本进入公益创投实践的活力提高。如民间基金会广东省和的慈善基金会（原名广东省何享健慈善基金会），自2014年起在佛山市顺德区开展本地公益支持项目资助工作，2016年扩大资助区域至南海区，增加对机构的非限定性支持，支持本土机构的培育与发展。除了公益慈善领域，环保公益、创新创业领域的创投活动也逐步得到推广。

四 经验与反思

佛山地区的公益创投实践和国内其他地方的实践有许多相似之处，在近六年的发展历程中，我们能看到公益创投大赛带来的社会组织参与社会建设的蓬勃发展面貌，但同时也看到公益创投实践过程中出现的问题和不足，本报告尝试去梳理这些问题产生的原因，为其他地区的公益创投实践提供借鉴和参考。

1. **概念定位不清**

佛山地区的公益创投实践面临的最为突出的问题是主导发起的政府部门尚未厘清公益创投和政府购买服务之间的区别和侧重点。这一方面造成政府以"购买服务"的筛选标准和评估标准来要求社会组织，在项目筛选的时候往往将最需要资金扶持的、有发展潜力的初创型社会组织排除在外，在项目评估的时候往往只关注项目本身，而忽视对机构能力和自我造血功能等维度的考察。令不缺乏资金支持的大型机构频频拿到新项目，变相支持大型机构脱离实际和发展方向去"创新"服务，产生机构发展错位、创新难以形成持续生产力等现象。另一方面，公益创投与常规政府购买服务之间并未形成衔接和转化机制，绝大部分公益创投项目在资助期结束后便停止运作，服务周期短而社会成效有限，以致社会影响难以体现，在一定程度上造成财政资源的低效使用。

2. **资助周期短，碎片化购买**

公益创投的另一个重要问题是资助周期短，碎片化购买较为严重。资助周期短的根本原因是财政投入的不稳定，公益创投没有被列入政府常规财政预算之中。欧美国家的公益创投的一个重要特征是长期的资金和非资金支持，一般为3—5年。然而我国公益创投的资助周期一般为0.5—1年，短期资助造成创投项目实质服务时间短，为了完成项目指标和应付项目的阶段评估，机构难以专注投入服务，服务质量自然难以保障。除了我国财政的制度障碍，也与目前地方政府"急于出成绩"的心理有关，实际上形成一种恶性的循环。

此外，地方政府发起的公益创投呈现分散化和碎片化的特征，表现在购买方的分散化，以及购买资金的碎片化。究其原因，主要是佛山地区公益创投相关的政策规定还处于空白状态，缺乏对部门公益创投的统筹和整合机制。以致多个政府部门自己办自己的公益创投大赛，公益创投到处开花，产生同类型项目的重复投入，不同区域间公共服务差异拉大，多头购买造成同一项目多层级、多部门的反复评估与检查等现象。而政府部门发起公益创投对单个项目的资助额没有统一的标准，因此很多工青妇系统、镇街部门和社区层面主办的公益创投是"蜻蜓点水"（资金量很少），部分镇街的公益创投已经变质为为了补充该镇街购买项目的"经费不足"，补贴机构之用的工具。这些问题也导致社会组织出现忙于创新"新项目"和"新点子"，不能专注机构发展和服务本身，并且个别组织可能利用各部门公益创投的信息不对称而重复申报，客观上造成财政资金的低效率使用。

3. 公益创投评估标准不统一

目前佛山地区不同政府部门组织公益创投大赛都有各自的评

估标准，缺乏统一和整合的公益创投评估机制，实际上造成了公益创投评估标准的碎片化，这里有四个表现。第一，缺乏划一的评估基准，亦即没有全市或全区性的、认受度较高的基准性评估标准，评估内容由大赛第三方评估单位或主办方自由制定，随意性高。第二，评估机构的利益冲突，相当一部分机构又当裁判又当球员，在甲镇A机构评B机构，换去了乙镇就成了B机构来评A机构。第三，评估专家的资质参差不齐。第四，服务对象对绩效评估的参与度和占比分值低。这些现象造成了公益创投的绩效评估整体上不如人意。另外，目前公益创投大赛的退出机制缺乏，基本是以项目资助期结束为退出节点，且由于不能保证下一年是否还有公益创投大赛或者保证继续资助优秀项目，绝大多数项目因缺乏后续的运作资源支持而强制结束。此外，许多公益创投大赛也很少对项目过程中的退出（机构自愿退出或强制退出）进行规范，或者有进行规范但由于各方面的原因不予执行，这导致公益创投项目的资源浪费。

4. 公益创投评审受行政干预过度

目前佛山地区各级政府发起或推动的公益创投很多都是委托社会组织或与社会组织共同开展，但政府的行政主导依然过强，社会组织的参与度有限。各级政府举办的公益创投，其资源投入难免有一种倾向，即希望辖区内的行政区域和职能部门雨露均沾。这个出发点虽然良好，但现实中社会工作在不同区域和不同领域难免有一定的发展落差。追求雨露均沾的结果，便是公益创投未必均能以项目质量来决定资源去向。笔者曾访谈参与佛山某区的公益创投大赛的评审专家，对方透露，佛山某区的公益创投大赛，在项目筛选和评审过程中，第三方评审虽参与打分，但最终结果与评审打分不挂钩，由大赛主办方"闭门"内部协定，向外界宣布结果延迟了很多个工作日，存在"分猪肉"的嫌疑。这种行政力量主导的公益创投大赛，第三方机构的"独立性"和"中立性"发挥不足，其公平与公正性也会不可避免地受到质疑。此外，在公益创投项目的实施过程中，政府对项目和社会组织的支持度不足，"委托—代理"的合同关系多于合作关系，这不利于政府与社会组织合作治理，也不利于共同提高服务质量和社会问题的有效治理。

5. 社会组织总体水平较低

佛山地区的公益创投大赛经历了六年的发展，扶持和培育了一批草根机构的发展，然而总体上社会组织的水平还比较低，体现在力量弱小、专业人才不足、自律机制尚不健全以及资金筹措能力不足等方面。社会组织参与公益创投的一个直接表现是，项目质量参差不齐，部分项目服务目标泛化、服务空洞，号称"专业服务"，实则专业性不足；另一个表现是，机构缺乏自治自律精神，部分项目存在同一项目多处重复申报、虚假申报、虚假做账等行为，形成较为负面的影响。而随着政府发起的公益创投实践越来越多，政府部门自身的绩效考核要求也越来越严格，因此政府部门对公益创投的投入与产出之间的考量越来越谨慎，这对于社会组织自身能力和水平要求只会越来越高。

五 对策建议

综合前文对佛山地区公益创投发展阶段和特征的梳理及经验

反思的问题，本报告提出几点完善公益创投的对策和建议。

1. 明晰公益创投与购买服务的概念，完善两者的衔接机制

首要对策应该是协助政府部门明确公益创投和政府购买服务的概念及其区别。如前文所述，两者在行为对象、选定标准、需求认定方及方式、支持形式、过程特点、行为目标、退出节点等方面存在各自不同的特点。公益创投是发掘创新型的社会项目，通过资金和非资金支持，培育和发展初创型社会组织或有潜力的社会组织，使社会组织实现从"输血"到"造血"功能的转化。公益创投的概念本身就意味着风险与机遇共存（陈伟东，2015），政府对于这一点应该有清晰的认知和定位。对于公益创投刚刚起步的地区而言，公益创投的重要目的是培育初创型和微型社会组织，因此在项目筛选和评审环节，应考虑通过设立加权指数等方式，向初创型和微型社会组织倾斜，扶持这类组织的成长，在项目评估环节应增加对机构成长和能力方面的考核指标。欧洲的经验表明，对于初创型和微型社会组织的孵化帮助的价值要大于资金本身。因此，在公益创投中，政府部门除了投入必要的资金外，还必须重视公益创投对社会组织的能力配套支援，逐步帮助其完善内部治理结构，建立有效的激励约束机制，推动社会组织的可持续发展。

其次，应该完善公益创投和政府购买服务的衔接机制。公益创投与政府购买服务之间应该是互为补充的关系，因此政府部门应该从制度上明确公益创投与政府购买服务的关系，将培育出来的优秀项目纳入常规的政府购买服务预算，优先将培育成功的优秀社会组织纳入承接政府职能转移和购买服务的目录之中，形成两者之间良好的转接和衔接机制，进一步补充和丰富现有的政府购买服务内容。

2. 建立健全公益创投项目的各项制度和规范

目前，我国上海市、南京市、广州市、宁波市海曙区、深圳市光明新区已出台了规范公益创投的政策文件，对公益创投的定义、资金来源、实施主体、资助对象和方式、资助范围、流程等进行规定。然而佛山市与公益创投相关的政策规定还处于空白状态。因此，建议佛山市政府尽快制定公益创投的有关制度规范，一方面要保证财政资金的稳定投入，考虑将公益创投纳入政府常规预算之中，提高创投项目的可延续性；另一方面要对公益创投的资助对象、流程、最低资助金额、监管等进行具体规范。同时要建立市级和区级公益创投大赛的信息整合平台，确保资讯畅通，避免重复投入和重复资助的现象。

此外，应该进一步建立健全公益创投项目绩效评估制度，完善评估标准的统筹和制定，引入专业评估机构和审计机构，保持第三方评估的客观中立性，此外还要引入全面、科学的公众参与机制，在参与方式和方法上应该凸显公平、公正，在参与结果的处理上应该透明和公开，并且鼓励公众对公益创投项目的实施进行监督，重视服务对象的参与和监督权利。此外，政府还应明确公益创投项目评估结果与项目退出、项目延续之间的关系，构建明确的原则与标准。

3. 建立政府与社会组织的伙伴关系，保障公益创投的公平公开

政府在与社会组织合作的过程中要转变职能，对自身进行准确的定位。政府的主要职责不是提供具体的公共服务，而是要从宏观管理方面发挥力量，如政策制定、指导落实与监管等。政府应该进行科学合理的角色定位，对社会组织充分信任，建立政治互信。社会组织应该保持自身的独立性和专业性，不断提升公共服务的质量，提高服务对象等的满意度和社会认同，才能实现政府与社会组织双方的良性互动。在公益创投中，政府应该鼓励和支持第三方组织独立和中立的地位，提高社会组织的参与度，积极构建伙伴关系，借助第三方专业机构的力量来实现公益创投的专业化、规范化运作，为公共服务这一共同利益分担责任，实现互利和共赢。

4. 社会组织自身要提高能力，重视对人才的培育

社会组织在自身的组织治理、能力发展、资源筹集、信誉建设等方面都迫切需要加强和完善。社会组织应严格要求自己，建立清晰的组织使命和宗旨，加强组织能力建设、完善内部治理结构和运行机制，同时要重视组织的形象和公信力建设。社会组织应按照自身的使命和宗旨制定机构发展规划，专注于服务本身，减少盲目跟风和盲目创新。而参与公益创投的社会组织，应制订详细周密的服务计划，在实施期间注重投入与产出的成效，争取服务对象和购买方的好评，为项目延续争取更充分的理由。

社会组织的能力建设过程归根结底要依赖人的活动，因此有关政府部门和社会组织自身要重点加强社工人才的管理和培训，完善社会服务人才的薪酬保障和职业晋升渠道，为社会服务行业以及社会组织的持续发展创造条件。

参考文献

[1] 蔡琦海，2011，《公益创投：培育非营利组织的新模式——以"上海社区公益创投大赛"为例》，《中国非营利评论》第7期。

[2] 陈永杰，2013，《把脉佛山慈善：佛山公益创投何去何从？》，《佛山市慈善会2013年年刊》（内部资料），第53页。

[3] 崔光胜、耿静，2015，《公益创投：政府购买社会服务的新载体——以湖北省公益创投实践为例》，《湖北社会科学》第1期。

[4] 傅金鹏，2013，《社会组织提供公共服务的问责工具分析——以地方公益创投为例》，《中国行政管理》第10期。

[5] 李健、唐娟，2014，《政府参与公益创投：模式、机制与政策》，《公共管理与政策评论》第3期。

[6] 李学会，2013，《公益创投：政府购买社会组织公共服务的实践与探索》，《社会工作》第6期。

[7] 芦苇、林琼，2014，《社会组织培育中公益创投资源配置扭曲的矫正——基于江西的分析》，《中国市场》第46期。

[8] 吕纳，2012，《公益创投的本土实践分析》，《价值工程》第24期。

[9] 吕双慧，2015，《杭州市公益创投模式的优化分析》，《商》第33期。

[10] 马蕾、邓敏、盛夏，2016，《公益创投与地方政府社会管理创新——以昆山为例》，《南京理工大学学报》第1期。

[11] 同春芬、管英，2015，《街道公益创投的困境与出路》，《青岛行政学院学报》第3期。

[12] 王劲颖，2011，《公益招投标和公益创投实践的差异分析及思考》，《长沙民政职业技术学院学报》第4期。

[13] 王瑞鸿，2012，《公益创投的鲶鱼效应》，《中国社会工作》第3期。

[14] 许小玲，2015，《"扎根"与"生根"：公益创投本土实践的反思与前瞻》，《社

会工作》第4期。

[15] 岳金柱，2010，《"公益创投"：社会组织培育发展的创新模式》，《社团管理研究》第4期。

[16] 张其禄、叶一璋，2008，《公益创投：非营利组织的管理革新》，《台湾空大行政学报》7月。

[17] 张少鹏，2015，《公益慈善改变城市生态》，《佛山日报》2月27日，http://www.fsonline.com.cn/2015/0227/125872.shtml。

[18] 赵萌，2010，《慈善金融：欧美公益风险投资的含义、历史与现状》，《经济社会体制比较》第4期。

[19] 朱晓红，2016，《社区公共服务合作治理的风险与制度建设——以公益创投项目为例》，《湖南社会科学》第2期。

[20] European Venture Philanthropy Association，2007，European Venture Philanthropy directory，http://www.evpa.eu.com/directory-of-members.php.

项目评估与慈善事业发展

——佛山的经验与思考

彭卓宏

摘　要：随着公益慈善事业的发展，社会各方对慈善项目监管的关注度持续攀升，如何监督评估项目的最终价值和成效也是亟须向外界交代的内容。这除了依靠政策措施、组织自我优化外，第三方评估的作用也十分重要。本报告重点关注项目评估与佛山市慈善事业发展的各种内在联系，并就社会组织参与公益慈善行业的情况、现有评估系统所存在的问题以及佛山市的评估手段探索等方面进行综合分析，为佛山市未来公益慈善项目监管体系的建立提出发展建议。

关键词：公益慈善　评估监督　第三方评估

一　背景

2016年底，中国慈善联合会发布了第四届"中国城市公益慈善指数"排名，佛山市综合指数在全国256个城市中排名第23位，全省排名第4位。回顾佛山市过往几年，公益慈善事业在市委、市政府的推动下得到快速发展，佛山市各区努力结合自身资源、特色打造自身的公益慈善品牌。在良好公益氛围的推动下，热心企业、商家社会责任意识不断提升，出资出力参与公益、回馈社会、造福人群。在公益慈善服务发展热潮中，各公益慈善类、志愿服务类社会组织纷纷涌现，并积极参与到不同类型的公益慈善项目的运营管理中，通过发挥自身专长，服务各种弱势、特殊以及有需要的人群。公益慈善也不再是富人才能参与的活动，逐步成为市民大众可以便捷参与、积极参加，共同缔造佛山市民美好生活的生活化行为。

二 社会组织参与公益慈善服务状况

政府以及社会各界对公益慈善服务的关注度持续提升，也为佛山市公益慈善服务发展提供了良好的空间和土壤。佛山市高度重视慈善事业发展，2015年直接将其纳入文明城市建设的重要内容，提出了建设"乐善之城"、"志愿者之城"的目标。各类社会组织在佛山市内生根发芽，借助自身的专业特长以及服务特点不断参与各类社会民生、公益慈善等服务内容。市、区各级慈善会以及基金会积极开拓公益慈善服务项目资助，打造品牌慈善项目，营造良好的公益慈善发展氛围。

回顾佛山市内现有的公益慈善项目内容，我们大概可以划分为两种类型：传统型慈善项目以及现代型公益慈善项目。

传统型慈善项目大多为慈善组织所施行的基础型、兜底型慈善项目，它们包括大病救助、教育救助、贫困救助等类型慈善项目。这类型项目的资金可能有社会捐赠、专项基金等不同的来源，它们定位于直接为社会上各个特定类型的群体提供定向资助，主要是资金资助。这些项目的实施主体大多为慈善会以及基金会自身，它们通过组织专家委员会审核通过各位求助者的求助申请，最后直接把善款捐赠至有需要的群体本身，解决他们的现实困境。

现代公益慈善项目是在传统慈善项目以外进行的服务延伸，这类型项目的服务内容更为多元化，扶贫救助、长者关怀、残疾人展能、外来人口融入、志愿服务发展等各种领域都会涉及，而且并不是简单的物资和资金捐赠，更多是关注群体的能力建设、社会参与等深层次的发展。由于这类型服务的特点更为突出，服务群体特殊性、专业性要求较高，资助方乐意邀请具有专业特长的社会组织参与服务运营。这一方面有利于借助社会组织的力量去弥补资助方自身的人力限制；另一方面，社会组织服务网络更深更广，更有助于各类慈善服务项目向基层纵深发展，服务最有需要的市民群体。

伴随着资助型的慈善组织定位转变以及专业型社会组织的出现，各区慈善会、基金会更为乐意把部分慈善资金投向社会让各类社会组织参与申报。近几年来，佛山市掀起了各类公益创投的热潮，它作为政府购买服务的补充和延伸，也为公益慈善事业发展增添了新力量。例如，佛山市级举办的"创益合伙人计划"、南海区的益动全城"家南海"公益慈善创意汇、顺德区的公益创新大赛、三水区的"集善汇爱"公益慈善项目大赛等。这些公益慈善大赛以创投形式进行竞争申报，最终资助优质的项目落地实施。多年来，各级政府以及慈善组织趋于常态化地举办该类公益大赛，促使佛山市整个公益慈善界也悄然发生了变化，既加速了佛山市公益慈善品牌项目的建立，也更好地在民众心中建立起佛山市公益慈善形象。

三 新时代公益慈善服务发展所遭遇的压力

公益慈善服务逐步走进市民大众生活，但很多人仍然对公益与慈善存在认知上的偏差，也容易导致对两者期待上的出入。再者，外部环境的不断变化，这对原有慈善体系带来新的挑战和冲击，具体原因包括以下方面。

（一）公益负面新闻频现，打击社会公众信心

曾经轰动社会的"郭美美事件"虽然过去已久，但其中的影响迄今为止仍然无法从社会大众心中驱散。对于集约大量社会资源的慈善组织能否有效管理善款的支出和使用，很多普通市民仍然抱着观望甚至质疑的心态，这一度阻碍公益慈善事业发展。

（二）公益慈善持续发展，推动步入现代公益

原始慈善是人们之间的相互协助，体现在古代随着生产力的发展，贫富差距不断扩大，出现了传统的慈善（丁岩，2016）。富人愿意拿出自己的资本接济穷人，行善积德。而随着社会的发展，传统的慈善已不能够满足现实社会的需要，慈善事业正在经历从

原始慈善向现代公益慈善事业迈进的阶段，大众追求的公益慈善并不是纯粹由善长仁翁监督的爱心捐赠，更追求投放的精准和服务的专业。

（三）互联网时代到来，强调信息公开透明

互联网进一步打破了现实空间和距离的限制，网民可以随时随地浏览各种信息。这种便捷的信息获取渠道无形中增加了社会公众对慈善组织动态的关注，倒逼慈善组织必须进一步公开自身信息和服务情况，透露善款资助项目的实质情况以及综合表现，向社会大众提高慈善运作的透明度。

（四）企业资助资金涌入，带来企业管理思维

2017年佛山市顺德区美的集团何享健先生捐资60亿元推动慈善事业，这是一个历史性事件，也是企业参与社会捐赠的一个重要缩影。企业资金涌入的同时也带来了新的管理要求，慈善组织如何向捐赠方解答资金的运作效率、项目成效等问题伴随而至，慈善组织在接受资金带来的帮助的同时，也不得不直面来自捐赠方的压力。

（五）国家新慈善法出台，驱使组织加强管理

2016年9月1日《中华人民共和国慈善法》（以下简称《慈善法》）正式实施，其中明确提到了对慈善组织的管理要求。其中第九十五条明确规定"县级以上人民政府民政部门应当建立慈善组织及其负责人信用记录制度，并向社会公布。民政部门应当建立

慈善组织评估制度，鼓励和支持第三方机构对慈善组织进行评估，并向社会公布评估结果"。这是从国家法律层面向慈善组织提出了优化内部监管的要求，这是来自国家的信号，也是现实的趋势。

上述种种情况说明，现代公益事业并不是传统的慈善资助，它已经不再是富人出于个人爱心和自我意愿的简单救济和扶持。慈善组织接受来自捐赠者的善款，随之而来的是捐赠者相应的期待，现代公益更讲求执行效果和社会效应，实现服务精准投放、科学执行等专业化运作的呼声越来越高，这股力量也将不断推动佛山市的公益慈善服务专业水平和管理能力的提升。

四　项目评估对慈善事业发展的相关影响

菲利普·科特勒（Philip Kotler）和艾伦·R.安德里森（Alan R. Andreasen）在其著作《非营利组织战略营销》中提及对非营利机构（基金会）用"战略规划论"来解释其项目发展和捐赠，其中"战略规划论"划分为八个等级：环境评估、审视范围、设定目标、整合行动、监督计划、评估分析、总结经验、指导规划（陈美冰，2011）。由此可见，作为一个完整的项目执行规划，项目监管是需要融入其中的不可或缺的组成部分。

以往，国家更多通过制定政策法规，明确规范社会组织的行为准则，引导行业组织建立行业自律守则去监督组织行为、保障服务素质。但由于社会上各种监督压力的施加，仅靠政策和行业自律已经不足以真正实现良好的监管。再者，由于资助行为的出现，社会善款需进行二次分配，慈善组织作为资金方具有重大的支配权和管理权，但由于项目监督体系松散，资金投放后资助去向不知所终、具体服务成效存疑、资金使用状况不明等情况时有发生，这对慈善项目的监督带来极大隐忧。

在采访部分佛山市慈善组织时了解到，此前没有相应的项目评估监督工作，曾经出现部分慈善项目在接受资助后由于某些原因而中止了服务，但承办组织并没有主动上报，资助款项并没收回，作为资助方的慈善组织却一直蒙在鼓里。由此可见，缺乏项目评估的环节，作为资助方完全无法知晓项目的真实执行情况，由此而展露出的管理漏洞存在极大的社会风险。

项目评估作为慈善组织接受监督和检视资助行为的一个重要手段，通过系统的检视、反思、总结，能够对慈善组织的资助行为、资助项目实施监督和管理，并能为慈善项目的优化提升提供后续支持，也算是对慈善资金的责任交代。此外，行之有效的项目评估工作也能为慈善事业发展带来积极影响。

（一）增加社会大众对公益慈善的参与信心

慈善项目在社会上实施推行，是社会大众了解慈善组织事务的一个重要渠道，如若慈善组织能够建立健全、有效的项目评估监督机制，定能够消除不少社会大众的担忧，从而增强其参与、支持公益慈善服务的信心。

（二）促进慈善项目服务素质的持续提升

项目评估要求对项目执行的各个方面进行了解和监督，这推动项目必须为实现项目目标、成效而付出相应的努力。而项目评估也能够为项目下阶段发展提出各类意见和建议，推动项目成效不断提升、质素不断优化。

（三）为公益慈善行业带来一定的竞争因素

项目评估工作以监督项目情况、提升服务质量为初衷，但不可否认的是也引入了竞争。因为评估结果会让社会大众、资助方更清楚项目的综合表现，资助方可以择优选取，淘汰不合格的慈善项目和组织。

（四）提升慈善组织的内部管理水平

评估工作要求资助方承担监管主体的责任，慈善组织的资助行为并不是简单的资金资助，还包括后续的跟进、监督以及向社会的交代。这推动慈善组织不断完善内部的管治架构，从而更好地实现自身职责。

项目评估工作的开展，也对公益慈善事业的发展输入了新的动力，它促使监管主体、服务主体都更加明确各自的工作职责，并为实现相应的目标而付诸努力，这有利于整个公益慈善行业向前发展。

五　公益慈善服务评估监督体系建立情况

正是社会外界对公益慈善项目的关注度和专业要求日益增加，如何设置科学合理的管理环节去完善过程的把控，如何展示项目的具体服务成效等都成为掌握大量社会捐赠资源的慈善组织亟须向社会交代的问题。公益慈善行业曾经出现的信任危机让行业遭受重大打击,佛山市公益慈善事业要继续迈向另一个新的阶段,也必须推动整个行业的监督管理体系优化,重塑社会大众的信心。

回顾佛山市公益慈善服务发展过程,其针对项目本身的监督评估工作也在不断变化和探索中前行,各类慈善组织都期待结合自身情况进行服务监督体系的建设,推动公益慈善项目的持续、有效运作。

(一)以往公益慈善项目评估监督机制说明

就佛山市五区而言,现阶段最主要的公益慈善项目资助方和购买方为各级慈善会和基金会。2016年9月,《慈善法》颁布后,认定这些可以开展各类慈善活动以及接受社会捐赠的非营利性组织为慈善组织。以各级慈善会而言,它们各自都具有自身的基本章程和项目管理办法,也具有一定的项目监督机制,去保障资助项目的落地推进。例如,慈善会一般的立项申请会借助理事会决议通过,然而慈善会中的监事单位成员将会定期针对项目的资金支出、服务基本情况等进行监督过问,从而对资助项目保持一定的了解,借此可以"遥控管理"各个项目的执行,慎防项目出现重大问题。然而,这种相对"遥控"和"疏离"的监督跟进体系,也必然存在它的现实限制和弊端。

1. 评估监督人员不专业

针对慈善组织的大部分资助项目,很多时候会借助慈善组织自身的工作人员进行相应的评估监督工作,又或者会把相关项目在理事会会议上进行检视。但慈善组织中的监事或者项目专员,他们自身并不一定是相关资助领域服务的专业人士，即使在某个板块或领域中具备专长，也未必能够从项目管理、服务执行、财务规范等多方面系统地去考察项目的综合成效。这种团队搭配所能给予的意见和建议可能是有限的和片面的，又或者根本无法提出建设性意见，这在一定程度上限制了公益慈善服务项目水平的提升。

2. 评估监督内容不系统

正是由于跟进监督的人并非专人，这也容易导致监督评估的流程相对简单，不够全面。据某区慈善会工作人员了解，以往慈善会资助的项目中有较多是一些直接捐赠和资助型项目（例如助学、助医、助困等服务项目），这类型项目较多会组建专家评审委员会对申报者情况进行审核，最终确定项目资金的划拨。而鉴于这类型资助项目相对简单和直接，项目资助期限结束后往往并没有十分系统的评估，可能只是需要一个简单的工作总结，并在理事会上进行简单的汇报便可验收通过。而这种操作更多是一个形式和流程，它可以在一定程度上关注到资金的使用情况，但并无法给予很多精细和全面的评价，也无法对项目的未来做出一定优化。即使后期资助的公益慈善项目内涵开始逐步丰富，但这种传统的评估监督机制也曾沿用过相当长的一段时间。

3. 评估监督执行不恒常

由于慈善项目的评估监督与慈善组织的核心架构、执行团队具有密切关系，很多地区的慈善会在作为资助方的同时，也可能是项目监督评估方。但佛山市内各级慈善会、基金会的人员团队配备情况却相差各异，在推进项目监督工作上也只能"各显神

165

通"。例如，部分架构及人员团队相对稳定的慈善会、基金会，可以委派项目专员去跟进和管理项目执行，但很多慈善组织无法做到。这也直接导致部分慈善项目无法及时地跟进监督，甚至完全没有监督的项目也现实存在。这种不确定性在整个项目资助流程中留下了重大缺口，项目的实际收效也将变成疑问。

4. 评估监督成效无法优化

由于整个评估监督的体系无法紧跟公益慈善项目内容的丰富而得到发展，传统的监督团队、关注内容、操作机制都具有其自身的限制，沿用传统的监督机制在某些简单的资助型项目（例如助学、助困）上能够基本胜任，但针对现代主流的公益慈善项目的时候其弊端则不断放大，评估监督机制更多只是一个程序和形式，核心原因就是监督者无法深入了解项目情况、无法精准地给予意见建议，最终并没有很多实质性的内涵能够化作具体成效输送至项目，更无法帮助项目提升。

从上述种种实际困扰和阻碍可见，以往的评估监督体系建设仍不健全，与现实日益多元化的公益慈善项目显示出越来越多的冲突，而这种管理状态也难以培育出很多优质的项目，甚至资助方也并不一定清楚项目执行情况如何，更无法谈如何为服务和续项提出优化意见。

（二）第三方评估监督体系搭建情况

随着佛山市公益慈善的参与和发展不断深化，社会大众对慈善行业公信力的要求与传统的监督体系已经形成现实的矛盾，作为推动公益慈善服务发展的慈善组织平台也深知现有的评估体系无法有效支撑公益慈善项目的持续发展，大家都在努力探索如何做好自身角色定位以及连接外部支持。

然而，第三方支持型组织的出现为这个困局带来了新的福音。国家在积极推动社会组织孵化培育，在社会组织发展的丛林之中，也逐步发展出一种以提供行业支持、监督、评估、研究等为核心内容，以促进行业优化发展为己任的社会组织。所谓第三方，一般是指具有专业性、权威性的中间机构或组织，而第三方的好处就是处于"资助方"和"承接方"之外的真正独立的身份，这种特殊的第三方身份能够让它发挥有别于来自资助方权威的力量。

佛山市自2012年起开启了不同形式的公益慈善创投大赛，并逐步尝试引入第三方监督机构，分别参与公益慈善项目的大赛评审、过程监督、成效评估等多个环节，第三方组织逐步走进大众视野，逐步为佛山市传统的项目评估监督带来新的格局。在佛山市，这种第三方力量介入公益慈善管理工作已经超过5年时间，相比传统的评估监督工作，它已经逐步展现出独特的影响力。

1. **解放压力，促进慈善组织专注定位**

第三方组织的出现，帮助慈善组织从琐碎的工作内容中解放出来，免去一些很细致的过程监督工作，促使慈善组织能够更好地思考自身定位，也给予更多空间去促进其优化提升。例如，市慈善会推动建设"创益合伙人"品牌后，引入第三方组织进行管理运营。市慈善会保持与第三方直接联动，通过定期开展沟通会议了解项目情况，收集服务资料，借助自身资源优势做好各项宣传推广工作，推动项目发展，并带来了不错的成效。由此可见，这类型慈善组织从全面的管理中不断转变，借助机制和工具去

"宏观调控"项目的整体动向，而精细化的跟进处理则交由第三方执行。这种各司其职的合作方式也为慈善组织自身腾出了更多空间，也带来了更多改变的可能，慈善组织也将可以更有效率地着眼自身想达致的目标。

2. 客观中立，助力建立社会公信形象

作为第三方的社会组织，它们不参与资助项目申报，不与其他社会组织形成直接竞争，也不能与其他社会组织存在直接的利益关系。虽然它是资助方引入的组织，但也不是单方面为资助方发声，而是更多从项目执行过程的"中间人"角色出发。一方面协助资助方管理慈善项目规范执行，另一方面也作为资助方与社会组织之间的桥梁，不断优化整体服务配套和支持，推动项目成效展现。公益慈善项目交由有资质的第三方组织协助监督管理，对于社会大众而言，降低了对资助方项目管理能力的忧虑；对于社会组织而言，则降低了对资助方"一言堂"的担心，也打破过往"敢怒不敢言"的尴尬局面。第三方客观中立角色在很多问题上起到缓冲的作用，避免资助方与社会组织的直接冲突，通过一系列的监督评估工作形成全面的项目反馈报告，中立地向资助方、社会大众呈现项目的实际表现，从而增加慈善服务的公信影响力。

3. 专业支持，推动慈善项目效益提升

对第三方组织的期待，并不仅仅是眼前的中立角色，更需要的是它背后的专业能力。第三方组织需要针对慈善项目进行严格的评审、过程监督、成效评估等工作，这一过程要求它为慈善项目设计各类评估指标、监督工具，通过各种科学化的手段去检视项目成效的产出，也为整个慈善项目运作过程出现的问题提供各类优化建议，推动慈善项目专业提升。"南海区流行音乐协会"作为佛山市级创投大赛两年的受资助单位，在项目执行过程中得到良好的支持和帮助，其承接的项目在两年的评估中都荣获优秀等级，并在2017年获得中国慈展会社会企业认证颁发的"中国好社企"荣誉称号。这一系列的荣誉背后离不开第三方组织的努力，在倡导"以评促建"的运作理念下，为整个项目管理提供科学化机制的同时，也引入了专业支持促进项目成效的提升，最终把评估监督这种压力转化为慈善项目发展的新动力，让慈善项目展现更强的生命力。

（三）第三方评估监督工作措施介绍

佛山市各区所推动的慈善项目类型、内容、形式也有一定区别，因此在引入第三方评估监督内容上也有所差异。但结合佛山市五区公益慈善项目现阶段的评估监督方法进行归纳，大致内容如下。

1. 过程监督走访

从慈善项目正式启动到中期或末期评估，往往有一个较大的时间差。如若这个空当内项目处于无人监督的"真空期"，则容易滋生各种问题，例如项目启动困难、找不到合适的服务对象、服务目标走偏等，这些都可能严重抑制一个项目的发展。假若这些问题在中期甚至末期评估时才发现，损失的不仅是时间，也包括慈善款项，这将会对项目造成双重打击。因此，在服务过程中嵌入定期的过程监督，委派第三方组织定期前往项目点向项目工作人员了解项目进度、存在的问题等，能够及时地预防重大问题的发生，防微杜渐。

2. 监督工具植入

各类社会组织在前线进行服务运作，而作为资助方和第三方仍然有不同的问题需要关注。例如，资助方需要向社会大众交代慈善项目的动态和表现；第三方组织需要了解项目具体的运作指标进度、财务执行状况等。因此，除了现场的过程监督外，第三方组织会建立相应的监督工具植入进慈善项目运作过程，适时收集各类有关服务、财务、宣传的素材和资料，一方面能够掌握项目动向并及时向社会进行宣传，另一方面这些监督工具的运用对于一些初创型的社会组织而言也是一个学习过程，这些监督工具能够帮助其检视和优化自身项目管理体系。

3. 阶段成效评估

慈善项目的运作周期一般在半年到两年不等，在这个周期内资助方会要求第三方组织针对慈善项目进行阶段性的成效评估工作。系统的成效评估工作往往会从慈善项目的运作管理、团队配置、公共关系、社会影响、项目绩效、财务规范等多方面进行考察和关注。然而，各个资助方结合资助项目特性以及对问题的关注度，在各个板块设置不同的考察权重。例如，某区的慈善会为了增加本区的公益慈善氛围，对慈善项目的社会影响尤为关注，设置15%的分数；然而另外一个区的社会组织起步较慢，更期待能够优先完善项目的内部管理，在项目管理板块设置了20%的分数。这个系统的成效评估过程综合地考察项目表现，形成系统的反馈报告给资助方，使其对项目的情况更为了如指掌。

4. 专题能力建设

过程监督走访和成效评估过程能够了解到慈善项目执行状况以及存在的问题，但问题的提出只是一个开端，更为重要的是如何解决这些问题，最终推动慈善项目的进步。因为很多项目能够感知自己项目运作中的不足，但往往没有足够的能力去寻找合适的资源去推动问题的解决，如果这个闭环不予以解决，问题永远只能停留在问题。因此，第三方组织会根据发现的共性问题进行归纳总结，通过邀请其他专家导师开展各类专题能力培训、工作会议进行有针对性的解决。虽然表面上这种支持与监督评估的角色存在冲突，但回归整个慈善项目监督过程，这种过程的优化也是对项目质量的一种保障措施，最终也有利于慈善项目成效的展现。

第三方组织借助上述各类评估监督方法去了解项目情况，相比传统的监督手段更为科学、系统、全面，无论在面对传统的慈善项目，还是面对成效更难监督的现代公益慈善项目也展现出更好的监督能力，而环环相扣的评估和监督手段则显示出更为优越的协作能力，能够在一定程度上保障慈善资金安全和真实监督项目运作水平。

六 评估监督体系对佛山市慈善事业发展的反思建议

佛山市作为历史文化名城，慈善文化具有深厚的根基，乐善好施、积德行善的优良传统源远流长，为公益慈善事业发展奠定了良好基础。但面对现代公益的需要以及市委、市政府推动"乐善之城"的决心，设置一套行之有效的评估监督体系也是大势所趋。

佛山市公益慈善项目评估监督体系从建立到逐步完善的过程中，不能否认外部环境给予了不少压力，这既是社会大众对项目公信力的呼唤，也是对项目运作管理、成效交代所必要的要求。但是，在压力背后我们更需要冷静地看清楚这种监督的本质，需要认真考虑如何运用"刚柔并济"的力量真正地构筑一道公益慈善的防护墙。结合佛山市现有公益慈善项目评估体系情况，本报告提出几点反思建议。

（一）合理化使用项目评估监督手段

佛山市内各类慈善基金会拥有的资源，以及面对的情况不尽相同，差异化的评估监督手段将会在很长一段时间内存在。系统全面的评估监督手段固然有它的优势，但事实上各类慈善组织未必有足够资源在短期内把评估方式完全转换，采取十分系统详细的评估手段也不一定能通用地适合各类慈善项目，尤其是部分以资金资助为主的慈善项目，这类型项目更需要财务上的严谨性以及受众的精准性；而部分关注弱势群体增能、社会效益提升等类型的服务项目可能更需要细致全面的评估监督机制去更好地展现服务受众不能被直观感知的内里变化。当然，无论什么类型的慈善项目，严谨规范的监督运作机制都是必需的，至于各类慈善组织如何权衡自身能力、项目特性而采取适合的方法，这也将是一个需要重点探讨的课题。

（二）充分发挥评估监督的最终价值

评估监督工作为资助方更好地呈现了项目的最终情况，也更好地向社会大众进行信息披露。但评估结果出台只是一个开始，并不一定是一个终结。如果我们只是以评估结果作为评判慈善项目承办服务的单一工具，那么评估监督的功效将大大降低。一旦慈善项目被清退将没有机会继续，也就是没有机会优化。事实上部分资助方的确以评估结果为先，这并没有问题。但一味地强调评估的结果而忽略考虑背后的成因，不提供相应支持，这便容易造成服务的断层，也无法推动慈善组织和项目的能力提升。因此，在评估监督工作之后，如何建立一个有效的优化机制，并让渡适当的空间给慈善组织用以发展提升，这可能更能发挥评估监督的终极价值。

（三）推动慈善行业支持型组织的孵化培育

相比我国社会组织，我国的第三方支持型机构出现得更晚。我国的第三方机构参与评估始于1997年，中国青少年发展基金会正式委托中国科技促进发展研究中心对希望工程进行评估（何敏，2016）。因此，佛山市内引入第三方评估机构参与公益慈善评估工作的机会并不多，原因是这类型的第三方支持性组织极少。虽说近几年第三方支持型组织出现的频率提升，但他们真正参与慈善项目评估的经验并不算丰富，很多管理机制和工具仍在不断完善之中。政府加强对第三方支持型组织的培育是眼前十分重要的任务。佛山市政府在2017年底发布的《佛山市建设"乐善之城"行动计划（2018—2020年）》中提到，将大力支持公益慈善评估类、支持类的枢纽组织发展，这是政府的一种发展倡导，事实上整个行业的发展需要服务执行的前线慈善组织，而去到某个阶段行业支持型组织需要出现并化为推动行业发展的二次动力，从而加速驱动整个行业向前发展，这是行业健全发展的趋势，也是现时佛山市公益慈善行业发展的现实需求。

（四）加强对第三方评估组织的规范管理

虽然现有的第三方评估组织数量不多，但是由于其职责和功能定位，决定了它在整个慈善事业发展中具有一定的地位。第三方评估组织负责协助慈善组织进行项目的管理、监督、评估等工作，对其专业性要求较高。除了继续加强对第三方评估组织的培育之外，建立起这个类别的组织管理规范也十分必要。以禅城区为例，在民政局的统筹下推动了社会服务评估资格库的建设，通过招投标的方式引入五家具备相应专业要求的第三方评估单位作为资格库的成员。禅城区内相关单位涉及社会服务类别项目评估可以在这五家单位中进行挑选。项目招标之初设置的具体要求，也就是对第三方评估机构的标准和要求进行了设定，一定的门槛和规范有利于保障这类第三方组织的权威性、专业性，也能够更好地确保其在评估监督过程中展现专业成效，推动评估监督工作的顺利进行。有鉴于此，佛山市政府在推动慈善行业类别支持型机构发展的同时，可以借鉴禅城区的相关经验针对第三方评估机构进行适当的管理。

（五）以评估监督为切入点完善信息披露机制

评估监督体系的建立推动了慈善项目的信息公开和透明，也满足了社会大众的知情权，但这也只是公众期待关注的其中一部分。以慈善会、基金会为主的各类慈善组织,除了资助项目板块之外,仍然有很多信息如整体的财务支出、内部管理机制、发展定位等需要进一步透明化。然而,评估监督体系建设不失为一个好的切入点,通过从多方面推进评估体系的建立和优化,更系统地完善慈善组织的内部治理体系,推动事务的规范化运作,重新建立慈善组织对社会、对捐赠者的责任担当,重拾社会大众对慈善组织的信心,这对于整个行业而言未尝不是一个好的机遇。

七　结语

佛山市作为历史文化名城,具有独特的文化风俗,近年来在政府的大力推动下,传统风俗融入慈善元素打造出群众参与热潮,行通济、秋色巡游、龙舟竞赛等活动层出不穷。此外,由于佛山市经济快速发展,企业在发展壮大之余也日渐热心公益,出资出力参与公益慈善、奉献社会的爱心行动接连不断,这让佛山市的公益慈善文化不断地深入民心,"通济天下"的慈善理念内化为市民价值又体现于行动,营造出良好的慈善文化氛围。

佛山市整体的公益慈善发展不是一人之力,它得益于根深蒂固的慈善文化,离不开市委、市政府的大力推动,与行业协会、慈善组织、企业、民众的参与和努力也密不可分,这共同推动了佛山市公益慈善事业的快速发展。然而,事物发展总有它的阶段使命和任务,过往佛山市公益慈善在发展增量的同时培育出不少令人瞩目的慈善品牌,下阶段不得不面对的是在发展之余优化环节管理,在强化监管的体系之下完善项目评估监督工作,确保资金的价值、保障服务的质量、稳固社会的信心，以科学化的评估手段为切入点，推动慈善行业的规范化发展，为佛山市"乐善之城"建设共同努力。

参考文献

［1］刘艺，2013，《我国公益慈善项目的运作路径及其管理》，硕士学位论文，南京大学。

［2］汪晓雪，2012，《社会工作介入慈善组织项目运作的实务与探索》，硕士学位论文，郑州大学。

［3］丁岩，2016，《论现代公益事业与传统慈善的关系》，《才智》第24期。

［4］陈美冰，2011，《中国非营利组织的保障型公益项目运作与管理机制研究》，硕士学位论文，武汉科技大学。

［5］何敏，2016，《美国第三方评估机构评估慈善组织的实践队中国的启示》，硕士学位论文，华中师范大学。

［6］周雅静，2015，《慈善监督体制与慈善公信力的关系研究》，硕士学位论文，湖南师范大学。

慈善部门与社会工作人才专业化

——以佛山市为例

陆晓彤

摘　要：社会工作人才作为慈善部门提供服务的重要专业人士，其专业化程度与慈善服务的成效息息相关。目前，佛山市慈善部门社会工作人才队伍专业化程度较低，大量非社会工作专业背景出身且没有社会工作者职业资格的从业人员在提供社会工作服务，极大地影响了慈善部门向专业助人阶段的发展。佛山市慈善部门社会工作人才专业化程度低的现状，与佛山市社会工作职业化发展落后相关。本报告结合国内外社会工作职业化的发展经验，着力分析佛山市社工职业化发展落后的三个侧面，分别为社会工作专业学生流失、从业社工人才流失及政府碎片化购买服务方式影响社工薪酬增长，以呼吁政府和民办社会工作机构合力改善专业社工人才的职业发展环境。

关键词：社会工作人才　专业化　职业化

一 导论

慈善事业与社会工作的发展相辅相成。随着受助者面临的社会困境越来越复杂，慈善事业亦从扶贫救困发展到助人自助的阶段，单凭慈善之心已不能满足社会对慈善服务的需求（王思斌主编，2004：4）。因此，支持社会工作专业发展成为慈善事业由"慈爱救济"阶段过渡到"专业助人"阶段的必然要求。我国民政部发布的《中国慈善事业发展指导纲要（2011—2015年）》中亦提及"加快培养慈善事业发展急需的专业服务人才"发展目标。

慈善事业专业人才的概念同目前社会各界对社会工作专业人才的理解略有差别。两者中都包含持国家社会工作者职业资格的社工人才，但前者单指提供专业社会工作服务的人才，不包含从事传统民政工作的社工人才。所谓专业社会工作，是指独立于政府部门的社会组织，采用社会的方式和逻辑，以及专业的社会工作知识方法，协助受助对象恢复、改善和发展社会功能的工作；而传统民政工作则指在民政部门、事业单位及基层自治组织从业的，以行政职能开展的助人解困和社会救助活动（杨宝、陈思园，2012：116）。本报告仅讨论专业社会工作以及在民办社工服务机构中从业的社工人才。

佛山市慈善事业引进专业社工人才始于2008年。当时南海区罗村街道（现称狮山镇罗村社会管理处）开始引进专业社工机构，有针对性地为社区内的长者、青少年、外来务工人员提供专业社会工作服务，解决"村改居"中的社会管理问题。经过将近十年的发展,截至2017年佛山市已登记有166家民办社会工作服务机构,专职工作人员已达1759人。① 虽然佛山市专业社工人才队伍已发展到一定规模,但社工人才的专业化程度仍然偏低。针对佛山市慈善部门社工人才专业化程度不足的现状,本报告将利用相关调研的统计数据和对专业社工人才的访谈内容,剖析影响佛山市社工人才队伍专业化发展的政策背景及行业因素,提出促进培养佛山市慈善部门专业人才的政策建议。

二 文献综述

国内外学术界对社工专业化(professionalization)的内涵界定有所不同。在西方学术语境中,专业化是指一个职业与其他非专业的职业区分开来的发展过程。但由于在中文中,专业一词有两种含义,既指高等教育中的学科设置,亦指由专业人士从事的职业。准确地说,西方学术语境中专业(profession)一词是指由受过高等学科教育的专业人士从事的职业。而国内对社工专业化的研究中,有的学者沿用西方学术语境中专业化一词(赵芳,2015),而有的学者则合用"专业化与职业化"来表示西方学术语境所指的专业化(徐永祥,2000),亦有学者将专业化与职业化区分开来讨论(王思斌,2006)。

国内学术界对社工专业化内涵的独特理解还体现了我国对社工专业本土化的思考。根据西方学术界对社会工作的跨国研究,

---

① 数据来源于广东省民政厅。

普遍意义上的社工专业化应包含八个重要指标,分别是:(1)公众对专业地位的认可;(2)专业工作的垄断;(3)专业自主裁量权;(4)独特的专业知识基础;(5)由专业成员管控的专业教育;(6)有效的专业组织;(7)专业伦理守则;(8)反映专业地位的社会威望和薪酬(Weiss-Gal & Welbourne,2008)。而沿用西方学术语境中专业化研究视角的国内学者,认为我国在专业教育先行、专业资质缺乏、政府主导的社工发展历史背景下,需要批判地借鉴国外社工专业化的发展经验。因此,我国的社工专业化应该包含以下五个内涵:(1)以社会工作价值和伦理为先导的;(2)强调理论体系建构的;(3)伴随服务技术规范化和有效自由裁量的;(4)包含着本土化的;(5)排除过度专业化的;(6)在独立的专业社团推动下的专业化(赵芳,2015)。对比国内外社工专业化的学术研究,可发现我国社会工作专业化的研究中缺乏对社工人才专业教育与职业发展应有的重视。

另外,国内社工"职业化"的研究恰好填补了上述的研究空白。学者王思斌认为,目前我国社会工作职业化具有两种类型,一种类型是实际社会工作者的职业化问题,另一种类型指的是社工未来在中国的职业化问题。实际社会工作者的职业化问题是指我国已有的社会服务部门希望提高社会工作人才队伍素质和社会工作服务水平的问题。社工未来在中国的职业化问题是指社工学者群体提出的,除当前实际社会工作者的职业化外,还应关切未来社会工作者职业化的发展问题(王思斌,2006)。准确地说,本报告所讨论的社工人才专业化问题属于国内社工"职业化"研究的范畴,但为了保留西方学术语境中社工专业化的丰富内涵以及能更深层次地学习国际经验，本报告仍然使用西方学术语境中的专业化（professionalization）一词作为关键概念。

国内学者现已对我国社会工作专业化的发展现状和路径做出了基本分析。有学者指出健全社会工作职业制度体系是我国推动社工专业化的重要途径之一。政府应该主导建立社会工作者职业资格认定、职务晋升、薪酬福利等制度；逐步设立以接受专业教育并通过资格考试作为社工岗位基本的入职资质要求；推动建立社工专业学位和职业资格相衔接的制度；制定与职务、绩效考核挂钩的薪酬福利制度以提高对专业社工人才的激励，并且要依靠孵化慈善部门社工组织和发展政府购买社工服务的路径来推动社工的专业化（李迎生，2008）。近年来，慈善部门中社工人才高离职率以及社工专业学生低对口就业率的社工专业化现状也引起了学者的关注。一些学者尝试从社工机构缺乏基本福利待遇保障和合理的职业发展空间等管理激励因素分析社工机构对专业人才吸引力低的原因（李昀鋆，2014）。但学术界对社工人才流失的讨论也多停留在从业者的职业认同、社工机构管理因素等维度上，缺少从社会政策维度上探讨社工人才流失严重的原因。

从社会政策维度上说，慈善部门中社工人才流失严重的问题与社会工作者人事劳动体制的市场化改革背景息息相关。当前在珠三角城市中，专业社会工作服务的主要传递方式是政府购买社会工作服务模式，即各级政府部门通过"项目制"与"岗位制"方式向民办社工服务机构购买社会工作服务，将社工服务的主要聘请方角色转移到民办社工服务机构上。政府部门虽然不是社工作者的直接雇佣方，但其出资方的角色也深刻地影响了社会工作者的职业制度建设和专业化进程。在这层面上，佛山市慈善部门社工人才发展的政策背景和行业因素分析将带来极具意义的思考。

佛山市试行政府购买社工服务模式已积累将近十年的经验。近年来政府亦越来越重视专业社工的发展，每年投入过亿元的财政预算来购买社工服务类项目。此外，佛山市慈善部门社工机构的发展也十分蓬勃。目前全市登记的民办社工服务机构数量为166家，排名全省第三，但其中八成为中小型规模（专职人员数量30人以下）的机构，中小型社工机构的运营发展问题在珠三角城市中是极具代表性的。综上所述，佛山市社工人才专业化的问题研究，对大量社工机构处于起步阶段的地区来说，具有一定的借鉴意义。

三 佛山市慈善部门社工人才的专业化现状

慈善部门中社会工作人才专业化程度主要通过两个客观标准来衡量，其一是持有社会工作者资格证的从业人员比例，其二是拥有社会工作相关专业背景的社工比例。目前，佛山市慈善部门社工人才队伍仍处于前专业化阶段，大量从事社工工作的人员既不是社工相关专业出身，亦没有达到持证资质。

佛山市社会工作服务较发达的某区，曾于2017年对辖区内66家民办社工服务机构开展调研。根据该调研收集的统计数据，2017年该区提供社会服务的社工人才共有822名，其中持助理社工师资格证的人有344名，占比41.85%；持社会工作师资格证的人仅有81名，占比9.85%；其余397名为非持证从业人员，占比48.3%（见图1）。由上述数据可见，佛山市慈善部门中仍有大量非持证上岗人员，社会工作人才持证上岗的比例有待提高。

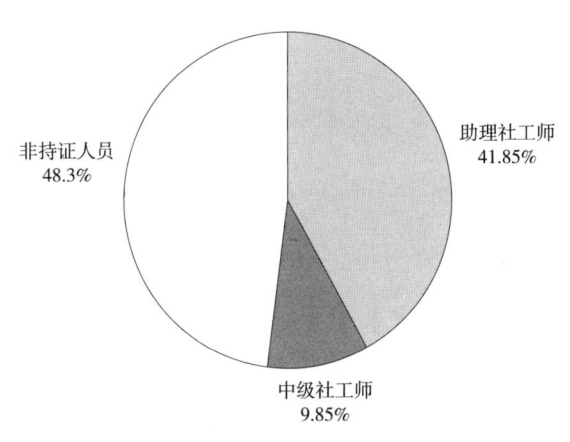

图1 佛山某区社工人才队伍持证比例

同时根据上述调研数据显示，该区2017年社会工作相关专业出身的社工总人数为234名，占比28.47%；而非社会工作相关专业出身的社工总人数为588名，占比为71.53%（见图2）。与上一年对比，从业人员中社工专业出身的比例由30.65%下降到28.47%，非社工专业出身的比例对应由69.35%上升到71.53%。①专业背景出身的社工人才比例不升反降，更加加剧了慈善部门社工人才队伍专业化程度较低的形势。

实际上，我国各地社会工作发展都普遍有社会工作人才队伍专业化程度低的问题，这与我国社会工作的嵌入性发展路径息息

---

① 两年统计的有效样本数不一样。

社会工作专业背景 28.47%

非社会工作专业背景 71.53%

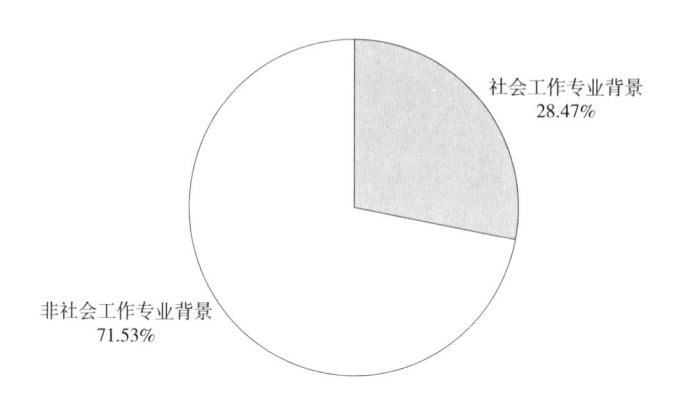

图 2　佛山某区社工专业背景情况

相关。自 20 世纪 80 年代开始，我国的专业社会工作采用专业教育先导，政府部门主导的路径，以嵌入传统社会服务的模式开始重建。起初 20 世纪 80 年代末到 90 年代末时，我国社会工作专业专注于学科重建，尚没有能力介入实际的社会服务。自 1999—2005 年，全国高校扩招浪潮以及非教育部直属院校可自主增设专业的制度带动了社会工作专业招生数量的激增。新增社会工作专业的高校在吸引生源的压力下纷纷提高社会工作的理论教育水平及实务能力培养水平，社工专业教育有了一定的成效。自民政部在 2000 年后全面推进社区建设工作以来，社会工作专业学生开始得到在接受专业理论教育后从事实际社会服务工作的职业发展机会。到 2006 年前后，政府购买专业社会工作服务和推动社会工作专业资格认定的探索在全国铺开。同年 10 月召开的党的十六届六中全会提出要建设宏大的社会工作人才队伍的决定，自此社会工作人才逐渐广泛地得到政府部门的吸纳和认可（王思斌，2018）。

佛山市慈善部门中专业社会工作服务的发展，也正是得益于国家推动建设宏大的社会工作人才队伍，以及鼓励政府部门转变职能、简政放权的政策。但自2008年引进专业社会工作服务十年后，佛山市尚未能有效地吸引专业教育背景人才入行并留住资深社会工作者持续地提供服务。这当中普遍性的社会工作专业教育问题，以及本土的政策背景和行业因素值得探讨。下文将从社工学生的流失问题、从业社工的流失问题以及项目化购买模式问题三方面探讨佛山市社工人才队伍专业化程度低的重要原因。

四 社会工作人才专业化程度低的原因分析——薪酬待遇

佛山市慈善部门社会工作人才专业化程度低的现状，一方面反映了大量非社会工作专业背景或非持有社会工作者资格证的人员涌入社会工作行业，另一方面亦反映了行业流失了相当一部分服务年资长、经验丰富的社工。其中薪酬待遇问题是造成本科及以上社会工作专业学生和资深社工人才流失的重要原因。

（一）社会工作专业学生的流失问题

慈善部门社工的薪酬待遇普遍对高校本科毕业生的吸引力不大，但对专科毕业生而言则是十分不错的水平。根据广东省教育厅于2016年12月发布的《2016年广东省高校毕业生就业质量年度报告》，全省本科毕业生平均月薪为3726元，涵盖社会工作专业的法学类专业本科毕业生的平均月薪为3779元；而全省专科毕业生的平均月薪为2849元，涵盖社会工作及相关专业（社会学、社会政策、民政管理、社区管理等）的公共事业大类专科毕业生平均月薪为2659元。反观慈善部门社工人才的薪酬水平，非持证社工平均月薪普遍为3000—3500元，助理社工师平均月薪为4000—4500元。对于专科毕业生而言，社工的薪酬处于满意水平。但对于本科毕业生而言，即使通过了助理社工师资格证考试，获得的薪酬也不过是差强人意。

社工专科学生薪酬满意度高，而社工本科学生薪酬满意度低的现象大大影响了不同级别高校社会工作专业毕业生的对口就业率，从而影响了社会工作专业教育在不同级别院校的开展情况。由于社会工作专科就业相关度与专业满意度都较高，其就业相关度平均得分更是位于广东省的前20名内[1]，因此一些即使不具备教学师资条件的院校也纷纷增设社会工作相关专业。但另一方面，广东省各本科高校的社会工作专业则因为对口就业率过低而受到不少的行政压力。

社工专业研究生的就业状况亦不太乐观。根据《2016年广东省高校毕业生就业质量年度报告》，全省高校共有16个就业率低于70%的研究生专业，社会工作专业是其中一个，社工专业的毕业研究生初次就业率仅有54.55%。而薪酬方面，广东省研究生毕业生平均月薪为6223元，涵盖社会工作专业的法学类研究生毕业生平均月薪为5815元，但慈善部门中对应研究生学历的中级社工师薪酬水平普遍仅为5000—5500元，远低于广东省研究生毕业生的平均月薪。

慈善部门的薪酬水平不足以满足高素质、高学历社工专业学

---

[1] 详见《广东省2016年就业质量报告》，http://www.gdhed.edu.cn/publicfiles/business/htmlfiles/gdjyt/cmsmedia/document/2017/0/doc41976.pdf。

生的职业发展期望。即使社工本科学生毕业后怀揣着对社会正义、公益事业的梦想踏入慈善事业,在积累几年服务经验后亦会因为缺乏足够的职业晋升和薪酬提高的空间而考虑转行。下文将探讨佛山市慈善部门的薪酬制度对从业社工人才流失的影响。

(二) 从业社工人才的流失问题

慈善部门社工的薪酬待遇问题,不仅影响了本科社工专业学生及研究生社工专业学生的流失,亦影响了从业社工人才的流失问题。从业社工人才流失是全国社工行业都面临的普遍现象。广东省内其他专业社会工作服务较发达的城市亦已多年面对社工流失率高的问题。东莞市2012—2015年每年社工流失率都在14%左右(社工中国网站,2017)。深圳市2014年的社工流失率高达22.20%(《中国日报》中文网,2016),超过了行业20%的流失率警戒线,直到2015年其社工流失率才显现八年来首次下降的趋势。佛山市社工人才流失情况亦十分严峻。下文将以佛山市某区的社工人才队伍现状为例,分析导致从业社工人才流失的政策背景和行业因素。

根据佛山市某区社会工作发展报告的调研数据显示,该区社会工作人才流失率在2016年达29.44%,到2017年稍有下降至27.03%,但仍远高于20%的行业流失率警戒线。比较该区2016年和2017年社会工作人才从业年限的分布情况,可见该区社工人才的流失结构。该区工作年限在一年以下的社区比例由上年15.22%增加至36.13%,而工作一到三年的社工比例由57.21%下降到35.40%,工作三到五年的社工比例也由17.15%略微下降到

16.42%，工作五年以上的社工比例则由 10.42% 上升到 12.04%。总的来说，2017 年该区初入行年资未满一年的社工比例翻了一番，而工作一到五年的资深社会工作人才比例明显下降，其中工作一到三年的，即处于助理社工师晋升到中级社工师职业发展阶段的社工比例下降幅度甚至超过 20%。

该区 2017 年社工的从业年限分布比例变化，正好反映了不同年资的社工面对的职业发展前景有所差别。对于工作年限一年以下的社工来讲，他们面对的是短期一到两年内能预见到薪酬待遇变好的职业发展前景。工作年限一年以下的新入行社工分别有两种资质状况，其一是持有助理社会工作者职业资格证，其二是尚未持有助理社会工作者职业资格证。在扶持从业人员考取资格证书的政策背景下，新入行社工有很大可能通过考取资格证书得到政策奖励和机构涨薪。根据上述佛山某区 2017 年社工发展调研数据显示，工作年限一年以下的、持助理社会工作者职业资格证和非持证资质状况的社工平均税前薪酬在 2017 年同比分别增长 5.92% 和 7.68%，其中助理社工师平均税前月薪由 2016 年的 3810.94 元增长到 4036.46 元，非持证人员的平均税前月薪由 3160.47 元增长到 3403.06 元。由此可见，上述两种资质的社工的薪酬待遇都有可喜的增长。

相比新入行社工薪酬待遇向好，从业年限为一到三年的社工却面临职业发展及涨薪空间越来越狭窄的前景。从业年限超过一年以上的社工可以朝着两个方向努力提高工作报酬，一是从一线社工岗位晋升到机构中层行政管理岗位，二是在积累三年社工工作经验后考取社会工作者资格证。考取到社会工作者资格证可以获得政策一次性奖励补贴和机构的补贴，亦是在部分机构中晋升到中层行政管理岗位需达到的资质要求。但获得社会工作者资格证，并不一定能晋升到中层岗位，这受到机构或行业内中层管理岗位数额有限的影响。一位在佛山市某大型民办社工服务机构（员工数量超60人以上）从事四年工作的资深社工表示，其机构中层管理岗位约占总雇员数量的1/7；若社工暂时未能晋升，仍留在一线社工岗位服务的话，在政府购买社会工作服务单个项目经费多年没有增加的现状下，只能获得机构为数不多的年资补贴。加之在机构中，中级社工师还要和非持证人员以及助理社工师分配人员薪酬经费。在政府没有增加项目经费的情况下，非持证人员和初级社工师的薪酬增长了，中级社工师的薪酬自然不增反减。根据佛山某区2017年社工发展报告的数据，该区中级社工师的平均税前月薪同比下降5.7%，由2016年的平均5645.38元下降到5323.84元。

佛山市慈善部门社工人才流失问题突出表现在高年资、高资质社工人才的流失上。中级社工师人才缺乏合理薪酬福利待遇保障和激励的问题需要得到慈善部门和政府部门的重点关注。

（三）影响社工薪酬的政策原因——政府碎片化的购买服务模式

从业社工人才职业晋升及待遇提高的空间狭窄，亦与政府购买慈善部门社会工作服务的统筹投入方式有关。以佛山市某区为例，该区及镇街部门购买社会工作服务项目的财政总投入从2015年的6216.59万元逐年增长到2017年的10558.7万元。根据项目内容划分，该区各级政府部门共购买了四类社会工作服务项目。

一是直接服务类项目，即以社会工作手法直接服务群众的项目，例如社区养老服务、青少年服务、家庭服务等；二是间接服务类项目，指含有社工元素但以其他服务手法为主要内容的项目，如社会工作人才培训项目、社会工作督导项目等；三是公益创投类项目，指通过开展公益创投大赛资助优秀的基层创新社会服务项目；四是孵化研发类项目，指社会建设创益基地的培训、展示、交流和研究项目（陈永杰、卢施羽、刘维，2017：36—37）。这四类项目中仅有直接服务类项目的财政购买投入会影响到民办社工服务机构承接项目的经费，其中具体会影响到机构中人员薪酬经费、督导培训经费、服务活动经费、行政管理经费等费用的额度。

该区在2015年和2016年都投入了相当大比例的财政预算来购买间接服务类、公益创投类和孵化研发类项目，这些项目是为慈善部门社会工作服务发展提供人员培训、机构孵化、项目研发等服务。但该区政府投入直接服务类项目的财政预算过少，导致了直接服务民众的一线社工得不到足够的薪酬经费保障。2015年该区购买直接服务类社工项目117个，财政投入4035.8万元，仅占总财政投入的46%。而2016年该区购买直接服务类社工项目的数量增长到198个，共投入3920.63万元的财政预算，占总财政投入的比例为48%（见表1）。

表1 佛山某区2015—2017年购买直接服务类社工项目情况

年份	购买项目数量（个）	财政投入总金额（万元）	项目平均投入（万元）
2015	117	4035.80	34.49401709
2016	198	3920.63	19.80118081
2017	254	7515.46	29.58843228

虽然 2017 年该区直接服务类项目的财政投入比例增长到 71.17%，投入金额亦高达 7515.46 万元，但因为购买项目数量庞大，项目平均投入金额仅约 30 万元。回顾以往三年，该区的直接服务类项目平均财政投入金额为 20 万—35 万元，平均项目经费规模过小，呈现碎片化的特征。这与该区区级政府下放政权到各镇街政府的行政体制相关。该区各镇街拥有独立于区级政府的财政预算权，能自主地决定购买社工服务的内容及财政投入金额。由于各镇街分散地购买社工服务项目，加之各等级政府部门看重尽可能多地购买社工服务项目以扩大社工服务的覆盖面，忽略了对项目持续性、服务深度和项目购买整体构想的必要考量，因此直接服务类项目呈现碎片化的现象。

此外，项目碎片化的问题亦导致机构需要应付不同购买方的服务购买要求和评估标准。这大大增加了机构对政府部门的沟通成本以及机构的评估投入。另外，因为购买方对行政经费使用标准的限制，单个项目的行政经费并不足以支持承接该项目带来的行政成本。因此承接碎片化项目的社工机构只有广泛地承接项目（承接多个服务领域和多个购买方的项目），才有机会支撑机构中的行政人员薪酬开支。

碎片化的购买服务方式使社工机构在人员薪酬支出上面临两难，一方面机构需要应对高企的行政成本；另一方面，因社工人才流失问题将影响社工机构来年在服务项目投标中的表现，机构亦要保证社工人才的薪酬待遇，以降低机构的社工流失率。上述非持证人员和助理社工师的薪酬上涨，而社会工作师薪酬却减少的现象是否与此压力有关，机构或许会提出权宜之计，尽力留住较容易留下的新入行社工，最大可能地降低机构人员流失率。但此计对社工行业来说会导致资深社工严重流失、社会工作服务的效用未能充分发挥的问题。最终，社工机构和政府购买方都需要承担低质量社工服务的后果。

因此，作为出资方的政府部门，需要调整购买社工服务的方式以切实推进社工人才队伍专业化。首先，政府部门要从项目经费总量层面，保证专业社会工作者薪酬经费的合理增长。政府部门需要合理地削减非直接服务类的社工项目的购买投入，增加直接服务类社工项目的财政投入，并在购买延续性项目中保证项目经费每年有合理性的增长。其次，政府部门要从机构分配人员薪酬经费的层面，协调专业社会工作者薪酬和机构行政成本开支之间的矛盾。政府须规范承接社工项目机构的人员薪酬经费分配比例；审查机构与岗位、与从业年限挂钩的薪酬激励制度是否健全；并通过改变碎片化的项目购买方式以减轻机构巨大的行政成本压力。再者，政府部门还应在购买社工服务时，逐步提高对承接机构社工资质的要求。政府应逐步要求承接机构的社会工作者达到专业背景出身并持证上岗的从业标准；对吸纳社工专业背景学生较多，经验丰富的社工流失率较低的机构进行扶持奖励。

五 社会工作人才专业化程度低的原因分析——非经济性因素

社工不是一门普通的技术劳动，而是一门需要运用感性、理性和技术的情感劳动（王斌，2014）。除基本的薪酬待遇保障外，其他非经济性因素亦会影响社工专业学生和从业社工人才对社工行业的职业认同。下文将根据对佛山市慈善部门资深社工的访谈内容分析他们选择从事社工这一职业背后的原因。

（一）社工专业学生推迟入行与非社工专业学生偶然入行

不少本科社工专业学生并不会选择社工作为初就业的志愿。一位社会工作专业出身，现已从事了五年社工工作的社会工作师表示，经过大学四年本科社工理论教育和实习培训后他并不想立即入行做社工。他认为年轻人应尽量尝试不同行业的岗位以锻炼多样的职业能力，但当他在社工机构实习时，认识到入行做社工并不能得到这样锻炼能力的机会，所以在毕业之后先从事了一份外贸行业的工作后再入行做社工。

> 当时高校的老师实在缺乏实务经验，上课的内容显得非常空洞，实习的时候感受到，社工从业的技能，尤其搞活动方面，很多都是自己在搞社团时候已经锻炼和展示的能力，所以决定先去尝试其他行业。（GN001）

一些非社工专业学生在大学里通过志愿服务接触了社工这一助人的职业，即使有意从事助人职业，但也不是第一次就业就选择了社工行业。

> 我大学进了一个社团，是华农校方负责学生心理健康教育的部门下的学生团队，由几个心理学老师带着去做心理方面的工作，认识了心理学同社会工作方面的老师和朋友，这对我选择做助人行业影响比较大。但毕业之后没有决定要做

社工，想着可能会尝试做心理咨询，所以也有进修心理咨询师。刚好有朋友介绍社工机构招人，我就去面试了。(LY002)

由上述访谈可见，社工行业无论对社工专业出身还是非社工专业出身的本科学生而言吸引力都不大。社工专业学生在学校接受社工理论教育时十分渴望接触到社工实务经验，但由于老师都不是实务工作者出身，在教授实务理论时难免照本宣科，因此学生在学习社工理论时很难得到启发，更难以建立对社工的职业认同。社工专业学生在专业实习时接触到社工真实的工作环境后，学生心里对社工这份职业的认同产生更大落差。社工专业学生会发现在提供服务时也不需要运用多少专业技能，运用自身已有的经验和能力已经足以应付社工的工作了，因此认为社工这一职业并不能满足自身在就业初期尽可能锻炼职业能力的期望。而非专业出身的学生，即使对社工这一助人职业感兴趣，也会优先选择大众认识度较高的心理咨询而非社工行业，成为社工也是因为偶然的机遇。

（二）从业社工人才难以践行专业价值的职业困境

除因薪酬待遇过低产生不满外，从业社工往往要面对难以践行专业理念与价值的职业困境。在职业发展空间狭窄、缺乏公众认同、社工机构管理不成熟的行业背景下，从业社工往往因为无法改善薪酬待遇或工作缺乏成就感而选择离职。

不少社工表示选择入行主要与自身性格相关，因为想从事与人打交道的工作，偏好工作中的感性体验而开始从事社工职业。

去外贸从事了一段时间后,发现自己的性格更加适合跟人做接触,而不是对着电脑。加上人比较老实哈哈,还是先试试做回社工吧。(GN001)

但入行一到两年后,新入行社工往往最容易选择在此阶段离职。有资深社工认为当中有重要的经济原因,尤其是男性社工需要面临的经济压力更大。

若以刚毕业的学生来看,相对工资并不算低。但随着年资的递增,加上每一个机构的管理层岗位名额是有限的,其实增幅是非常有限的,蛋糕就这么大,岗位就那么多,提高待遇的空间就很窄了。对于男性来说,社会对于男性的经济收入期望更高,因此从事社工面临的经济压力会比较大,这也是转行的重要考虑之一。(GN001)

亦有资深社工经观察认为社工行业公众认可度低、机构实力参差不齐导致社工无法获得职业成就感是新入行社工最容易流失的原因。

薪酬是重要因素,不过我觉得不是最主要的,也有很多人做得心灰意冷的。大的来说,行业没有良好的社会认知度与公信力,没有专业话语权;小的来说,机构参差不齐,很难令新入行的朋友看到继续做下去的价值。

我自己理解的话,是看行业值不值得继续投身去做,至少做得开心,被人尊重。如果做得不开心,就无办法去帮服务对象。(LY002)

从业三到五年后，大多数社工都面临着考取社会工作者资格证并留在社工行业晋升的选择，不少社工会选择离开入行时服务的社工机构，流动到其他地区或不同的社工机构以获得更好的工作岗位或寻找更适合自身理念的机构。

> 来佛山做社工的原因与工作区域关系较少，与岗位关系比较大。现在做片区负责人，符合自己的职业规划预期。（GN001）

> 影响我跳槽的主要是个人的理念与机构发展不一致。这个问题涉及前机构的宏观管理。当时我离开的时候，是前机构社工部的行政主任。总部功能的发挥，部门间的协调沟通，以及机构对社工的成长培育的方面都感到不太适合我的想法。或者讲我对部门有认可，但是对于总部或者叫前机构整体的管理不太认可。（LY002）

改善从业社工的职业薪酬保障是应对从业社工的流失问题的首要一步，但长远的社工职业发展问题仍需要社工机构和慈善部门做出相应努力改善社工的从业环境，尽可能为社工提供践行专业理念和价值的培训和支持。社工机构应加强机构的专业使命建设，改善机构内部的管理问题，而慈善部门亦应提高政府部门购买方对社会工作的认识，在修改政府购买社工服务的质量评估标准，改善购买社会服务碎片化模式，扶持社会工作人才等方面做出行业倡导，推动社工从业环境向支持践行社工专业价值和提高服务专业性含量的良性方向发展。

六 结论

　　慈善部门社工人才专业化程度低的问题已引起政府部门和慈善行业人士的关注，提高社工从业人员专业背景出身及持证上岗的比例亦成为社会服务部门未来的施政重点。提高社工人才专业化程度关键需要解决两种人才流失的问题，其一是社工专业学生的流失问题，其二是资深专业社工的流失问题。根据本报告的分析，薪酬待遇是导致这两种人才流失问题的重要原因。目前社工行业的薪酬水平远不足以吸引社工专业的本科生和研究生入行。从政策上分析，导致社工行业薪酬水平偏低的政策因素是政府购买社工服务的碎片化模式。首先，政府投入直接服务类项目的财政预算比例低，原可用于提高社工人才薪酬待遇水平的经费被投入一些不必要的社工发展支持项目中。加之直接服务类项目经费规模较小，大大增加了机构的行政成本开支，社工机构亦为了支出行政人员的薪酬而削减了社工人才的薪酬增长空间。其次，一些非经济性因素也导致了两种人才流失问题的加剧，例如社工职业发展空间狭窄，公众对社工职业的认同度低，社工机构存在管理不合理的问题等，都导致社工人才难以获得职业成就感而选择转行。因此，改善社工人才专业化程度低的问题，不应仅出于提高社工服务成效的考量，亦应出于对社工职业未来发展问题的关切。建立薪酬保障、职业晋升、职业保护等制度，提高政府部门及大众对社工专业的认同，对社会工作者给予践行专业理念的支持，才是引导社会工作行业良性发展的长远之计。

参考文献

[1] 王思斌主编,2004,《社会工作导论》第1版,高等教育出版社。

[2] 杨宝、陈思园,2012,《中国第三部门观察报告》,社会科学文献出版社。

[3] 赵芳,2015,《社会工作专业化的内涵、实质及其路径选择》,《社会科学》第8期。

[4] 徐永祥,2000,《试论我国社区社会工作的职业化与专业化》,《华东理工大学学报》(社科版)第4期。

[5] 王思斌,2006,《体制转变中社会工作的职业化进程》,《北京科技大学学报》(社会科学版)第1期。

[6] Weiss I., Welbourne P. 2008. "The Professionalisation of Social Work: A Cross-National Exploration." *International Journal of Social Welfare* 17, pp. 281 – 290.

[7] 李迎生,2008,《我国社会工作职业化的推进策略》,《社会科学研究》第5期。

[8] 王思斌,2018,《中国社会工作的嵌入式发展》,http://www.cswrc.org/Uploads/file/20160624/576cdb9389945.pdf,1月12日。

[9] 陈永杰、卢施羽、刘维,2017,《广东南海社会工作发展报告(2017)》,社会科学文献出版社。

[10] 王斌,2014,《女性社会工作者与情感劳动:一个新的议题》,《妇女研究丛》第4期。

[11] 社工中国网站,2017,《东莞社工流失之困,月薪不如普工离职率14%》,http://practice.swchina.org/view/2017/0327/28619.shtml,3月27日。

[12] 中国日报中文网,2016,《深圳社工流失率八年来首次下降》,http://www.chinadaily.com.cn/hqcj/zxqxb/2016-02-22/content_14561992.html,2月22日。

工匠精神与佛山志愿服务

何淑莹 邓云

摘　要： 佛山市积极贯彻党的十九大精神，以工匠精神打造志愿服务，86万名佛山志愿工匠将爱心细心打磨，取得了丰硕的成果。一是注册志愿者数量迅速增长；二是志愿服务常态化，服务总量达到一定规模；三是志愿者遍布各个年龄层，社会参与度高。佛山志愿工匠积极实践扶贫助困，志愿服务精准化；民生改善，志愿服务精心化；社区和睦，志愿服务精细化；文明习俗，志愿服务精致化；志愿工匠打造服务精专化，切实满足人民群众多样化的生活需求。本报告不仅对佛山志愿服务成果进行陈述，也提出存在志愿者能力提升依然是刚需，服务资源不足仍旧是瓶颈；激励机制单一，亟待完善等不足。同时提出四条对策建议：需强化党对志愿服务的领导，深化"志愿者之城"建设，做好顶层设计与底层支撑；扩大志愿服务工匠精神的传播推广，加快建设市、区、镇街三级志愿工匠人才库；推动志愿服务项目专业化发展，建立丰富多样的志愿服务特色类型；构建社会化资金资源支持网络，促进志愿工匠的可持续发展。

关键词： 志愿工匠　工匠精神　志愿服务

党的十九大报告提出"中国特色社会主义进入新时代",要"把人民对美好生活的向往作为奋斗目标","推进诚信建设和志愿服务制度化,强化社会责任意识、规则意识、奉献意识",这是对志愿服务发展的新要求、新期望。站在新的历史起点上,为更好地贯彻落实十九大精神,佛山市在三十多年的志愿服务发展基础上,取得"全国文明城市"荣誉称号后,中共佛山市委、佛山市人民政府再接再厉发布《佛山市建设"志愿者之城"三年行动计划(2016—2018年)》,提出将采取6个方面24条措施使佛山志愿服务水平到2018年底居全国前列,初步建成"志愿者之城"。

一 志愿服务导论

(一)基本概念

1. 志愿精神

志愿精神是指一种自愿的、不为报酬而参与推动人类发展、促进社会进步和完善社区工作的精神,是个人对生命价值、社会、人类和人生观的一种积极态度(丁元竹,2014)。2013年11月共青团中央办公厅修订颁布的《中国注册志愿者管理办法》明确定义我国的志愿精神为"奉献、友爱、互助、进步"。

2. 志愿者

志愿者一词来源于拉丁文中的"voluntas",意为"意愿",较常见的英文名称为"volunteer",在香港译为"义工",中国台湾地区译为"志工",名称不同但本质和内核是一致的。2017年12

月1日起开始施行的《志愿服务条例》指明志愿者是以自己的时间、知识、技能、体力等从事志愿服务的自然人。《中国注册志愿者管理办法》定义志愿者为不以物质报酬为目的，利用自己的时间、技能等资源，自愿为国家、社会和他人提供服务的人。

3. 志愿服务

在《志愿服务条例》中，志愿服务指志愿者、志愿服务组织和其他组织自愿、无偿向社会或者他人提供的公益服务。另有学者认为志愿服务是指任何人自愿贡献个人的时间和技能，在不为物质报酬的前提下，为推动人类发展、社会进步和社会福利事业而提供的服务（丁元竹，2014）。

4. 志愿者组织

志愿者组织是志愿者团体依法组织化、规范化发展的重要途径，根据《志愿服务条例》中的规定，志愿者组织是指依法成立，以开展志愿服务为宗旨的非营利性组织。

（二）志愿服务的社会功能

社会功能是志愿服务的功能之一，志愿服务因具有志愿性、奉献性（利用自己的时间和技能）、服务性（帮助他人、服务社会）而具备了政府、企业所无法企及的精神价值和人文关怀，志愿服务的社会功能也成为它最重要和直接的功能。

廖恳（2012）从社会建设的角度将志愿服务的社会功能归纳为四个方面：志愿服务的社会动员功能、志愿服务的社会保障功能、志愿服务的社会整合功能以及志愿服务的社会教化功能。作为国内对志愿服务具有长期深入研究的学者，谭建光教授在对佛山市南海区志愿服务的调研中总结了志愿服务具有的四项社会功能，即民心凝聚功能、民困帮扶功能、民生改善功能、民意疏导功能，并在志愿服务与对党的十九大报告的解读中提出这四项功能使志愿服务在追求"美好生活"中大有可为，能够为决胜全面建成小康社会，实现"两个一百年"目标做出积极贡献（谭建光，2017）。

我国志愿服务已经开始制度化、专业化，在相关概念已经清晰的情况下，了解志愿服务的相关规定和阐述，肯定志愿服务功能有助于佛山市在发展志愿服务道路上坚定方向、践行使命，发扬被广泛认同的志愿服务精神，发挥出志愿服务正面积极的作用。

二 志愿服务政策法规

完善志愿服务的法律制度设计，有利于促进志愿服务的发展。我国志愿服务经历了30多年的发展，对志愿服务活动的规范广泛存在于法律、行政法规、地方性法规和部门规章中，以规范志愿者及服务组织的权利与义务。从地方层面上看，全国最早的地方性志愿服务法规是《广东省青年志愿服务条例》（1999）。迄今为止，全国范围内已有北京、上海、山东、浙江等37个省市出台了关于志愿服务的地方性法规。从国家层面上看，目前有关志愿服务的相关法律规定散见于《社会团体登记管理条例》（1998）、《民办非企业单位登记管理暂行条例》（1998）、《中华人民共和国公益事业捐赠法》（1999）、《救灾捐赠管理暂行办法》（2000）、《基金会管理条例》（2004）以及对于公益慈善发展具有重大意义的《中华人民共和国慈善法》（以下简称《慈善法》）。《慈善法》于2016年9月1日开始实施，作为上位法进一步规范志愿服务和志愿者，明确了志愿者的权利和义务，以及志愿服务组织合法发展的依据。

《中国注册志愿者管理办法》（2013）和《志愿服务条例》（2017）作为国家层面针对志愿服务专门颁布的法规，为志愿服务发展的制度化和规范化进一步提供了保障。尤其《志愿服务条例》明确了基本原则，回答了关于志愿服务、志愿者、志愿服务组织等相关的基本问题，突出志愿者的基本权利、法律保障。政策法规的完善引领着佛山志愿服务的制度化发展，志愿服务政策法规的构成也表明志愿服务的发展需要多部门共同合作，携手推进，为佛山市志愿服务的发展进一步完善顶层设计，为进化统筹协调机制提出参考依据。

三 工匠精神下的佛山市志愿服务

党的十九大召开后，全国各地干部群众掀起学习和落实为"人民对美好生活的向往"而奋斗，为实现"两个一百年"目标而奋斗的热潮。其中，佛山市以弘扬"工匠精神"为重点，激励各行各业发奋努力。中共佛山市委书记鲁毅同志指出，"工匠精神，是一种心无旁骛、志如磐石、锲而不舍的技术追求，也是一种敢于创新、精益求精、追求卓越的精神品格"。并提出"工匠精神不仅要成为佛山制造业的发展准则、成为佛山工业文明的核心内涵，更要成为各行各业的行为准则，成为每个佛山人自觉的价值追求，成为全体佛山人共同的精神家园"。除了制造业、工商业要发扬工匠精神，培养"大城工匠"，在社会管理和服务领域，在公益志愿服务领域也要发扬工匠精神，提高专业服务的精准水平。为此，佛山团市委、文明办、民政局、佛山市志愿者联合会等积极推进志愿服务的专业化和项目化，以工匠精神激励志愿者提高素质、培养技能、精细服务、造福人民，取得良好的效果。在弘扬志愿服务工匠精神的时候，抓住最关键的环节，就是培育大批多类型、有影响的"志愿工匠"，即具有专业知识和技能，善于组织和实施，开展针对群众需求、切实有效服务的志愿者。

（一）"数说"佛山志愿服务（2014—2017年）

2014年，佛山市委、市政府出台《关于进一步发展志愿服务事业的实施意见》，并在同年9月成立佛山市志愿者联合会，佛山市志愿服务进入高速发展时期。

注册志愿者数量迅速增长。从图1可以看到，佛山市注册志愿者人数（不含顺德区）逐年上升，处于持续的发展中。截至2017年10月底，全市（含顺德区）注册志愿者860538人，占佛山市常住人口比重为11.58%，注册志愿者人数比2014年增加26万人。

志愿者人数在逐年增多，城市人口数量也在逐年上升，从注册志愿者占当年城市常住人口的比例可以更加直观地体现志愿服务蓬勃的发展态势。从图2可以看到，佛山市注册志愿者占常住人口比例也在逐年上升，这意味着志愿者的数量增长高于城市常住

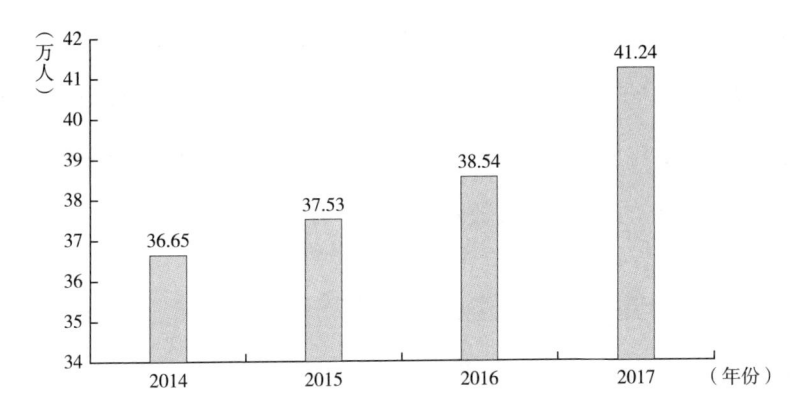

图1 佛山市2014—2017年注册志愿者人数（不含顺德区）

人口数量的增长，2017年佛山市注册志愿者占常住人口比例达到11.22%，也就是说每11个常住佛山的居民中就有1个是注册志愿者。

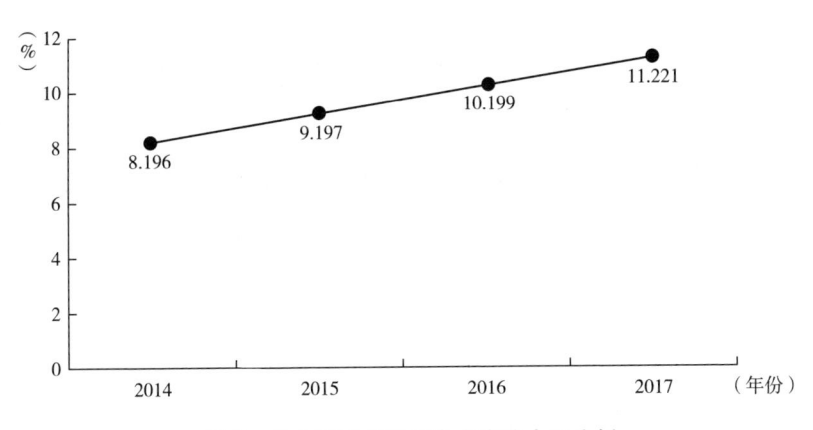

图2 佛山市注册志愿者占常住人口比例

志愿服务常态化，服务总量达到一定规模。注册志愿者数量的增长带来的是服务的增长，2014—2016年全市注册志愿者服务时数总和达到593.11万小时，2017年服务时数总和为309.9万小时，广东省I志愿服务平台的累计志愿服务时长也已经达到239.52

万小时。从图3可见，佛山市注册志愿者人均服务时长（不含顺德区）从2014年的10.46小时成倍增长到2017年的24.07小时，注册志愿者参与服务活跃。另据统计，活跃志愿者即年服务时间为10小时以上的志愿者人数达到22.4万人。

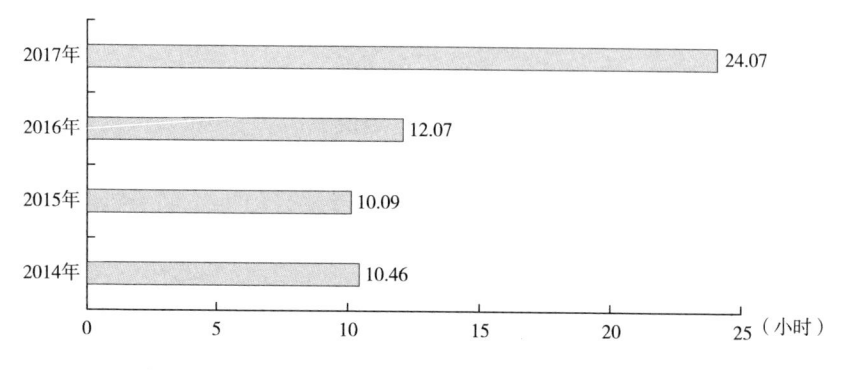

图3 佛山市注册志愿者年人均服务时长（不含顺德区）

志愿者遍布各个年龄层，社会参与度高。从对佛山市注册志愿者年龄数据的分析中可以看到，佛山市注册志愿者遍布各个年龄层，从图4可见，18—45岁的青年群体占比最高，占比共达到74%。未成年人参与志愿服务的热情同样高涨，18岁以下的注册志愿者占比16%，2017年的86万名志愿者中约有13.76万人的未成年人志愿者。65岁以上的志愿者占比虽只有2%，但人数约有1.72万，已经成为一股强大的志愿服务力量。

（二）解说86万名志愿工匠

根据佛山市志愿者联合会的委托，广东省社工与志愿者合作促进会在2017年所做的专题调查发现，佛山市作为改革开放前沿地区和经济发展转型较快的地区，较早重视志愿服务的专业化和

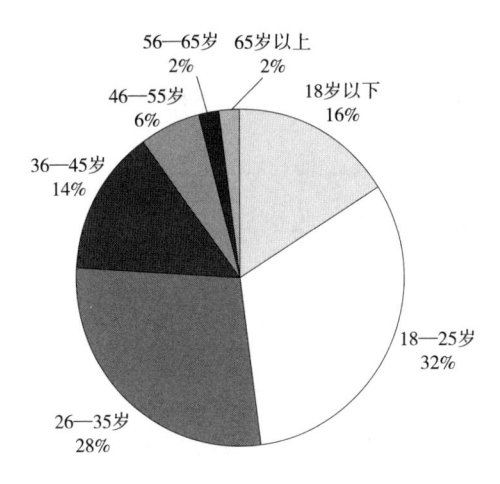

图4 佛山注册志愿者年龄分布

工匠精神的推广，促进志愿服务更好地适应人民群众的生活需求，更好地发挥改善民生、扶贫助困的积极作用。概括来说，志愿服务的工匠精神就是通过运用专业知识和专业技能，提高志愿者精准、精心、精细、精致的服务能力，促进志愿服务真正做到供需对接，切实满足人民群众多样化的生活需求；通过为志愿者提供精专的服务，打造志愿服务工匠精神。

1. **扶贫助困，志愿服务精准化**

在早些年，志愿服务刚刚发起的时候，往往是集中的志愿者队伍到社区看望老人，到福利院探访孩子，注重形式却难以适应服务对象的具体需求。如今，通过培养志愿服务的工匠精神，各级组织特别注重"精准服务"，即通过调查研究和收集信息，了解困难群体的具体需求之后，才提供切实有效的服务。如桂城街道调研志愿服务队，深入社区调查发现孤寡老人、残障人士、受长期疾病影响的家庭的家居环境比较差，特别是一些房屋残旧破漏等，就发起"旧貌换新颜"志愿服务，筹集资金和物资，为困难群众修缮旧屋。服务对象连连说道，"感谢共产党，感谢志愿者"。志愿者通过调查发现，环卫工人是工作最辛苦，条件最艰苦的群体，就发起"微心愿、微志愿"活动，征集环卫工及其家属的具体需求，提供关爱和服务，收到良好的效果。小强爱心热线协会（佛山市爱心热线关爱低保家庭协会）依托电视台的"小强热线"，了解和收集各类困难人士的需求，联系社会爱心资源与志愿者团队开展"一对一"、"多对一"的服务。先后资助患病家庭、单亲家庭200多户，资助30多位贫困家庭大学生。同时，通过志愿者的上门沟通、链接资源，解决这些困难群体、贫困家庭的具体问题，促进生活改善、提供发展机会。

目前，佛山市志愿者不仅仅在本地区做好扶贫助困的服务活动，而且前往粤东西北、我国中西部地区，开展贫困山区的扶贫服务、助学服务，既带去资金和物资，也带去新思想、新理念、新知识、新技能，让贫困山区的群众在获得关爱扶助的同时更新观念、增强信心、发奋图强、改善命运。

2. 民生改善，志愿服务精心化

佛山市拓展志愿服务的领域、扩大志愿服务的对象，在重点做好扶贫助困服务的同时，也积极推进社区、农村惠民利民、民生改善的服务。禅城区在旧城改造和"城中村"改造的过程中，一些老居民、老村民不适应新的社区环境、新的生活条件，出现"出行困难"、"购物困难"、"串门困难"等情况，志愿者就开展"社区指南针"、"生活小天使"等服务。他们设计一些与出行、生活有关的小指引、小漫画，让居民"易看易用"；引导居民认识新建设的街巷、道路，逐渐熟悉和便捷使用；教会居民特别是老人使用各种简易的电子设备、信息工具，在出行、购物等活动中减少麻烦。这些细小、琐碎的志愿服务，恰恰需要志愿者的工匠精神，一点一滴做精细、做周到。三水区志愿者联合会与广东财经大学青年志愿者协会合作，针对农村城市化进程中，农民对于城市生活秩序、社区生活方式不熟悉、有困惑的情况，深入一家一户调查，掌握具体的困难内容，提供各种各样的解决措施，引导"新居民"尽快适应社区生活。

近年来，禅城区、南海区、顺德区针对"新居民"日趋增多的情形，开展"新居民"关爱和引导志愿服务。所谓"新居民"，很多是"工作在城市、购房在区街"的人员，如大量在广州工作的人员购买禅城区、南海区、顺德区的住房；大量在佛山市区工作的人员购买周边镇街的住房。志愿组织将这些"新居民"纳入关爱和服务的范围，不论他们的户籍是否在佛山市，都提供爱心奉献、热情帮助。一方面，为他们解决周边交往、生活便利问题，提供志愿服务；另一方面，也发挥这些"新居民"的个性特长，吸引他们参与志愿服务，回馈社区。不少来自广州市等其他地区的"新居民"说，"佛山不仅环境好，人也热情友善，这里的志愿服务有氛围，乐于参加"。可见，发挥各种类型志愿工匠的积极作用，扩大服务人群、丰富服务内容，就能够帮助更多有需要的人，促进生活的美好幸福。

3. **社区和睦，志愿服务精细化**

在佛山市志愿服务工匠精神的传播中，也延伸到"软实力"、"软环境"的服务领域，致力于重建社区邻里守望关系，构建社区和睦友善氛围，引导社区居民友善相处、协商公益。如大沥镇志愿组织开展"相约榕树头"项目，通过志愿者的协调和引导，鼓励居民、村民在社区公共空间，围绕大家关心的、利益相关的事情进行讨论，既在沟通交流中互相了解、互相信任，也通过讨论过程传递党和国家的声音，解释法律政策、制度措施，发挥"红色传声筒"的积极作用。高明区通过开展"社工＋志愿者"的方式，以社区服务站为基地，走街串巷、走村入户，在了解困难情况、服务需求的同时，进行政策宣传、法规解读、措施说明，拉近了党组织与群众之间的关系。资深志愿者邱美娇，从自己做志愿者开始就非常注重体谅别人、理解别人。伴随志愿服务经历的增加，她本人也不断成长，从超市普通店员成长为主管、店长、片长（分管区域店铺）。借助这种经历和条件，她致力于本地居民与外来务工人员之间的沟通交流、合作发展，经常开展深入社区服务群众的活动，让居民看到外来人员志愿者的爱心奉献；也经常开展本地生活知识和习俗的宣传推广，让外来人员更快融入社区生活。这些"婆婆妈妈"、"琐琐碎碎"的小型化、多样化志愿服务，将友善互助的精神融入每一个居民和外来人员的心中，构建和睦友好的生活环境。

4. 文明习俗，志愿服务精致化

在佛山市创建全国文明城市的过程中，志愿服务的工匠精神发挥积极的作用。志愿者不是简单、机械地宣讲文明规范、文明准则，而是针对群众的需求和喜好，创造灵活生动的形式，设计丰富多样的项目，将文明礼仪融入群众的日常生活之中。禅城区祖庙街道志愿者协会与大学、中学合作，开展"文明导赏"、"志愿导游"服务，除了对文物古迹、旅游景点的宣传推介之外，还讲述社区的文明风俗、文化习俗，增进外来人员的了解、喜爱和本地居民的了解、珍惜。

南海区充分发挥志愿 V 站的"城市名片"、"公益形象"、"志愿好声音"等积极作用，通过志愿 V 站的平台做好文化传播，实现良好的社会效应。一是通过志愿 V 站广泛宣传党的宗旨，宣传国家的方针政策。党团员志愿者佩戴党徽、团徽，开展关爱和服务活动，传播党的为人民服务宗旨和以人民为中心理念。志愿者在奉献爱心、助人为乐的过程中弘扬社会主义核心价值观，倡导中华民族传统美德。二是通过志愿 V 站的服务与活动，传播"友爱、奉献、互助、进步"的志愿精神，吸引市民和外来人员参与志愿服务。南海区桂城文化公园 V 站的"军哥"，通过志愿文化的传播，吸引同是湖南省衡阳市的 160 多位老乡参加志愿组织，参与关爱服务。沙头文体公园 V 站通过开展广场舞、太极拳、DIY 手工制作、义卖、义剪、义诊、健康咨询、爱心量血压、家电维修、中华传统文化教学、法律宣传等活动，吸引很多路过、围观的人参与志愿服务。三是借助志愿 V 站的平台开展邻里守望、乡情关怀的文化传播服务活动。如有些志愿 V 站，针对志愿者有来自全国各地的务工人员等特点，定期开展"家乡菜"服务项目，即志愿者亲手做一些自己的家乡菜，包括湖南菜、四川菜、河北菜等，提供市民和路人品尝，既传播了各地区的文化习俗，也加强了市民与外来人员的融合。顺德区、高明区、三水区的志愿者，都根据文明生活的特点，结合本地文化习俗的魅力，建立不同特色的志愿服务团队，深入社区、农村开展宣传和服务，对于提高群众文明素质、生活品质具有很好的作用。

（三）培育志愿工匠，打造服务精专化

弘扬志愿服务工匠精神的时候，抓住最关键的环节，培育大批多类型、有影响力的志愿工匠，即具有专业知识和技能，善于组织和实施，开展针对群众需求、切实有效服务的志愿者。在各级党政部门支持下，团委联合文明办、民政局采取多种措施，给予激励推动，逐渐建设志愿工匠的人才队伍。

70多岁的资深志愿者陈中器是佛山"第一代"社区志愿者，亲历了志愿者从每家每户上门叫人，到社区几乎每周都有志愿者服务活动的变化。陈中器老人自身更是长期从事扶贫助学、扶助弱势群体的志愿服务，被评为佛山市杰出志愿者。青年志愿者则发挥专业技能帮助他人。王治勇是佛山一家小企业南海区狮山镇菠萝物流有限公司的总经理，2012年8月，他正式注册成立菠萝义工队，决心"用自己的能力，尽可能帮助他人"。五年里，他带领义工队先后参与各类救援活动400多起，直接救助群众2000余人次。王治勇荣获全国"最美志愿者"和"广东省道德模范"称号，荣登"中国好人榜"。志愿服务让学生从小就养成回馈社会的责任感，汾江中学初二学生霍诗桐作为塔坡文化导赏员，为30多名来自塔坡、福禄、普东、普西社区的家长和学生进行粤剧博物馆的导赏，"提升自己，帮助他人"。这就是佛山志愿者，用工匠精神传递乐善之光。

四 存在的不足

佛山市在弘扬志愿服务的工匠精神方面做出积极探索，取得

可喜的成绩。但是，面临党的十九大之后的新形势、新要求，特别是按照实现"两个一百年"奋斗目标的要求，按照"为人民对美好生活的向往而奋斗"的要求，就仍然要看到不足、看到差距，这主要表现在以下方面。

（一）志愿者能力提升依然是刚需

随着志愿者团队的不断扩大，志愿者培训的需求也不断增大，但由于志愿者分布广泛，较难保障广大志愿者能接受系统的专业培训，培训覆盖面略显不足，志愿者也希望可以有更多的机会与各地优秀的志愿服务团队进行经验交流。根据调查，佛山市志愿者需要提升的能力主要在两个方面。一是志愿者的组织管理能力。人数增多、人群聚集后，组织化发展是群体发挥正向作用的必经之路。不论是官方的架构完善的志愿服务组织，还是社区志愿组织，或是一线服务队伍，都需要进行内部管理、风险管理等工作。但佛山市现有的志愿服务组织普遍存在缺少专职人员、组织架构不完备等现象，尽管志愿服务组织中"能工巧匠"不少，但都不擅长组织管理。志愿服务骨干来自各行各业，服务年份长，但在组织管理上也普遍缺乏经验。在这样的情况下，志愿组织管理成为一大难题。对于志愿组织内部而言，如何提高管理能力，完善运行机制，是需要破解的难题。二是志愿者的项目管理专业能力。项目化运作是当代公益慈善实施的有效方式之一，做好服务项目运营是佛山市志愿服务发展的重点工作之一。在这样的发展思路下，一批优秀的项目出现，并且逐步品牌化，影响力进一步扩大，但项目的常态化和专业化依然不足，一些很受居民欢迎的服务没有形成项目，服务容易流失。受限于项目管理者和实施者本身的专业化水平，项目专业度的提升亟待进行。

（二）服务资源不足仍旧是瓶颈

资源是社会服务发展的重要因素，资源不仅包含资金，还包含了场地、渠道、人力等服务所需的资源。在佛山市志愿服务发展中，目前最直接表现为资金不足。一方面是志愿服务发展资金来源单一，主要是通过政府购买服务的形式落实资金保障，缺乏社会化和自我造血的意识。但由于城市化进程加速，佛山市处于各项事业发展的前端，城市与社区，群体与居民个体，出现了更加多元化的需求，对志愿服务发展的需要也急剧增加。目前较单一的资金支持形式，扶持力度相对不足，难以回应86万名佛山市志愿者的参与需求。另一方面是许多民间志愿服务组织对于如何申请志愿服务相关专项工作经费，参加各类公益创投等缺乏消息渠道，志愿服务活动经费来源本身就比较单一，还缺乏相关信息，志愿服务发展难以持续。在资金难以保障的情况下，场地、渠道、人力等服务资源更加不足，进一步制约了发展。

（三）激励机制单一，亟待完善

目前佛山市主要为志愿服务做出突出贡献的个人和组织提供激励保障，激励机制形式还比较单一，各个区都有比较好的尝试，但全市整体的激励机制还未形成，众多志愿服务的砥柱力量还未被激发并参与进来。

一是党员是参与志愿服务的重要力量。建立统一的党员志愿服务的激励机制,有利于进一步加强党员志愿者主动参与、乐于参与的意识,带动身边的亲属、同事、社区居民一起参与志愿服务,凸显党员的模范带头作用。但是在调查中了解到,佛山市多地实施入党积极分子、预备党员每年必须参与志愿服务50小时方能入党,倡议党员每年参与志愿服务时间不少于25小时的政策措施,让部分党员感到更多的是"行政命令",而非"自发参与"。经过各方的努力和推动,目前在一定程度上已让党员志愿者从"要我做"转变成"我要做",但整体的覆盖率仍有待进一步提高。

二是青年和爱心商家等社会人士的激励机制需进一步健全和落实,在社会上全面调动志愿者参与志愿服务的积极性。现有的佛山市志愿者守信激励机制和青年信用体系还未充分发挥出应有的作用。打造爱心商家联盟,整合更多社会资源激励志愿者,让守信的优秀注册志愿者在教育服务和管理、就业和创新创业服务、社会保障服务、金融与住房租赁服务、文化生活服务等方面享有一定便利、支持和优待,广泛动员社会力量参与守信联合激励行动。

三是已有志愿者队伍的激励机制单一。在走访过程中发现,很多志愿者和团队有督导的需求,而没有聘请督导的社区,在志愿者团队建设与管理、活动策划及组织实施、爱心资源整合以及项目档案归整方面,仍不够系统、规范。需要扩宽激励的多元化渠道,从志愿者实际的需求出发,通过为其提供服务的方式进行激励,建立起综合性强、方式多元的激励机制。

五 对策建议

（一）强化党对志愿服务的领导，深化"志愿者之城"建设，做好顶层设计与底层支撑

按照佛山市"志愿者之城"建设三年行动计划，到2018年将是第一期完成，第二期启动的阶段。在做好本期评估的基础上，新一期的"志愿者之城"需要突出三个重点。一是加强党对志愿服务组织的领导和支持，各级党组织积极联系各类志愿服务组织，引导志愿者提高思想认识、提升服务素质、弘扬工匠精神、做好关爱服务。二是加强全市志愿服务发展的顶层设计，将志愿服务工匠精神的发展，与社会经济发展、群众生活改善密切结合，提出切实可行、富有价值的规划目标。三是加强底层支撑。佛山市志愿服务发展的薄弱环节在社区和农村，特别是偏远地区的基层。为此，要通过加快建设"志愿V站"、"社区志愿站"、"农村志愿站"等方式，鼓励"社区+社工+志愿者"的形式，构建全覆盖基层的志愿服务网络。

（二）扩大志愿服务工匠精神的传播推广，加快建设市、区、镇街三级志愿工匠人才库

志愿服务的创新发展关键在于人才，建设各级志愿工匠人才库，有利于壮大志愿服务组织力量，提升志愿服务组织能力。一是要创新性理解志愿工匠的人才类型，将领军人才、专业人才、技能人才、实施人才等纳入视野，聚合资源、分类管理，充分发

挥每一类志愿工匠人才的积极作用。二是将志愿工匠人才库建设与佛山市工匠精神的建设与传播有机联系，将志愿工匠作为全市优秀工匠人才的一种类型，获得政策与资源的扶持。三是打造以志愿工匠为骨干的服务团队，组建各种类型的特色志愿服务组织，针对人民群众的不同利益需求，提供富有实效的服务。四是建设富有特色、灵活有效的佛山市志愿工匠培养教育系统，特别是要构建完善的志愿服务培训教育机制。

（三）推动志愿服务项目专业化发展，建立丰富多样的志愿服务特色类型

志愿服务的制度化、专业化、国际化，是未来一个时期的发展重点。佛山市在继续完善各类政策制度的同时，要着重推进专业化志愿服务组织发展与项目实施。要鼓励各类志愿服务组织进一步专业细化、服务细化。如党员志愿服务组织，可以根据不同党员的特长，组成不同的服务小队、小组；青年志愿服务组织，可以按照兴趣和特长，建立各种志愿服务社团；社区志愿服务组织，可以按照居民的技能和经验，成立各种服务"工作坊"；外来人员志愿服务组织，可以按照文化习俗和服务特长，组建富有特色的"乡情"服务团队。同时，加强高等院校、科研机构、专家学者与志愿服务组织的联系，及时提供智慧、知识、技术、信息，不断提高志愿服务组织专业发展的能力，有效针对城乡群众特别是困难群众的需求提供关爱和帮助。与此同时，一方面更多引进国际国内经验，在弘扬志愿服务工匠精神时丰富内容、提升境界；另一方面，要面向国际国内宣传志愿工匠的典型事迹、特色做法、

成功经验，引起国际国内关注，成为城市品格的组成部分，为佛山市赢得国际赞誉。

（四）构建社会化资金资源支持网络，促进志愿工匠的可持续发展

加大力度推进党领导下的志愿服务社会化，促进共建共治共享机制的建设，为志愿工匠的培养和发展提供良好的社会基础。一是建立"财政支持、企业资助、社会捐助"多元结合的志愿服务支持渠道，市、区、镇街三级在社会建设资金中，按照志愿组织、志愿者、志愿服务项目增长的需要，适当增加财政资金的支持。同时，鼓励工商企业、公益基金加大资助志愿服务特色项目、志愿组织工匠人才的力度。二是拓展专业资源、文化资源、场地资源、设施资源的支持，激励志愿组织利用各种资源开展专业化服务，激励志愿者获得社会回馈。

六　结语

得益于党政领导和社会各界组织的动员参与，在志愿服务积累30年经验的基础上，经过近年来的深耕细作，佛山市志愿服务在顶层设计、工作格局、体系建设、队伍管理、项目打造、文化宣传、激励机制等方面取得了新突破。在"志愿者之城"的发展机遇和新形势下，佛山市志愿服务也必将在深入的思考与实践中创建属于佛山市的志愿蓝图，推动佛山志愿服务法治化、社会化、国际化、专业化水平再上新台阶，继续保持佛山市作为全国

"志愿之城"试点城市之一的发展态势,乘风破浪,更上一层。

参考文献

［1］丁元竹,2014,《把志愿精神融入社会生活》,《光明日报》12月18日第11版。

［2］王亚煦、张晓冰,2014,《志愿服务社会功能的研究现状综述》,《社会工作与管理》第4期。

［3］廖恳,2012,《论志愿服务的社会功能及其形成》,《中国青年研究》第3期。

［4］谭建光,2017,《追求"美好生活"志愿服务大有作为》,《中国社会工作》第34期。

［5］汪彩霞、谭建光,2017,《改革开放40年与志愿组织的发展变迁》,《青年探索》第5期。

南海区慈善事业发展报告

陈曾悦

摘　要：《慈善法》颁布后，经济发达地区要进一步依法培育公民的慈善意识，推动企业履行社会责任，提升慈善服务品质。本报告简述了南海区在扩大志愿服务社会基础、提升慈善事业公信力、创新募捐形式、构建慈善文化方面开展的工作，并探讨了目前慈善事业发展仍存在的道德重建等三项任务。

关键词：慈善服务事业　慈善文化　慈善组织公信力

2017年是南海区补齐慈善公信力短板的关键年。借助《中华人民共和国慈善法》（以下简称《慈善法》）出台的契机，构建"恒、潮、乐"的慈善文化，创新多元化募捐形式，夯实社区慈善基础，联合慈善组织优化慈善资源传递路径，提升慈善服务质量，推动慈善行为的组织化、社会化、规范化、制度化，形成"人人皆慈善、事事可慈善"的大格局。

徐麟主编的《中国慈善事业发展研究》指出，慈善事业包含捐赠方、中介方（运营主体）、受赠方、外部环境（如慈善组织与政府的关系、与慈善事业相关的法律法规）四个基本的要素（徐麟，2005：28）。南海区以区慈善会、义工联为牵头单位，推动社会各界人士出心、出席、出钱、出力，为弱势群体提供资金、人力、服务等支持，慈善指数不断提升，市民的慈善事业参与度、支持度均显著提升。

一 资金捐赠情况

2017年南海区各级慈善机构共募集善款1.28亿元。[①] 募捐形式包括活动募捐、冠名基金、项目募捐，募集到的资金额度逐年递增，捐资的主体以企业为主，但志愿服务特别是社区志愿服务的氛围已经在南海区普遍形成。

（一）活动募捐情况

2017年南海区慈善会开展了"扶贫济困、恒善南海——2017广东扶贫济困日·南海慈善活动月"、"党员干部带头捐"、"莘莘学子一元捐"、"工会互助十元捐"、"一元捐赠一份心意街头捐"、"爱心书包送万家"等活动，募集资金约7900万元。[②] 募捐活动多为区级政府部门牵头推动，除启动仪式外，2017年区级没有大型的现场募捐。在镇级开展了"饭香刀民间厨神大赛暨慈善公益活

---

① 数据由南海区慈善会提供。
② 数据由南海区慈善会提供。

动"、"书画寄情,共襄义举"书画认捐义卖慈善活动、黄岐龙母巡游活动等。这与2016年区级牵头开展9场大型"慈善+"募捐活动形成鲜明对比,一是明确了区、镇两级错位,二是将运动式慈善转变为体验式慈善,三是更重视募捐与文化传播的统一。

(二)冠名基金发展情况

南海区自2009年设立冠名基金,截至目前已经有148支,2017年共新增冠名基金12支。冠名基金大多数为企业所设立,基金由企业以利润盈余设立,彰显企业社会责任。但近年来也陆续有民间团体申请设立冠名基金,且筹集的资金多以个人资金或向朋友众筹而得。多支基金在原有规模上增资,如丰树慈善基金连续第四年增资100万元;昭信慈善基金连续第六年捐款,2017年增资55万元;时利和慈善基金连续第三年捐款,2017年增资106万元。

(三)项目募捐情况

南海区慈善会建立了南海慈善阳光信息平台,并依托腾讯公益平台开展线上项目募捐工作。开展阳光种子库首批培育工作,集中在助学、助残、助老、助医、助困等领域推动社会组织设计项目,到相关平台开展募捐工作,并根据募捐情况配资,吸引社会组织积极参与。阳光种子库首批培育申报项目在腾讯公益平台共得到7892人次的爱心捐赠支持,截至2017年9月9日24时,22个本土慈善项目共筹得26万多元。[①] 从慈善阳光信息平台公布

---

① 数据由南海区慈善会提供。

的数据得知，2017年1月至2017年12月31日，个人通过微信、支付宝、农行在线等平台共捐资约18.85万元，这个数额比2016年增加了约6.93万元。

为有效测算普通市民对慈善的资金支持程度，对比了近三年的微信支付捐赠数据（微信支付于2014年6月上线），2015年共8552条捐赠数据（数额约13.21万元），2016年共2685条捐赠数据（数额约10.12万元），2017年共4201条微信捐赠数据（数额约18.40万元）[1]，三年中平均每笔捐赠额分别为15.45元、37.7元、43.79元，市民的慈善参与意识逐渐增强，对慈善的支持力度正在逐渐加大。

二 志愿服务情况

截至2017年12月，南海区志愿者近29万名、备案志愿服务队2000余支，其中党员志愿者近3.5万人，党员志愿服务队约1000支，年均服务群众超过100万人次。与2016年相比，志愿者总数增加2万人。[2] 区义工联以项目吸引志愿者，以能力建设培养志愿者骨干，以团队留住志愿者，构建"铁打的营盘"。

（一）培育志愿服务骨干

南海区开展区级"义·传·家"志愿者技能培训超过200场，

---

[1] 数据从南海慈善阳光平台获取。
[2] 数据由南海区义工联提供。

组织"寻找志愿品牌的力量"、"自我成长自我疗愈工作坊"等团建活动。2017年还重点开展"党员志愿服务领航人才培育计划",组织引导党员代表深度参与志愿服务活动。桂城志愿者学院开展近30期培训,覆盖近1000名义工骨干;西樵镇开展"志愿V站义工领袖培育计划";丹灶镇不断深化"义路同行"项目等,持续培养志愿服务中坚力量。

(二)简化服务参与路径

以"移动优先"思维重新调整"网站+微信+APP"的"互联网+"体系功能,借助微信小程序等技术,在省内率先实现通过手机完成"志愿者注册—志愿服务活动组织—志愿服务活动参与—志愿服务信息查询"系列流程闭环操作的目标。志愿服务参与门槛大大降低,有效提高广大市民参与志愿服务的热情与积极性,2017年星级志愿者是2016年的2.19倍,其中一星级志愿者人数上升230%[①]。

(三)打造社区志愿服务阵地

以社区为阵地打造志愿服务堡垒,实现社区志愿者常态服务社区有效循环。桂城街道翠颐社区开办志愿者免费参与的创益学堂;推动场室置换志愿服务计划;建立以志愿互助为特点的社区学院;切合居民需求,开展形式多样的学雷锋志愿服务活动。现有注册志愿者4355人,注册志愿者人数占社区常住人口的比例达

---

① 数据由南海区义工联提供。

29%，远超国内大部分城市。2017年翠颐社区被提名为"全国最美志愿服务社区"[①]。

三 慈善组织发展情况

慈善组织作为慈善捐赠的中介方，有必要对其基本情况进行分析，观察总体发展规模、行业协会引领力、行业公信力。

（一）组织发展情况

2017年12月南海全区社会组织共1807个，其中依法登记在册的社会组织1234个，已进行备案管理的573个。登记在册的社会组织中有社会团体510个，民办非企业单位724个。

在社会团体中有行业协会61个，工商经济类47个，公益慈善和社会服务类153个，教育类12个，文化类83个，体育类96个，法律类1个，宗教类1个，农业类4个，科技类2个，卫生类5个，其他行业性社团2个，其他学术性社团4个，其他专业性社团19个，其他联合性社团20个。

在民办非企业单位中有教育类468个，社会服务类152个，文化类51个，卫生类7个，体育类28个，科技类3个，工商业服务类5个，其他类10个[②]。

在志愿服务组织中，机关事业单位成立义工队119支，医院成

---

① 数据从"关爱桂城"微信公众号获取。
② 数据从南海区政府信息公开中获取。

立 21 支，学校成立 127 支，社区成立 379 支，企业成立 147 支，银行成立 12 支，另有宗教团体成立义工队 1 支[①]。

（二）行业协会引领力

南海区慈善会以"同心圆"形式发挥自身影响力，以自身建设、慈善志愿者队伍打造、活动、项目、立体宣传为路径，输出慈善文化，影响个人与组织。在自身建设方面，注重制度建设及能力培养，修订《南海慈善会章程》、《佛山市南海区慈善会秘书处工作制度汇编》，制定秘书处日常申请救助审批议事规则。打造6支慈善志愿者队伍，延伸区慈善会工作手臂。开展学习交流活动、募捐活动，持续影响慈善组织负责人及捐赠人。近年来更推动监事会单独召开监事会议，落实监事会贴身监督、知情监督、审计监督、舆论监督的"四个监督"职能，发挥其监督作用。

（三）公信力建设情况

目前南海区慈善会已经初步实现自律与社会监督，一是保障理事会与监事会的决策权，制定了《南海区慈善会提案工作操作指引》、《南海区慈善会重大事项表决办法》、《南海区慈善会监事会制度（暂行）》。2017年共召开理事会1次，监事会1次。二是财务公开，慈善会通过《南海善报》每季度公开一次收支情况、使用明细、审计报告，通过慈善阳光信息平台公布年度工作报告、捐赠明细、审计报告、支出明细、项目筹款情况。从公示的内容而

---

① 数据由南海区义工联提供。

言，自2017年开始不仅公示金额，还公示到每支具体冠名基金（定向捐赠）的资助方向，包括具体资助单位。三是增强捐赠者与受助者的交流互动，如通过设计"孝心礼包"等项目，安排爱心企业（个人）到受助群体中探访，了解善款的去向，增强捐赠者的信心。

四 慈善资金使用及服务发展情况

（一）资金使用情况

从2016年及2017年上半年善款收支情况看，南海区慈善捐赠资金支持的服务主要包括助学、助困、扶贫、公益设施、大病救助等。2016年收入善款6163.52万元，支出3312.25万元，收入比支出多2851.27万元。查询得知主要是冠名基金的收入比支出多2128.94万元[1]，这部分主要是冠名基金指定了用途，而且使用必须征询捐赠者意愿。2017年上半年收入2372.70万元，支出2645.75万元，收入比支出少273.05万元。冠名基金中助学类基金支出金额约930万元，资助困难学生6232人；助困类基金支出金额约650万元，资助人数4617人；资助公益慈善类项目及镇街、村、社区、医院公益设施等项目36个，支出金额约2340万元[2]。

（二）服务发展情况

就2016年、2017年资金使用情况而言，大部分资金直接资助

---

[1] 数据从《南海善报》第5期、第6期获取。
[2] 数据由南海区慈善会提供。

到个人或单位,诸如发放慰问金、学费、治疗费、奖学金等,并没有转化为直接服务,属于传统慈善。慈善资金直接支持的服务范围主要包括残疾人、困难长者、贫困家庭子女、单亲母亲家庭等对象。近年来也有冠名基金支持环保等工作,因为资金支持力度小、执行时间较短,目前还未形成品牌效应。

志愿服务方面涌现了大批优秀品牌项目,青年志愿者、社区志愿者、党员志愿者、企业员工志愿者成为志愿服务的常规军团,参与传统助学、便民服务、科普类、非户籍人口融入类服务,体现了志愿服务的草根性。近年来区义工联更打造了遍布周边的志愿V站,从志愿服务"神经末梢"出发,让居民对志愿服务更有获得感,将每个志愿者的零散时间整合为有效服务。有特色的是,志愿V站由志愿服务组织采用竞聘的形式承接运营,各志愿V站的志愿者人数约200人,年龄构成以30—50岁为主,主要提供交通指引、信息咨询、秩序维护、工具提供、应急救援等常态化服务,并根据地方实际和运营团队特长提供特色服务,发挥了个人专长,提升了志愿者服务热情,成为志愿精神的有效传播阵地。

五 慈善文化发展情况

慈善、公益、志愿三个行业在南海形成了有机的共生关系,老牌的慈善和志愿服务更是起到引领作用,形成了"恒、潮、乐"的慈善文化。

(一)恒常慈善

南海区慈善会曾先后提出过"人人可慈善"、"身体力行撑慈善"、"出心、出席、出人、出力"、"恒善南海"的口号,义工联也提出"尝尝义工,常常欢笑"的志愿服务口号,相应地设计了多层次的参与活动及服务,比如"慈善+运动"、"慈善+音乐"、"慈善+文化"等,捐赠也不限数额,激发不同人群的参与动力。近年来更通过冠名基金、众筹项目鼓励身边的人关注和参与,进一步影响各类群体,鼓励人人做慈善,持续做慈善。义工联也结合志愿者的兴趣和时间,设计了各类随手可做的公益项目,打造志愿V站作为固定平台,减少志愿者参与的时间成本,增强志愿者的归属感。

(二)潮流慈善

慈善会将新潮的活动与募捐进行结合,诸如号召规范行善的"晨曦善跑",推介丹灶古村文化旅游资源的"潮跑金沙岛",弘扬孝德文化的"万人徒步"等,将传统的募捐形式变得更新潮,除企业家外,还吸引了青年群体参与捐款。

(三)快乐慈善

为善最乐,慈善会利用各类平台开展宣传活动,宣传南海区提供慈善服务的个人和组织,组建相关志愿服务队伍,传播快乐行善的正能量。义工联也定期举办南海义工文化节,鼓励志愿者互相交流,并表彰优秀志愿者及志愿团队。区慈善会还提供各类慈善体验活动,让市民能够感受慈善之乐。

六 新时期南海区慈善事业发展面临的挑战

虽然目前南海区募捐金额、志愿组织、社会组织发展均已远超大多数城市，但离国内先进城市仍有较大差距。《慈善法》实施后，慈善组织开展捐赠、服务均需依法执行，慈善会及相关社会组织需要进一步加强自身建设，提高服务能力，从而应对新时代已经发生变化的社会主要矛盾。

（一）道德重建将成为重点任务

目前南海区的捐赠额约占 GDP 的 0.04%，志愿者约占常住人口的总数 10%，相关数据的平均值未显著超过国内平均值。很多企业捐赠者看重的是捐赠带来的社会影响和广告效应，捐赠有临时性和短暂性，即遇到影响较大的自然灾害或社会上出现影响较大的疾病等问题时，公民或企业才纷纷伸出援助之手。另外，由于南海区城市化进程加快，原有社会结构解体，原先社会中依托祠堂等建立的慈善文化正在逐步消失，但当今社会仍未建立能有效凝聚慈善文化的载体。

南海区经济持续发展，部分村民因为拆迁获得了大量财富，也有部分民众借助改革开放的东风在市场中获取了大量财富。部分"先富起来的群体"所持有的财富观，影响了社会风气。南海区目前的企业大多数为中小企业，企业的社会责任意识还比较淡薄。慈善文化不仅是简单的吸引人参与、吸引人捐资，更应当起到移风易俗的作用，让民众人心向善，培育慈善的沃土。

（二）慈善捐赠仍需转化为服务

目前慈善服务仍以直接资助为主，并没有将资金转化为针对人群的发展性服务，部分资助对受助者而言属杯水车薪。在推动科学、文化、卫生、体育等事业发展,保护和改善生态环境等方面的慈善资金仍不足。依托现有募捐渠道对企业资源的挖掘已经到了瓶颈期,依托有趣、有质量的项目对公众捐赠进行挖掘将是下一个"蓝海"。

(三) 慈善服务组织还需加强能力建设

一是社会组织的服务能力有待提升。目前南海区的社会组织普遍成立时间较短,从业人员流动频繁,西部片区严重缺乏社会服务人才。二是要结合南海区的社会问题,深入社区做好调研工作,以社区为基础,整体设计项目,系统培养社区内慈善意识,解决弱势人群面临的社会问题,培养社区能力。

参考文献

[1] 李馨,2009,《中国特色慈善事业发展现状及对策研究》,硕士学位论文,新疆大学。

[2] 袁彦鹏、陈小德、田丽君,2017,《2016—2017浙江慈善事业发展状况评估与分析报告》,《中国民政》第18期。

[3] 王坤钟:《基于政府管理角度的我国慈善事业发展促进机制研究》,硕士学位论文,华南理工大学。

[4] 徐麟,2005,《中国慈善事业发展研究》,中国社会出版社。

顺德区慈善事业发展报告

熊冬平

摘　要：顺德地区的民间有着深厚的慈善文化历史，慈善传统源远流长。近年来，政府在政策保障、资源投入等方面不断加大支持力度，在政府整体的引导带动下，社会多元主体积极参与，社会资源加速进入公益慈善领域。顺德地区公益慈善事业的发展，既有与全国同步的大趋势，例如社会组织的蓬勃发展、组织专业化水平的不断提升、社会捐赠的快速增长，但又呈现自身特色。华侨慈善、完善的三级慈善组织系统、多方推动的公益创投、企业家慈善创新、民俗文化与慈善融合创新等是顺德区公益慈善的鲜明特色。无疑，顺德地区是一片公益慈善的热土，有着支撑公益慈善事业发展的良好社会土壤，也正在经历着公益慈善事业的飞速发展。

关键词：华侨慈善　善经济　慈善创新　社区振兴　公益创投

一 顺德区慈善公益事业发展概述

顺德区的民间有着深厚的慈善文化历史，慈善传统源远流长，本土的企业家乐善好施，并热衷于以自己的成就回馈家乡，慈善资源丰富。自2011年政府推动社会体制综合改革以来，顺德区的社会组织无论在数量上还是在服务能力上，都有了快速的发展。当前阶段的顺德区，正在经历从传统慈善向现代公益的转型。既有高瞻远瞩的战略慈善家，立足顺德区塑造中国慈善新格局，也有扎根社区的一线实践机构，默默耕耘为顺德区带来缓慢的积极改变。

顺德区公益慈善事业的发展，既有与全国同步的大趋势，例如社会组织的蓬勃发展、组织专业化水平的不断提升、社会捐赠的快速增长，但又呈现自身特色，华侨慈善给这个城市的教育系统、卫生系统、公共服务设施打上深刻的烙印，侨捐项目遍布10个镇街。商协会系统积极参与本土公益，通过冠名基金等形式支持公益发展。每年的商协会年会，一般都会举办慈善春茗大会，至今已蔚然成风。三级慈善的组织系统完善，区—镇—村三级慈善组织数量超过200个，但也面临新的发展机遇与转型要求。群团组织改革卓有成效，基层联动的组织网络及服务动员能力大大改善。基金会在市辖区中"独树一帜"，数量独领风骚，前沿的慈善创新也在逐步付诸实践，慈善信托、社区基金会、社会影响力投资都在这片土地上寻找生长的土壤。在传统慈善向现代公益转型的背景下，公益慈善元素与传统民俗的融合创新，给人耳目一新的体验。无疑，顺德区是一片公益慈善的热土，有着良好的社会土壤，也正在经历飞速的发展。

二 顺德区社会组织发展情况

（一）社会组织总体发展情况

截至2017年12月，在顺德区民政部门登记的社会组织为1731个，其中民办非企业单位898个，社会团体825个，基金会8个。相较于其他地区，顺德区社会组织发展呈现的特色包括：一是商协会系统发达，商协会数量为309个；二是三级慈善的组织系统完善，包括1个区级慈善会，10个镇（街道）慈善会，204个村（居）福利会。

（二）基金会发展情况

顺德区民营经济发达，有众多愿意回馈乡土、具有社会情怀的本土企业家。近年来，无论在整个中国，还是在顺德本土，企业家发起成立基金会日渐成为一种趋势。根据基金会中心网发布的数据，自2010年以来，顺德区本土基金会[1]快速发展为19家（含1个基金会顺德办事处），2017年新增4家，《中华人民共和国慈善法》出台以来，基金会的数量正在加速增长。其中在广东省注册的基金会为10家，在区级登记的基金会8家。19家基金会的工作领域涵盖养老、文化保育、社区发展、教育、残障人士扶助、

---

[1] 本报告所界定的顺德本土基金会指的是办公地点设立在顺德区的基金会，其具体业务可能是全国范围的。

扶贫济困、创新创业等方方面面,逐步形成善耆养老院、和园、碧桂园职业技术学院等大型慈善品牌项目。企业家的慈善创新,催生了国内目前最大的社区基金会,广东省国强公益基金会成为精准扶贫的行业标杆,创新创业公益基金会探索对社会创业、社会影响力投资的支持,慈善理念及对本土公益慈善产生了巨大的影响。作为一个非省会城市的市辖区,基金会无论在数量还是在体量上都非常突出(见表1)。

表1 顺德区基金会(办事处)一览

序号	名称	注册时间(年)	注册资金(万元)
1	佛山市顺德区教育基金会	2004	10653
2	佛山市顺德区职工解困基金会	2004	1384
3	广东省顺商公益基金会	2011	220
4	广东省德耆慈善基金会	2012	200
5	广东省顺德职业技术学院教育发展基金会	2012	200
6	广东省国强公益基金会	2013	1000
7	广东省和的慈善基金会	2013	5000
8	广东省圆梦慈善基金会	2013	200
9	广东省陈村丽成慈善基金会	2014	200
10	香港顺龙仁泽顺德办事处	2009	—
11	顺德区逢简社区建设基金会	2014	200
12	顺德区广东碧桂园学校教育基金会	2014	200
13	顺德区胡锦超职校胡锦超教育基金会	2015	240.27
14	顺德区德威慈善基金会	2015	200
15	顺德区榕树头村居保育公益基金会	2016	200
16	顺德区广意昊爱慈善基金会	2017	200
17	广东省德胜社区慈善基金会	2017	800
18	顺德区创新创业公益基金会	2017	200
19	顺德区创展公益基金会	2017	200

(三)志愿服务组织

全区注册义工超过13万名,并建成3个义工学院,举办"义创行动",培育和扶持具有示范性和创新性的特色志愿服务项目,推动志愿服务常态化、专业化开展,共扶持项目38个,提供专项扶持金额51万元。区义工联一直秉承"奉献、友爱、互助、进步"的精神,围绕顺德区经济社会发展大局及佛山市"志愿者之城"建设要求,积极扶持发展志愿服务组织。全区在广东省"i志愿"平台注册的志愿者人数为87935人,累计服务时间为156231个小时。

四 慈善募捐与捐赠情况

(一)社会捐赠及公益支出

1. 慈善会系统及民政部门

2016年,慈善会系统及民政部门接受的现金捐赠共15688.79万元,慈善会系统的冠名基金蓬勃发展,从2014年的84个快速增长到164个,两年间增加了接近1倍。2016年慈善会系统公益支出为9992.13万元。

2. 基金会

据不完全统计,2016年,顺德区基金会接受的社会捐赠为6.62亿元,公益事业支出为5.57亿元。

3. 福彩事业

2016年,顺德区福彩公益金本级留存总额为7097万元,公益支出为6497万元，公益支出主要用于福利事业、教育事业、残疾人事业、医疗救助方面（见表2）。

表2　顺德区福彩公益金2016年公益支出情况

序号	支出类别	项目数量	公益支出额（万元）
1	社会福利事业	21	4343.43
2	教育事业	1	33
3	残疾人事业	2	1181.03
4	城乡医疗救助	1	940

（二）网络募捐的探索与发展

我国个人小额捐赠迅速发展，网络募捐被誉为"慈善金矿"，公众小额捐赠近年来快速增长。自2014年以来，顺德区社会创新中心探索开展联合劝募活动，以"徒步+筹款"的方式，联合本土需要筹款的优秀项目开展联合劝募，先后开展公益徒步、"99公益日"互联网筹款活动。"顺德区社会创新·我能行"公益徒步2014—2016年已连续举办三届，筹募金额持续增长。从筹款金额来看，从首届公益徒步的20.02万元，增长到第三届的93.35万元，增长了366%，三年累计筹款179.34万元，为78个本土公益项目提供社会资源支持。2017年，与顺德区妇联主办的第四届"3861"创投大赛配套的公益徒步筹款活动，2017年筹款金额达到275万，参与捐赠达4.9万人次。同时，2017年首次尝试组织顺德本土公益项目参与腾讯"99公益日"筹款，49个项目共筹集114.37万元，参与捐赠超过1.6万人次（见表3）。通过历年的探索与尝试，顺德区开启了本土公众小额捐赠的尝试，但筹款产品的创新也成为一个迫切需要解决的问题。

表3 2014—2017年联合劝募捐赠数据统计

年份	筹款活动	联动项目（个）	现金捐赠（万元）	捐赠人次
2014	社会创新·我能行公益徒步	38	20.02	250
2015	社会创新·我能行公益徒步	17	65.97	6737
2016	社会创新·我能行公益徒步	23	93.35	15333
2017	第四届3861妇女儿童创投大赛公益徒步	58	275.00	49000
2017	顺德地区"99公益日"联合筹款活动	49	114.37	16000
合计		185	568.71	87320

随着顺德区内公益组织参与筹款的经验不断丰富，慢慢出现明星筹款项目，例如顺德区一心社会工作服务中心在2017年腾讯"99公益日"上发起"为百户老人换马桶"项目，为顺德区内有如厕难的困难长者（低保、低保临界、事实困难）进行厕所改造。共筹得款项23.46万元，共有7家企业、28支团队、5000余人捐款，成功将公益组织在服务项目开展中的受益对象、企业合作伙伴转化为项目捐赠人，体现了强大的动员能力。顺德区青年企业家（青商）协会在2017年腾讯"99公益日"上发起"别样青春结伴行"项目，筹款27.57万元，参与捐赠超过1473人次，是企业家参与互联网小额捐赠的新尝试。

五 顺德区慈善公益事业发展的特色

（一）公益创投的蓬勃发展

自2012年以来，顺德区公益创投的举办主体越来越丰富，从政府部门顺德区社会工作委员会、顺德区民政和人力资源社会保障局到群团组织（工会、团委、妇联、残联）再到慈善会和基金会，纷纷举办公益创投，资金规模达到9076.16万元，其中社会资金共计1922.21万元，累计扶持项目878个①。五年来，参与主办公益创投的主体越来越多，以创投作为牵引，推动了公益慈善项目的孵化，推动了社会组织的培育，促进了政府和社会组织的联动与合作。

值得关注的是，相较于国内其他地区，顺德区的公益创投呈现了极具多样性的探索。一是群团组织主办的公益创投更加关注群团组织基层的组织系统建设、基层阵地建设，通过小额创投资金激励基层组织"动"起来、服务"活"起来，在组织培育上的效果突出。二是政府主导的公益创投在申报主体的设定上向所有组织开放，包括镇（街道）职能部门、企事业单位、村（居）自治组织、社会组织，在公益创投这个平台上让不同体系的组织产生关联、促进对话进而催生合作，关注通过创投项目资金引导基层政府、村居自治组织、事业单位接受社会工作、社会创新、多元合作等理念，促进整个公益发展环境的改变。三是基金会资助的创新。基金会的项目资助设计、资助项目伙伴关系的理念、非限定性资助的探索等，都为地区公益创投带来新的探索和启发（见表4）。

表4 顺德区内公益创投计划（2012—2017年）

序号	创投计划	年份	主办方	资助总额（万元）	项目总数（个）
1	顺德区公益创新大赛	2012	顺德区民政和人力资源社会保障局	1870	121
		2014	顺德区民政和人力资源社会保障局		
		2016	顺德区民政和人力资源社会保障局、区妇女联合会、共青团顺德区委员会、顺德区新顺德人协会		

---

① 工会、团委、妇联扶持的项目以小额项目为主，另基金会扶持的青年公益项目亦以小额项目为主。

续表

序号	创投计划	年份	主办方	资助总额（万元）	项目总数（个）
2	本土公益支持计划	2014	广东省和的慈善基金会（广东省何享健慈善基金会）	981.41	185
		2015	广东省和的慈善基金会（广东省何享健慈善基金会）		
		2016	广东省和的慈善基金会（广东省何享健慈善基金会）		
		2017	广东省德胜社区慈善基金会		
3	顺德区镇（街道）社会创新项目评选	2012	顺德区社会工作委员会	2500	76
		2013	顺德区社会工作委员会		
		2014	顺德区社会工作委员会		
		2015	顺德区社会工作委员会		
		2016	顺德区社会工作委员会		
4	顺德区社会建设众创共享计划	2017	顺德区社会工作委员会、顺德区民政和人力资源社会保障局	1318	63
5	同行善计划	2014	顺德慈善会	676.8	43
		2015	顺德慈善会		
		2016	顺德慈善会		
6	"顺工·益"职工服务创投大赛	2015	顺德区总工会	148	109
		2017	顺德区总工会		
7	顺德区"3861"妇女儿童公益创投大赛	2014	顺德区妇女联合会	665.95	146
		2015	顺德区妇女联合会		
		2016	顺德区妇女联合会、顺德社会创新中心		
		2017	顺德区妇女联合会、顺德社会创新中心		
8	顺德区青年益创行动	2014	共青团顺德区委员会	416	104
		2015	共青团顺德区委员会		
		2016	共青团顺德区委员会		
		2017	共青团顺德区委员会、顺德区文明办、顺德社会创新中心、顺德青年企业家（青商）协会		

续表

序号	创投计划	年份	主办方	资助总额（万元）	项目总数（个）
9	残疾人就业保障金扶持社会力量开展残疾人就业项目	2015	顺德区民政和人力资源社会保障局（区残疾人联合会）	500	3
		2016	顺德区民政和人力资源社会保障局（区残疾人联合会）		15
		2017	顺德区民政和人力资源社会保障局（区残疾人联合会）		13

（二）华侨慈善

顺德区拥有50多万名港澳同胞和海外乡亲，改革开放以来，顺德区旅外乡亲发扬爱国爱乡热忱，源源不断捐钱、捐物支持家乡各项福利事业的发展。截至2017年，顺德区接受侨捐总额为21.54亿元人民币，捐建项目过千个，涵盖了教育、文化、体育、卫生、敬老慈幼等各个方面，极大地推动了顺德区经济建设和社会事业的发展（见表5）。

表5 顺德区侨捐金额统计（2014—2017年）

序号	年份	捐赠总额（万元）	备注
1	2014	7983.769	
2	2015	4245.7691	含物资捐赠
3	2016	2445.7032	
4	2017	3645.0551	

自2005年起，顺德区政府已对华侨捐赠比例占25%以上或以个人名字命名且捐赠额在10万元以上的225个项目分四批进行了侨捐项目确认，其中超过60%为学校（包括幼儿园、小学、初中、高

中、职业技术学校）捐建项目，27%为文化、体育、长幼康乐设施（含公园、社区服务设施），10%左右为医疗服务设施捐建项目（含区属医院、镇街医院、社区卫生服务中心），侨捐项目涵盖所有10个镇（街道）。表6为侨捐金额在1000万元以上的捐赠项目，大额捐赠主要发生于20世纪90年代。近年来，侨捐的传统依然延续，很多顺德区学校的校董会均有港澳乡亲参与，很多港澳乡亲在慈善会系统设立专项基金，继续支持顺德区公益慈善事业的发展。

表6 历年来顺德区侨捐项目（1000万元以上）

序号	侨捐项目	捐赠金额（万元）	捐赠时间	捐赠人
1	捐建顺德区郑裕彤中学	8000	1994年	郑裕彤
2	捐建顺德华侨中学	2000	1999年	
3	捐建顺德大学	5000	2000年	
4	捐建郑何义夫人纪念医院	1500	2001年	
5	捐建顺德李兆基中学	8000	1994年	李兆基
6	捐建顺德华侨中学	2000	1999年	
7	捐建顺德大学	5000	2000年	
8	捐建顺德大学	2000	2000年	翁祐
9	捐建顺德区大良街道梁开中学	1000	1990年	梁何八
10	捐建李伟强医护学校	1000	1994年	李伟强
11	捐建伍仲佩纪念医院	1000	1994年	伍宜孙、伍絜宜
12	捐建龙山聚龙医院	3300	1993—1994年	黎君刚
13	捐资开发陈涌聚城大道	2000	1993—1995年	
14	捐建龙江陈涌康乐中心人工湖	2000	1997年	
15	捐建龙江镇紫云公园	1000	1997年	何杰文
16	捐建顺德区陈登职业技术学校	1000	1997年	陈登

（三）商协会系统的慈善参与

根植于顺德地区繁荣的民营经济，商协会系统发达，有着

"无业不会"的说法，截至2016年，顺德区全区有商协会共计309个。顺德地区的商协会不仅在行业治理方面发挥举足轻重的作用，且由于其会员主要以本土民营企业家为主体，回馈乡土的意识强烈，商协会在本土慈善参与方面非常积极。不少商协会在内部或慈善会系统设立了专项公益基金（冠名基金），例如陈村总商会在陈村慈善会设立了700万元的专项基金，杏坛塑料商会、容桂总商会、顺德区青年企业家（青商）协会等均设立了规模达数百万元的公益基金，联动会员企业参与公益，在促进企业家参与公益方面发挥非常具有建设性的作用（见表7）。商协会通过年度慈善春茗（慈善拍卖）为专项基金筹款蔚然成风。例如，2017年容桂总商会慈善春茗为商会公益慈善基金当晚共筹善款364万元。

表7 顺德区商协会冠名基金（慈善会系统）

序号	冠名基金	序号	冠名基金
1	杏坛塑料商会扶贫助学基金	12	大良青企协关爱青少年成长基金
2	容桂高协专项扶助基金	13	澳门顺德总商会残疾人再就业扶持基金
3	顺德区容桂餐饮行业协会慈善基金	14	大良总商会彩虹桥关爱基金
4	伦教高尔夫球协会慈善基金	15	陈村高协蒲公英助学基金
5	顺德区龟鳖养殖协会慈善基金	16	陈村花协慈善基金
6	龙江总商会"博爱慈怀"慈善拍卖基金	17	陈村总商会慈善公益基金
7	龙江乒协发展慈善基金	18	杏坛总商会慈善基金
8	龙江镇龙舟协会慈善基金	19	顺德区照明电工协会爱心基金
9	勒流总商会慈善基金	20	顺德区机动车维修行业慈善基金
10	顺德区女子高协爱心基金	21	容桂零售服务业协会"大爱容桂"基金
11	乐从镇女企业家协会公益种子基金		

注：以上商协会专项基金仅为部分数据。

六　慈善氛围营造与慈善创新

（一）善经济与社会企业的发展

顺德区民营经济发达，秉持"财富取之于社会，用之于社会"的财富观，企业家的创新精神历来是慈善创新的重要推动力量。顺德企业家的格局观和对新事物的开放度，催生了企业家的慈善创新。2017年，在顺德这片土地上诞生了何享健家族60亿元家族慈善计划、国内最大的慈善信托、碧桂园集团精准扶贫的行业标杆，以及对社会性创业的支持、对社会影响力投资的摸索，无一不体现了企业家慈善的新视野，也为我们在传统捐赠之外打开了关于未来慈善事业发展新的空间。

1. 社会创业的支持及社会影响力投资的探索

2017年1月，在顺德区委、区政府及顺德企业家的推动下，顺德区创新创业公益基金会于区民政部门注册成立。首期由何享健先生捐赠3亿元人民币作为启动资金，用于支持顺德青年人才创新创业发展。基金会成立后启动了"种子资助计划"，预计每年投入1500万元，资助不少于30个青年创业家或团队，单个项目资助额度70万元。基金会倡导"未来始于创新，青年立业为善"、"社会理想和商业效益齐头并进"的资助理念，通过向青年创业者无偿提供种子资助的方式，鼓励青年人勇于创新，搭建新的商业模式，从而弥补市场不能解决、不愿投入的空白地带，推动社会创新，引领企业向善，促进美好顺德建设。加速支援计划及社会价值投资计划将根据实际适时推出，也将带动更多风险资本支持社会目的型组织。

2. 顺德区社会企业发展的探索

社会企业是一种新型的组织类型，用商业手段解决社会问题，属于社会经济的一种实践类型。顺德区因应社会建设和农村发展相对滞后的社会现实，借鉴全球经验，率先于2012年推进社会企业的试点工作，通过公益创投扶持具有社会企业模式的项目。2014年9月，法定机构顺德区社会创新中心出台了国内首个社会企业认定标准，2015年6月，在国内率先开展社会企业认定工作。2016年6月，中心发布了修订版的支援计划，降低社会企业准入门槛并实行分级制认定。经前后两次认证，顺德社会企业（含观察社会企业）已达到20多家，服务领域从早期以助残为主扩展到公共安全、文化教育、社区营造、国际交流等多个领域。统计数据显示，顺德区社会企业注册资本总计525万元，2017年营业收入966万元，提供113个就业岗位（其中35人为残障人士）。虽然顺德区的社会企业从产值、就业人数等方面来看还比较弱小，但具有良好的发展势头。在顺德区，社会企业正以其独特魅力吸引越来越多企业家和公益人士的加入。

（二）公众慈善文化倡导："善行顺德·慈善周"

自2017年开始，为弘扬慈善精神，庆祝中华慈善日，由顺德区社会创新中心、顺德慈善会、顺德区社会服务联会、顺德区社会工作者协会等枢纽组织联合顺德本土媒体举办的"善行顺德·慈善周"大型活动，通过开展形式多样的全民性活动，助力顺德区迈向慈善新时代。活动主要包括：向公益实践者致敬的"2017年度公益慈善榜单评选"及"公益慈善致敬仪式"；为顺德区49个公益项目筹款的"99公益项目联合募捐"行动及"品善餐券"餐饮企业爱心捐赠行动；呈现多元化公益案例和前沿思维的"中国好公益平台顺德路演会"及"寻找顺德社会商业（善经济）行动发布会"；发动市民认识、支持、参与的"联塑特约·2017公益嘉年华"及"慈善周伦教专场"等。随着"善经济"时代的来临，慈善不再是单纯的理念，更将成为一种生活方式。

自2017年6月26日启动年度公益慈善榜单表彰征集，到9月9日全民公益盛事"99公益日"的落幕，慈善周系列活动得到了来自政府、企事业单位、社会组织、公益团体以及个人的积极参与和鼎力支持，推动形成多元主体参与的系列活动。正如顺德区人民政府副区长蔡伟在致敬仪式上所寄言的那样，"上善若水，让慈善像水一样能够持续、渗透社会方方面面，让更多人能够受惠"。"善行顺德·慈善周"大型慈善宣传活动期间，通过捐赠、票选、慈善颁奖仪式、现场公益体验活动等形式参与慈善周活动的普通市民超过20000人次，"善行顺德·慈善周"成为顺德地区的年度公益慈善品牌活动，搭建了市民了解和认知本土公益的平台。

（三）民俗文化与慈善的融合创新

"一社自有一社的土地，一坊自有一坊的神祇，与历史上乡村的经济生活合拍，民间信仰发挥并延展开创出了强大的社会文化功能。"顺德地区大型民俗活动包括容桂和龙江的"观音开库"、均安的"关帝出游"、仕版的"城隍庙诞"、勒流的"龙眼点睛"

活动等，在村（居）民中有着强大的影响力。近年来，在政府引导、社会组织积极接力参与下，部分传统民俗活动融入了新的慈善元素，民俗活动被赋予新的慈善含义，公益组织也借助民俗活动在社区的影响力创新慈善参与形式，带动更多普通市民参与。

例如容桂慈善会近年来着力打造的"观音华诞，甘露同沾"慈善斋宴，将传统观音文化与慈善元素融合，融合慈善斋宴认购和慈善拍卖，已经连续举办三届。在"观音开库"活动中，容桂慈善会联合当地公益组织参与义卖，通过"生菜会"慈善斋宴开展公众筹款。仕版城隍庙作为广东三大庙之一，农历四月十三日是仕版城隍庙一年一度的"庙诞日"，吸引众多村民参与。庙会组织有文化底蕴、有资源、有影响力，但缺少年轻人参与，缺少法律支持，缺少现代公益理念；而社工组织有理念、有方法、有资源、有热情，但是不了解农村，也难以为社区所接纳。双方通过交流互动达成相互理解与信任，通过合作形成优势互补。文化与公益的结合，不仅增强了社区的归属感，也激发了人们参与社区公益的热情，为传统庙会赋予新的精神内容，学者尹春涛称之为"旧神新社"。同样的慈善元素也出现在"关帝墟"活动，结合公共艺术、民艺体验、生活美学、集体创作和粤剧体验等形式，丰富了传统的民俗活动，也丰富了现代公益的影响路径。

七　新时期顺德区慈善公益事业展望

（一）打基础：现代公益慈善人才培养

随着政府投入的不断加大，以及社会资源向公益慈善领域的持续流入，顺德地区也正在经历传统慈善向现代公益的转型。"基础不牢，地动山摇"，作为一个正在日益兴起的领域或行业，支撑其发展的人才队伍至关重要。2014—2017年，从汇贤社会创新人才计划、社工人才培育计划到系统性的人才培养计划（顺德公益慈善研修班）、基层治理领军人才培养计划（顺德）高级研修班以及筹建中的顺德区社工学院，都显示了无论是政府还是基金会，对行业人才培养问题都有着高度关注与支持。只有多方协力为顺德本土培养具有系统的思维、扎实的专业技能、优秀的领导力和行动力的人才队伍，才能将顺德地区的公益慈善传统优势、资源投入优势转化为专业优势、服务优势，进而带来更大的社会改变。

（二）探新路：社区振兴战略

近年来，"社区"被社会多元主体高度重视，"社区营造"一时间成为一个热门概念。按照清华大学社会学系教授罗家德的界定，"社区营造"就是要政府诱导、民间自发、NGO帮扶，是社区自组织、自治理、自发展，帮助解决社会福利、经济发展、社会和谐发展中存在的问题。在这个过程中提升社区的集体社会资本，达到社区自治理的目的。社区发展（营造）的过程，会涉及多元社会主体的参与。无论是十九大报告提出的"乡村振兴战略"，还是近年来顺德区一直探索的社区营造，以及即将启动的"村企共建"、基层治理行动计划等，都彰显了社区的重要性。

自2013年以来，顺德区社会工作委员会借鉴中国台湾地区、香港以及日本等国家和地区的经验，结合顺德基层社区发展的实际，选择城市社区、城乡接合部社区、农村社区三种类型的试点，探索推动社区在顺德区的落地生根，推动社区善治。2016年9月，在总结几年来社区营造试点的基础上，顺德区社会工作委员会出台了全国第一个县区级社区营造官方指导文件，通过将示范点建设及验收作为抓手，推动社区营造融入基层治理体系。2017年5月，广东省德胜社区基金会成立，顺德本土民营企业家何享健先生捐赠5亿元现金设立"顺德社区慈善信托"。2017年12月，顺德区第一批社区营造示范点验收公示，基层治理领军人才培养计划（顺德）高级研修班启动。我们可以清晰地看到"社区"在顺德区的社会治理、公益慈善发展中的重要地位。顺德区相关政府部门、基金会相继从资金支持、政策出台、人才培养等维度关注社区。可以预期，未来"社区"将成为公益慈善的主战场，也为行业实践带来了绝佳的机会与巨大的空间。

附 录

佛山市建设"乐善之城"行动计划（2018—2020年）

为贯彻落实《中华人民共和国慈善法》、《国务院关于促进慈善事业健康发展的指导意见》（国发〔2014〕61号）和《广东省人民政府关于促进慈善事业健康发展的实施意见》（粤府函〔2015〕285号），促进我市现代慈善事业发展，制订本计划。

一 建设基础

市委、市政府高度重视慈善事业，将其纳入文明城市建设的重要内容，2014年以来，先后作出了建设"乐善之城"和"志愿者之城"的战略部署。到2017年，全市有社会组织6335个，专业社工9134人；注册志愿者超过86万人，占常住人口比例为11.5%，累计志愿服务时数超过1800万小时；2015年、2016年全市慈善捐赠额约为6.95亿元和7.08亿元，分别占GDP的0.08%和0.08%。作为一座历史文化名城，佛山慈善文化根基深厚，佛山人历来具有行善积德、帮扶襄助的传统美德，民间、民俗慈善氛围活跃，"行通济"和"生菜宴"等传统慈善活动源远流长。近年来，随着经济社会发展和政府有力推动，市民现代慈善意识不断增强，社会各界的慈善参与热情日益高涨，在一大批爱心企业和企业家的示范带动及直接参与下，"行通济"、"创益合伙人计划"、企业基金会、慈善信托等创新的慈善活动和捐赠方式层出不穷，我市的慈善事业呈现蓬勃发展的良好态势。2016年底，中国慈善联合会发布了第四届"中国城市公益慈善指数"排名，佛山综合指数在全国256个城市中居第23位，在广东省排第4位，我市建设"乐善之城"的基础条件已经成熟。

二　发展定位

以党的十九大精神和习近平新时代中国特色社会主义思想为指导，以解决人民日益增长的美好生活需要和不平衡不充分的发展之间的矛盾为出发点，以依法治善、以法促善为引领，以把佛山建设成为在国内具有一定影响力的"乐善之城"为目标，围绕率先全面建成小康社会和加快建设社会主义现代化的战略部署，以及践行社会主义核心价值观和深化文明城市建设的要求，发挥慈善事业对基层和社会治理的积极作用，对保障和改善民生的补充作用，促进社会公平和共享发展，维护社会和谐。坚持政府引导、社会实施、公众参与，坚持鼓励支持与规范管理并重，广泛动员社会力量，激发公众参与热情，推动形成具有佛山特色的全民慈善、快乐慈善、阳光慈善、高效慈善、共享慈善的现代慈善事业发展新格局,让慈善成为"更高质量的民生幸福城市"的亮丽名片。

三 发展战略

(一) 创新驱动

积极先行先试,探索改革慈善事业发展的体制机制;发挥市场在慈善资源配置中的积极作用,创新善款募集方式和慈善资金管理运作模式,创新开展公益慈善项目;充分发挥基层积极性、主动性、创造性,赋予民间慈善更大的活动空间和自由,弘扬善举,打通善道,优化慈善事业发展环境。

(二) 专业运作

确立慈善组织的主体地位,鼓励各类慈善组织建立健全内部治理结构,依据国家法律法规和组织章程独立开展慈善活动;推动建立慈善领域联合型、行业性组织,健全行业标准和行为准则,推动行业交流,注重人才培养,提高专业化水平;推动各级慈善会实行去行政化、社会化管理和专业化运作。

(三) 社会参与

在政府指导、政策引导下深刻调整政府与慈善组织的关系,搭建政府、慈善组织、企事业单位及其他社会组织之间的合作平台,激发民间活力,始终将群众需要、群众参与、群众获得作为慈善事业发展的评判标准，在全社会范围内营造弘扬"善能量"的良好氛围。

四　主要指标

对标国内先进城市，聚集优秀慈善资源要素，设立"标志性、特色性、关键性、基础性"4个方面的指标。

（一）标志性指标

在城市重点街区、广场、公园、景区、商圈等，打造不少于30个慈善元素突出、慈善氛围浓厚、公众参与度高的慈善主题场所。

（二）特色性指标

1. 打造不少于5个具有国内知名度的品牌慈善组织。

2. 打造不少于10个具有国内知名度的品牌慈善项目或大型慈善活动。

（三）关键性指标

1. 年均慈善捐赠总额占全市生产总值比例不低于0.08%。

2. 注册志愿者占常住人口比例达到15%以上。

3. 每万人口拥有社会组织数量不少于8.5个。

（四）基础性指标

1. 注册志愿者年人均服务时长达20小时以上。

2. 社会组织从业人员占经济活动人口比重不少于1.2%。

3. 建成市级慈善信息平台，慈善组织信息公开达标率100%。

4. 财政资金购买社会组织服务和彩票公益金资助社会组织发展经常性资金投入逐年增长。

五　主要任务

（一）培育慈善主体，进一步推进慈善事业社会化

1. 大力培育发展慈善组织

鼓励社会各界兴办慈善组织，优先发展具有扶贫济困功能的慈善组织特别是基层慈善组织，扶持发展互助型、服务型慈善组织。加快推动各级慈善会社会化改革，完善管理体制和运行机制，发挥示范引领作用。鼓励发展各类慈善基金会，特别是资助型基金会，引导成立企业基金会；鼓励城乡社区、物业管理公司、业主委员会和其他社区组织设立社区慈善基金，盘活社区资源，探索社区共建、共享、共治模式，推动社区慈善可持续发展。（市民政局牵头，各区人民政府配合）

2. 推动慈善供给侧改革

创新慈善募集方式，大力发展"互联网+慈善"，方便市民行善和求助。鼓励开展捐赠知识产权收益、技术、股权、有价证券和慈善信托等新型捐赠。鼓励企业和个人在慈善组织设立冠名基金、冠名项目，满足公众自主、灵活、便捷、个性化参与慈善的意愿。鼓励慈善组织兴办符合慈善性质的医疗、教育、养老、残

障康复、文化体育、环境保护、应急救助等机构和设施。积极引入社会力量，创新社会捐助站点和慈善超市运营模式。探索打造公益创业孵化基地，支持发展社会企业，为慈善事业提供更多的资金支持和发展路径。（市民政局牵头，佛山市银监分局、市国税局、地税局、科技局、人力资源和社会保障局、工商局和各区人民政府配合）

3. 鼓励发展各类志愿服务

大力推进和深化全国"志愿之城"试点城市建设工作，引导和规范志愿服务，完善志愿服务招募、注册、培训、服务记录及激励制度。鼓励和支持机关、企事业单位、学校、社区等建立志愿服务队伍，广泛开展面向社区居民的救济、互助、共享的志愿服务。倡导具备专业技能和服务专长的人士注册成为志愿者，鼓励慈善组织招募志愿者参与慈善服务，充分发挥志愿者在慈善活动中的公益性和专业性优势，重点为老年人、未成年人、残疾人、异地务工人员、失业人员、社区矫正人员等提供精准化服务和个性化帮扶。（团市委牵头，市有关部门配合）

4. 培育发展慈善行业组织

推动发展区域性慈善联合型组织以及支持类、咨询类、评估类等慈善行业组织，为各类慈善组织发展提供支持，促进慈善组织在资金募集、志愿者动员、项目实施、人才培养等方面的合作交流，实现资源共享和优化配置。鼓励和支持慈善行业组织承接政府委托及转移的职能，参与相关政策、规划制定，反映行业诉求，维护行业权益，开展行业监督和评估。逐步形成慈善组织布局合理、功能齐全、层级多元、分工有序、优势互补的良好生态

环境。（市民政局牵头，各区人民政府配合）

（二）强化宣传引导，进一步推进慈善事业全民化

1. 大力弘扬慈善文化

深入挖掘佛山本土传统文化资源，结合现代慈善理念，拓宽渠道、丰富载体、创新形式，大力传播慈善文化。发挥报刊、广播、电视、网络等媒体的舆论导向作用，将慈善宣传作为弘扬中华民族传统美德和践行社会主义核心价值观的重要内容，大力开展公益宣传，宣传慈善文化，倡导慈善理念，点赞慈行善举。创新打造"广东扶贫济困日"、"社会服务洽谈会"和"自愿无偿献血"等系列活动，形成品牌效应。提倡在"行通济"和"50公里徒步"等市内大型群众性文化、体育、娱乐、民俗活动中融入更多慈善元素。把慈善文化纳入学校教育教学内容，把志愿服务纳入学校德育工作内容，让青少年从小接触慈善、认知慈善、参与慈善。（市委宣传部牵头，市民政局、文明办、文广新局、教育局、体育局、佛山传媒集团和各区人民政府配合）

2. 积极创建慈善载体

着力打造慈善主题场所，开展慈善街区、慈善广场、慈善公园、慈善商圈等认定工作，在相关场所设立慈善标识标志和人文景观。以慈善主题场所为重点，以图书馆、体育馆、博物馆、医院、学校、宗教场所等为延伸，开展慈善文化宣传、优秀慈善组织展示和优秀慈善项目推介，促进慈善文化进机关、进企业、进学校、进社区、进家庭。（市民政局牵头，市有关部门配合，各区人民政府落实）

3. 创新慈善运作模式

鼓励实施慈善款物募用分离，建立健全募用分离制度，通过联合募捐、公益创投等方式，努力促进资助型慈善组织和服务型慈善组织合作，通过慈善组织之间的合理分工和有效协作，促进慈善资源效益最大化。鼓励慈善组织开展义拍、义卖、义展、晚宴、晚会等活动，探索民俗＋慈善、艺术＋慈善、运动＋慈善、消费＋慈善的运作模式。积极促进商业与慈善的融合。推动慈善与教育、科学、文化、卫生、体育、环保等的结合，搭建各种社会资源和公众参与慈善的桥梁，推动慈善更便捷地融入生活，成为市民的一种行为自觉。（市民政局牵头，市有关部门配合，各区人民政府落实）

4. 发动社会各界开展慈善活动

鼓励机关、事业单位发挥示范带动作用，组织干部职工积极参与各类慈善活动。发挥工会、共青团、妇联、侨联、残联、工商联及红十字会等群团组织与群众联系密切的优势，动员公众为慈善事业捐赠资金、物资和提供志愿服务。鼓励宗教团体和宗教场所引导带动信教群众，开展各类慈善活动。鼓励和引导港澳台同胞、华人华侨及有关社团支持参与慈善事业。倡导企业界将慈善精神融入企业文化建设，把参与慈善作为履行社会责任的重要方面，通过捐赠、支持志愿服务、设立基金会等方式参与慈善。倡导在单位内部、城乡社区开展群众性互助互济活动，引导捐赠闲置物品，充分调动社会各界和家庭、个人崇德向善的积极性。（市有关部门及各区人民政府落实）

（三）完善支持政策，进一步推进慈善事业常态化

1. 加大政府支持力度

全市各级政府将慈善事业发展经费列入年度财政预算，加大财政资金和彩票公益金对慈善事业的支持力度。政府向慈善组织购买服务，应按照法律法规执行，原则上通过竞争性方式。完善政府购买服务制度，扩大购买服务范围和规模，形成长效机制，为慈善组织发展提供资金支持。大力宣传慈善组织税收优惠政策和捐赠税前扣除政策，发挥税收优惠政策对促进慈善事业发展的撬动作用；简化办事程序，依法落实慈善组织、企业和个人在公益性捐赠中的相关税收优惠政策。（市财政局和各区人民政府牵头，市国税局、地税局及市民政局配合）

2. 健全慈善资源与政府救助衔接机制

开发建设市级慈善信息平台，实现其与政府社会救助信息系统、底线民生信息化核对管理系统的有效对接。开通急难救助信息通道，按照求助类型和慈善项目类型，将求助人和慈善资源自动对接，实现慈善救助流程信息化、管理动态化、全程可追踪。促进政府救助与社会帮扶有机结合，切实做到因情施救、各有侧重、互相补充，提高社会救助的可及性、有效性和精准度。（市民政局牵头，各区人民政府配合）

3. 建立慈善褒扬激励制度

设立佛山市"玫瑰"系列奖项，支持慈善行业组织开展年度慈善人物、慈善团体、慈善项目等评选活动，褒扬为慈善事业做出突出贡献和形成一定社会影响的个人、机构、慈善组织以及具

有创新性、示范性、可复制的公益慈善项目。在政府采购中，对为慈善事业做出突出贡献的法人或组织，同等条件下优先考虑。支持捐赠人依法对捐赠的慈善项目冠名，倡导慈善组织对捐赠人及时回赠捐赠证书、荣誉徽标，让捐赠人的善行受到肯定和广为知晓。建立志愿者嘉许和回馈制度，推动志愿者星级评定工作。探索将参与慈善和志愿服务活动情况纳入个人信用记录。（佛山传媒集团牵头，市委宣传部、市民政局、团市委和各区人民政府配合）

4. 加强慈善队伍建设

实施慈善人才培育计划，依托高等院校、科研机构和慈善行业组织，大力培养慈善事业发展急需的理论研究、募捐策划、项目管理、专业服务、宣传推广等领域的专业人才。加强慈善从业人员劳动权益保护，符合条件的给予技能晋升培训补贴，建立健全以慈善从业人员职称评定、薪酬待遇、信用记录、社会保险等为主要内容的人力资源管理体系，科学合理确定慈善行业工作人员薪酬水平，增强公益慈善事业的职业吸引力和荣誉感。（市民政局牵头，市人力资源和社会保障局、各区人民政府配合）

5. 开展理论研究和对外交流

汇集政府部门、高等院校、慈善组织的力量，产学研协同创新，构建具有佛山特色的慈善事业发展理论研发体系、政策研究体系、实务检验体系。支持高等院校和科研机构开展慈善理论研究，培养慈善人才。主动把握粤港澳大湾区和广佛同城战略机遇，对接资源，开展与港澳地区慈善组织的交流合作，加强对台交流合作，学习借鉴国内外先进地区经验，研究解决重点难点问题，

寻求推动慈善事业发展的新思路、新对策。（市民政局牵头，佛科院、有关高校及研究机构配合）

6. 健全社会各界支持制度

鼓励机关、企事业单位、人民团体、村（居）民委员会支持慈善组织开展活动。鼓励会展场所、体育场馆、影剧院、车站、码头、机场、地铁、公园、商场等公共场所为慈善活动提供便利。引导会计、审计、公证、法律等第三方专业机构为慈善组织、慈善活动、捐赠人提供优惠服务。鼓励金融机构探索推出支持慈善事业发展的金融产品和服务方式。支持慈善组织和商业保险机构共同出资为慈善对象和志愿者购买保险产品。鼓励互联网信息服务提供者、电信运营商以及报刊、广播、电视、网络等媒体为慈善组织开展活动、发布公益广告和捐赠公告等提供平台支持，予以费用减免优惠。鼓励房地产、物业管理等行业为慈善组织提供办公场地支持，予以费用减免优惠。（市有关部门和各区人民政府落实）

（四）加强监督管理，进一步推进慈善事业规范化

1. 加强政府监督管理

严格落实慈善组织登记、管理、信息公开、监督检查等制度。以募捐活动、财产管理使用、信息公开等内容为重点，建立完善慈善组织监督管理和审计制度，规范慈善组织公开募捐行为。建立慈善组织、慈善组织负责人及其从业人员、捐赠人、受益人等慈善参与方的信用记录制度，并将其与社会信用体系相衔接。（市民政局牵头，各区人民政府配合）

2. 健全社会监督机制

鼓励慈善行业组织发挥整合资源和协调行动的作用，促进行业自律，强化行业监督，提高行业公信力。鼓励和支持第三方专业机构对慈善组织进行监督评估，并向社会公布结果。政府相关部门将监督评估结果作为购买服务、评选表彰的参考依据。畅通社会监督渠道，任何个人或单位发现慈善组织、慈善活动有违法违规行为的，可向慈善行业组织投诉，向政府有关部门举报。鼓励慈善行业组织、媒体对假冒慈善名义骗取财产的行为以及慈善组织和慈善参与者的违法违规行为依法向社会公布。（市民政局牵头，市有关部门和各区人民政府配合）

3. 健全自我约束机制

支持慈善组织建立健全内部治理结构，完善决策、执行、监督制度和决策机构议事规则，加强内部控制和内部审计，确保人员、财产、慈善活动按照法律法规和组织章程运作。慈善组织的发起人、主要捐赠人以及管理人员，不得利用其关联关系损害慈善组织、受益人的利益和社会公共利益。慈善组织应将募得的款物按照组织章程和协议及时支付使用，不得擅自更改款物用途。慈善组织确定慈善服务受益人，应当坚持公平、公开、公正的原则，不得违背慈善宗旨优亲厚友。基金会对下设专项基金要严格履行监管职责，督促指导专项基金在其宗旨和业务范围内开展活动。慈善组织要科学设计慈善项目，加强项目管理，优化实施流程，降低运行成本，提高慈善资源使用效益。（市民政局牵头，市有关部门和各区人民政府配合）

4. 加强慈善信息公开

建设全市统一的慈善信息发布平台，及时向社会公开慈善信息，定期发布慈善组织信息透明度指数，实现慈善信息公开常态化。慈善组织应切实履行信息公开义务，及时向社会公开组织募捐、接受捐赠、捐赠款物使用、慈善项目实施等信息，定期公开组织章程、年度工作报告和决策、执行、监督机构成员信息以及法律法规要求公开的其他信息，不断提高慈善透明度，打造阳光慈善形象。（市民政局牵头，各区人民政府配合）

六　保障措施

（一）强化思想认识

发展慈善事业是新时代中国特色社会主义的内在需要，是社会文明进步的重要标志，对于促进社会公平、维护社会和谐、实现共享发展和创新基层社会治理具有积极意义。慈善救助是对政府社会保障和社会救助体系的必要补充。全市各级政府必须高度重视，强化认识，统一思想，把发展慈善事业作为率先全面建成小康社会和争创全国一流文明城市的重要内容，纳入国民经济和社会发展规划及相关专项规划，为慈善事业发展创造良好条件。

（二）强化职责落实

各有关部门要依照《中华人民共和国慈善法》和其他有关法律法规，在各自职责范围内做好相关工作，落实责任，形成合力，加快促进我市慈善事业发展。民政部门要认真履行推动慈善事业发展职责，完善指导、服务、协调和监管机制，广泛开展慈善事业交流与合作；文广新等部门要加强对慈善事业的宣传，通信和互联网管理部门要对慈善事业宣传工作给予鼓励和支持；财政部门要落实和完善政府购买服务制度，税务部门要落实国家有关税收优惠政策，配合做好慈善组织培育发展和监管工作；人力资源和社会保障部门要监督、指导慈善组织落实劳动合同、薪酬、人事和社会保障等法律法规政策，切实维护从业人员的合法权益；民族宗教等部门要积极配合民政部门加强对宗教团体和宗教场所开展慈善活动的指导监督；公安、工商、城管等部门要积极配合民政部门查处非法募捐活动，严厉打击以慈善名义进行的各种违法犯罪活动；工会、共青团、妇联、侨联、工商联、残联、红十字会等部门要发挥社会动员优势，积极支持和参与有关慈善活动。

（三）强化组织实施

成立佛山市促进慈善事业发展领导小组，建立健全慈善工作组织协调机制，调动政府、慈善组织、专家学者、爱心企业、爱心人士等各方积极性，充分依靠、动员和激发社会各界力量，政社合作，跨界融合，共同推进实施"乐善之城"行动计划。领导小组日常工作由市民政局负责，每年制订工作计划，明确具体任务、要求和完成时限。各区成立相应领导机构，建立完善市、区、镇（街道）慈善工作网络。建立健全慈善事业发展水平综合监测与科学评价指标体系和信息统计发布制度，发布慈善事业发展年度报告，全面、科学、准确反映全市慈善事业发展状况。建立健全考核评估制度，强化监督检查，确保建设"乐善之城"行动计划各项工作落到实处。各有关部门要根据本计划主要任务的职责分工，制定具体措施，分解细化工作，强化责任落实。各区人民政府要切实加强对本地贯彻实施本计划工作的组织领导。市民政局要发挥好牵头部门作用，注重统筹协调和督促检查，扎实推进工作。

2017年佛山市个人捐赠榜单

排名	捐赠方名称	捐赠金额（万元）
1	何享健	124974.385及1亿股美的集团股票
2	杨国强	124414.6
3	胡宝星、胡韵琴	1048
4	李伟强	597
5	邓祐才	452
6	梁文见	340
7	李余少鸿	333.5237
8	刘必胜	170.5
9	沈耀雄	148
10	郭永猷	145
11	冯国强	110
12	许建设	100
12	李锡	100
14	苏长荣	95
15	李强	90
16	陈锦祥	77.905
17	李兴浩	70
18	廖海辉	53
19	郭锡华	50

续表

排名	捐赠方名称	捐赠金额（万元）
19	梁鉴文、梁李佩能	50
19	杨全	50
22	邵亮标、刘志玲	47.1
23	陈嘉忠	30
23	陈湖昌	30
23	罗荜铭	30
23	钟新明	30
27	罗乐凤、罗嘉穗	27.0511
28	周君令及家属	22
29	陈小容	20
29	邓景衡	20
29	区子安	20
29	释宏满大和尚	20
29	翁国基、翁祐	20
29	吴国荣	20
35	张智钧	18.0909
36	苏耀江	18
37	陈仲信	16.8
38	彭北仙	16.5
39	罗家聪	16
40	邓枫	15
40	伍时就	15
40	严智森	15
43	冯禧明	13.8
44	邓培文	12
44	梁锦棠	12
44	罗德发	12
47	梁裕恩	10.3
48	冯彩珊	10
48	关显明	10

续表

排名	捐赠方名称	捐赠金额（万元）
48	何健昌	10
48	廖玉庆	10
48	林伟成	10
48	刘间	10
48	陈保慈	10
48	吴荣开	10
48	叶钰泉	10
48	周红棉	10

2017年佛山市团体捐赠榜单

排名	捐赠方名称	捐赠金额（万元）
1	美的集团	2450
2	广东东泰五金精密制造有限公司	1181
3	美的控股有限公司	1058.6
4	佛山市顺联投资发展有限公司	1000
5	时代中国控股有限公司	878.1394
6	佛山市顺德区飞鹅永久墓园管理处	535
7	香港云泉仙馆	430.3
8	佛山市顺德区钢乐投资管理有限公司	335.8
9	南海永联（香港）工业资源有限公司	306.45
10	清远市樵顺房地产开发有限公司	298
11	广东乐从钢铁世界有限公司	297
12	佛山市新一建筑集团有限公司	282.93
13	乐从同乡会有限公司	216.3515
14	蒙娜丽莎集团股份有限公司	210
15	佛山公安系统	209.9731
16	旅港南海商会	207.8
17	佛山市南海区金色阳光房地产有限公司	205
18	广东华声电器实业有限公司	201.75
19	佛山市顺德区莱利达工程设备有限公司	200

续表

排名	捐赠方名称	捐赠金额（万元）
19	广东顺德科创集团管理有限公司	200
21	佛山市吉利贸易有限公司	180
22	佛山市顺德区容桂总商会	170
23	广东文灿压铸股份有限公司	150
24	广东申菱环境系统股份有限公司	146.3
25	广西中金金属科技股份有限公司	123
26	广东时利和汽车实业集团有限公司	118
27	佛山市女企业家协会	113.015
28	广东顺德农村商业银行股份有限公司	113
29	佛山市南海京能发电有限公司	109.04
30	佛山市东建集团有限公司	105
31	佛山市公用事业控股有限公司	100.03
32	丰树产业私人有限公司	100
32	佛山仁寿寺	100
32	佛山市海天调味食品股份有限公司	100
32	佛山市南海天晟地产有限公司	100
32	广东红云置业有限公司	100
32	广东雄峰房产物业发展有限公司	100
32	广东雄塑科技集团股份有限公司	100
39	佛山市顺德区青年企业家（青商）协会	97
40	陈村镇高尔夫球协会	92.38
41	佛山国际人才交流协会	89.81
42	顺德区勒流街道勒流社区勒流管理办公室	88.5
43	广东华兴玻璃股份有限公司	88
44	佛山市丰鼎盛房地产开发有限公司	80
44	佛山市富林房地产开发有限公司	80
44	广东昭信集团股份有限公司	80
44	厦门大学附属厦门眼科中心有限公司	80
48	广东格兰仕集团有限公司	70
48	泰兴一建设集团有限公司	70

续表

排名	捐赠方名称	捐赠金额（万元）
50	佛山市潮州商会	63.36
51	广东联塑科技实业有限公司	62.1216
52	佛山市委统战部系统	60.71
53	佛山市高明丰业房地产有限公司	60
53	佛山市南海区华轩玩具厂	60
53	佛山市南海区西樵启丰卫生用品有限公司	60
53	佛山市启盛卫生用品有限公司	60
53	佛山市顺德区福利彩票发行中心	60
58	佛山市顺德妇女事业促进会	56.90789
59	广东烨辉钢铁有限公司	53.6
60	广东合诚集团有限公司	51
61	大自然家居（中国）有限公司	50
61	佛山市凯能房地产开发有限公司	50
61	佛山市美嘉陶瓷设备有限公司	50
61	佛山市南海区樵山建设投资有限公司	50
61	佛山市南海区西樵山宝峰寺	50
61	佛山市南海区西樵山江滨花园有限公司	50
61	佛山市南海西樵鑫龙水处理有限公司	50
61	广东顺德菊花湾农业发展有限公司	50
61	广东亚德客自动化工业有限公司	50
61	广东昱升个人护理用品股份有限公司	50
71	广东顺德酒厂有限公司	44.3
72	佛山市顺德区龙的饭店有限公司	41.3
73	广东祥和税务师事务所有限公司	40.9014
74	佛山科学技术学院	40.43
75	佛山乡村俱乐部有限公司	40
75	佛山紫元房地产开发有限公司	40
75	广东德联集团股份有限公司	40
75	广东新润成陶瓷有限公司	40
75	广东兴辉陶瓷集团有限公司	40

续表

排名	捐赠方名称	捐赠金额（万元）
80	广东德美精细化工集团股份有限公司	39
81	广东森海运动用品有限公司	37
82	佛山市顺德区机动车辆安全技术检测协会	36.5
83	广东绿润环境管理有限公司	35.4
84	广东威博电器有限公司	35.38
85	佛山市南海区黄岐龙母文化协会	35
85	香港顺德杏坛同乡会	35
87	广东新怡内衣集团有限公司	34.19
88	广东省顺德开关厂有限公司	32
89	佛山市顺德金纺集团有限公司	31.8
90	佛山市顺德区乐从钢铁贸易协会	31
91	佛山福荫园管理有限公司	30
91	佛山市高明基业冷轧钢板有限公司	30
91	佛山市南海奔达模具有限公司	30
91	佛山市南海碧玉房地产开发有限公司	30
91	佛山市南海区东恒商业投资管理有限公司	30
91	佛山市南海泰源印染有限公司	30
91	佛山市顺德区阿波罗环保器材有限公司	30
91	佛山市顺德区乐从供销集团乐添房产经营有限公司	30
91	佛山市顺德区顺联万利商业广场有限公司	30
91	佛山市顺德区锡山家具有限公司	30
91	广东弘德投资管理有限公司	30
91	广东康基房地产集团有限公司	30
91	广东美芝制冷设备有限公司	30
91	广东同江医院有限公司	30
91	广东新宝电器股份有限公司	30
91	广东伊之密精密机械股份有限公司	30
91	明洋纺织印染有限公司	30
108	佛山市顺德区伦教总商会	29.5608
109	佛山市南海区丹灶总商会	28

续表

排名	捐赠方名称	捐赠金额（万元）
109	广东九龙盛世房产开发有限公司	28
111	佛山市儿童福利会	27.58
112	广东恒基金属制品实业有限公司	26.57
113	广东新业混凝土有限公司	25.5
114	佛山市宝索机械制造有限公司	25
114	佛山市佳利达环保科技股份有限公司	25
114	佛山市顺德区加利源塑料有限公司	25
117	香港顺德杏坛同乡会有限公司	24.8
118	佛山市利华陶瓷有限公司	24
118	佛山市新联发陶瓷有限公司	24
118	广东罗浮宫国际家居博览中心有限公司	24
121	佛山市南海区罗村开发总公司房地产公司	23.7
122	佛山市栢盈无纺布有限公司	23
122	佛山市福得佳新型材料科技有限公司	23
122	佛山市顺德区龙江镇圣淘湾豪苑第一届业主委员会	23
125	佛山市妇幼保健院	22.9299
126	广东南兴天虹果仁制品有限公司	22.7275
127	顺德区大良街道机关工作人员	22.441
128	顺德区陈村镇新隆村村民委员会	22.05
129	广东顺德农村商业银行股份有限公司乐从支行	21.9
130	佛山市德方纳米科技有限公司	21.5
131	佛山市亚洲国际家具材料交易中心有限公司	21
131	广西梧州金海不锈钢有限公司	21
133	广东丰裕泡塑包装有限公司	20.8
134	佛山裕顺福首饰钻石有限公司	20.6
135	广东顺德大地园林环境工程有限公司	20.3
136	广东东擎后勤服务有限公司	20.2
137	巴斯夫（中国）有限公司	20
137	宝林寺	20
137	佛山坚美铝业有限公司	20

续表

排名	捐赠方名称	捐赠金额（万元）
137	佛山三盛兰亭房地产有限责任公司	20
137	佛山市国华置业有限公司	20
137	佛山市宏石激光技术有限公司	20
137	佛山市南海聚英豪园房地产开发有限公司	20
137	佛山市南海乐居商贸有限公司	20
137	佛山市南海区西樵民乐兴源染整厂	20
137	佛山市南海雄科纺织有限公司	20
137	佛山市顺德区北滘青年企业家协会	20
137	佛山市星星房地产开发有限公司	20
137	佛山市粤海通房地产有限公司	20
137	佛山市众成名品企业有限公司	20
137	佛山维尚家具制造有限公司	20
137	佛山宇能创富投资有限公司	20
137	广东拔萃教育集团有限公司	20
137	广东联邦家私集团有限公司	20
137	南海区西樵天地源置业有限公司	20
137	顺德祈康老年病医院	20
137	顺德区社会服务联会	20
137	顺德区社会工作者协会	20
159	桂城街道办事处干部职工	19.4276
160	佛山市民政局系统	19.1
161	佛山市顺德区容桂土地发展有限公司	19
161	广东东逸湾物业发展有限公司	19
161	广州耀中房地产发展有限公司	19
164	佛山盛明置业有限公司	18
164	佛山市南海利澳房地产开发有限公司	18
164	佛山市南海区友来达投资有限公司	18
164	佛山市顺德区宏泽电器制造有限公司	18
164	佛山市顺德区天富来国际工业城有限公司	18
164	广东百川化工有限公司	18

2017年佛山市团体捐赠榜单

续表

排名	捐赠方名称	捐赠金额（万元）
164	广东高明农村商业银行股份有限公司	18
171	广东电网有限责任公司佛山供电局系统	16.69
172	佛山市顺德区大良医院	16.2756
173	佛山市顺德区裕达珠宝首饰制造有限公司	16.186
174	佛山市澳林精工陶瓷有限公司	16
174	广东远华新材料实业有限公司	16
176	广东保发珠宝产业园开发有限公司	15.8
177	佛山市中医院	15.51
178	佛山凯仁精密材料有限公司	15
178	佛山市承安铜业有限公司	15
178	佛山市顺德区绀恒美的房产有限公司	15
178	佛山市顺德区顺安机动车检测维修有限公司	15
178	佛山市天纬陶瓷有限公司	15
178	广东奔朗新材料股份有限公司	15
178	广东德力控股集团有限公司	15
178	广东顺德华侨城实业发展有限公司	15
178	广州市飞傲电子科技有限公司	15
178	圣淘湾房地产有限公司	15
188	广东新协力集团有限公司	14.8
189	佛山市南海区人民法院	14.7086
190	里水镇机关办局	14.511
191	佛山市南海区第四人民医院	14.4
191	广东省美神实业发展有限公司	14.4
193	狮山镇机关干部职工	14.3386
194	澳门乐从同乡会	14
194	佛山市第五人民医院	14
194	佛山市顺德区新感觉卫生用品有限公司	14
197	广东溢达纺织有限公司	13.09
198	顺德职业技术学院	13.073944
198	广东康宝电器股份有限公司	13.0527

续表

排名	捐赠方名称	捐赠金额（万元）
200	广东广意医疗养生科技有限公司	13
201	广东顺德周大福珠宝制造有限公司	12.5
202	金顺龟鳖养殖农民专业合作社	12.4
203	大沥派出所	12.167
204	佛山大唐纺织印染服装面料有限公司	12
204	佛山市高明区联丰置业有限公司	12
204	佛山市高明燃气有限公司	12
204	佛山市南海爱力群纺织有限公司	12
204	佛山市南海达牌织造有限公司	12
204	佛山市南海德耀纺织实业有限公司	12
204	佛山市南海冠旺龙纺织有限公司	12
204	佛山市顺德区宝斯特颜料有限公司	12
204	佛山市顺德区均安丽鸿房产有限公司	12
204	佛山市致兴纺织服装有限公司	12
204	广东坚美铝型材厂（集团）有限公司	12
215	桂城派出所	11.84
216	广东达联制衣有限公司	11.2
217	佛山市顺德区勒流街道财政局	11.189
218	旅港顺德绵远堂	11
219	九江镇机关各办局	10.97
220	广东大福摩托车有限公司	10.96
221	广东成德电子科技股份有限公司	10.88
222	佛山市顺德区成田橡胶制品有限公司	10.68
223	佛山市顺德区高新技术企业协会	10.5
223	佛山市顺德区震德塑料机械有限公司	10.5
225	九江派出所	10.415
226	佛山市桂南房地产开发有限公司	10.38
227	佛山市三水区大塘镇总商会	10.3
227	广东健凯医疗有限公司	10.3
229	佛山市第一人民医院工会委员会	10.24302

续表

排名	捐赠方名称	捐赠金额（万元）
230	大沥镇机关干部职工	10.209
231	佛山市田昌灯饰有限公司	10.1795
232	广东共德信息服务有限公司	10.0671
233	佛山港溢家居用品有限公司	10
233	佛山海悦投资发展有限公司	10
233	佛山市德和业投资有限公司	10
233	佛山市东丽塑胶有限公司	10
233	佛山市法恩洁具有限公司	10
233	佛山市高明城协和建材有限公司	10
233	佛山市高明宏力绒业有限公司	10
233	佛山市高明欧一电子制造有限公司	10
233	佛山市高明区荷城街道总商会	10
233	佛山市高明盈夏纺织有限公司	10
233	佛山市光合懿德房地产开发有限公司	10
233	佛山市广意永雄机械有限公司	10
233	佛山市国星光电股份有限公司	10
233	佛山市宏越房地产开发有限公司	10
233	佛山市汇牌纺织有限公司	10
233	佛山市利保置业投资有限公司	10
233	佛山市联新染整有限公司	10
233	佛山市名杰纺织有限公司	10
233	佛山市南海德耀翔胜纺织有限公司	10
233	佛山市南海德展钣金有限公司	10
233	佛山市南海宏润实业有限公司	10
233	佛山市南海汇全纺织染整有限公司	10
233	佛山市南海金亚投资发展有限公司	10
233	佛山市南海俊凯房地产开发有限公司	10
233	佛山市南海利致牛仔布有限公司	10
233	佛山市南海区大沥青年商会	10
233	佛山市南海区福安园墓园管理处	10

续表

排名	捐赠方名称	捐赠金额（万元）
233	佛山市南海区官窑镇经济开发公司	10
233	佛山市南海区恒利房地产有限公司	10
233	佛山市南海区家具行业协会	10
233	佛山市南海区九江商会	10
233	佛山市南海区沙头商会	10
233	佛山市南海区塘新市场经营管理有限公司	10
233	佛山市南海区新世纪大酒店有限公司	10
233	佛山市南海区银禾发展有限公司	10
233	佛山市南海区粤樵东印染有限公司	10
233	佛山市南海狮舞岭南文体传播有限公司	10
233	佛山市南海世发创建房地产发展有限公司	10
233	佛山市南海旺阁渔村饮食服务有限公司	10
233	佛山市南海西樵力舜纺织有限公司	10
233	佛山市南海意大宏利服装有限公司	10
233	佛山市南海盈冠房地产开发有限公司	10
233	佛山市顺德海高电器股份有限公司	10
233	佛山市顺德区大良大门公餐饮店	10
233	佛山市顺德区菲亚兰房地产代理服务有限公司	10
233	佛山市顺德区悍高五金制品有限公司	10
233	佛山市顺德区乐从镇家具城商会	10
233	佛山市顺德区勒流裕源小学	10
233	佛山市顺德区龙江青年企业家协会	10
233	佛山市顺德区新视代眼科医院	10
233	佛山市天瞳智能科技有限公司	10
233	佛山市兴海铜铝业有限公司	10
233	佛山市英辉铝型材有限公司	10
233	广东宝鸿环境管理有限公司	10
233	广东德怡电子科技有限公司	10
233	广东电缆厂有限公司	10
233	广东鼎誉投资有限公司	10

续表

排名	捐赠方名称	捐赠金额（万元）
233	广东方向陶瓷有限公司	10
233	广东高而美制冷设备有限公司	10
233	广东海信家电有限公司	10
233	广东恒骏市政工程集团有限公司	10
233	广东糊涂酒业有限公司	10
233	广东华昌铝厂有限公司	10
233	广东华骏建设工程有限公司	10
233	广东吉熙安电缆附件有限公司	10
233	广东金巴利陶瓷有限公司	10
233	广东金威达彩印有限公司	10
233	广东金雅陶陶瓷有限公司	10
233	广东骏杰金属材料有限公司	10
233	广东康基房地产集团有限公司	10
233	广东丽日集团投资有限公司	10
233	广东美易达集团	10
233	广东南国小商品城有限公司	10
233	广东石湾酒厂集团有限公司	10
233	广东双兴新材料集团有限公司	10
233	广东顺德力合智德科技园投资有限公司	10
233	广东滔莲染整定型有限公司	10
233	广东万家乐燃气具有限公司	10
233	广东伟业铝厂集团有限公司	10
233	广东小太阳砂磨材料有限公司	10
233	广东星野投资有限责任公司	10
233	广东兴发铝业有限公司	10
233	广东业和房地产开发有限公司	10
233	广东源创工程管理有限公司	10
233	广州乔峰装饰工程有限公司	10
233	菱王电梯股份有限公司	10
233	旅港南海罗村同乡联谊会	10

续表

排名	捐赠方名称	捐赠金额（万元）
233	生生农业集团股份有限公司	10
233	顺特电气设备有限公司	10
233	香港南海丹灶同乡会	10
233	杏坛塑料商会	10
233	中创兴科（深圳）投资有限公司	10

后　记

　　我出生在佛山祖庙东侧的文明里，现在这里属于老城区地标"岭南天地"的区域。小时候我经常到家对面的协天胜里玩，协天胜里和麒麟社之间有好几栋20世纪六七十年代建的楼房，竖立在一片砌高了的地台之上，比四周的长生树、文明里和黄巷均高出了差不多一个成年人的高度。为了便于出入，这片地台通往四周的街巷都修了便于推自行车上下用的斜坡。这种民居间的错落感，为我孩提时代玩捉迷藏带来了不少的欢乐。然而，这片地台何以比四周高出这么多，却一直是我心中多年不解的疑惑。

　　好多年后，我到了中山大学教书，偶然的机会看到一幅清末民初出版的《佛山镇地图》。如获至宝的我努力地寻找文明里和协天胜里，我终于发现，原来这片一人高的地台大有来头，其前身正是清代佛山镇大魁堂管理的佛山义仓。义仓的布局也极有讲究：东侧是本地大族霍氏的祠堂，西侧是文昌庙和武帝庙，地台砌至一人高，主要的考虑应是防水患侵扰。

　　尽管我读的博士专业是社会政策与社会工作，但我对佛山慈善的认识，却是来自它悠久的历史。

　　明清两代的佛山镇在整个珠三角是一个很特别的地方。虽然它与省城遥相呼应，贸易上的分工是省城对外佛山对内，但是在地方治理的结构上却完全不同：比起各级衙门林立和驻有朝廷军队的省城，佛山镇从15世纪中叶开始，就有了地方士绅协商议事的传统，还因抗乱有功获"忠义乡"之名，代表性的机构便是明代的嘉会堂和清代的大魁堂。值得一提的是，公益慈善一直是佛山镇地方议事的核心内容：嘉会堂有管理公益善款的职能，大魁堂更把设置与管理佛山义仓以应对饥荒、设置义冢、收养弃婴、照料老人这些事项列为其首要职能。在这样的背景下，才有现在我们见到的到祖庙旁边划出一片区域建佛山义仓这样的大手笔，并且延至今天，老一代口中仍有婴堂和义庄这些旧地名。

嘉会堂和大魁堂前后接续管理了佛山镇的社会事务近六百年。于是在明清两代，佛山扶危济困的义举皆为本地贤达筹款、民众出力办成，不必劳烦官府。在佛山，慈善本来就是大家都要出力的事，这是代代相传的"规矩"，全城出动也就毫不稀奇。这些历史与传统可能是理解今天佛山人乐善好施的热情究竟从何而来的关键。

基于上述这种观察，我在思考本报告框架的时候，尝试在当代中国城市公益慈善报告的常见框架规范中做一点小突破，那便是把佛山的当代慈善与明清佛山镇的近代历史对接起来，目的是通过佛山这个例子说明中国的慈善传统（或曰惯性）从何而来，然后才可以展望它将往何而去。

慈善一词对于中国人而言绝非舶来品，即使到了今天，从珠三角乘船出发，西江与北江流域的各大埠头边仍可看到明清两代广府人开设的会馆遗址，它们不仅承担商会的调解仲裁角色，还为落难同乡提供扶危济困甚至义冢、义庄等服务。相对于西方慈善组织多以传播教义为驱动，华南历史上的慈善组织多与宗族身份及民间互助相关，这正是慈善事业在中国民间社会中最本土的特色。着眼于佛山，这里的特点就是本地人对乡土有着强烈的归属感，明清两代士绅乡贤对社会事务一直有充分的话语权，均有力提振了他们捐资出力做善事的意愿，也一定程度地确保了这些善款的使用和去向。所以，诚如本报告中《佛山传统民间慈善事业发展报告》一文的作者卢浩能与肖何盛所言，佛山的传统民间慈善特点就是在地性与参与性，正是得益于这种氛围，政府只需要牵头引领，应者自然云集。

作为一个佛山人，能为佛山组织出版第一本慈善事业发展报告，是我深感荣幸的一件事。本书的出版得到了佛山市慈善会的资助，佛山市新里程社会工作服务中心邀请由我牵头的团队来撰写本报告。最让我振奋的是，由佛山市公益慈善联合会主办的"佛山慈善研究书系"，将全程记录由佛山市民政局制定的"乐善之城"三年行动计划，见证其整个实施过程。

本报告得以成书，主要依靠两个内容，一是对慈善数据的收集统计，二是对不同领域慈善经验的梳理提炼。在数据收集方面，我要特别感谢佛山市民政局的指导及佛山市慈善会的大力协助。值得一提的是，慈善数据收集于年关之际，且涉及多个职能部门，有幸得到市民政局陈浩斌局长及田园副局长的鼎力支持，方能顺利完成。我至今仍为因此而打扰了市局和市会多位同事的度岁安排而深感不安。

在慈善经验的梳理提炼方面，我要特别感谢为本书专题篇供稿的多位行家。本书的主报告由我牵头的团队完成。在这个团队中，有年轻具冲劲的佛山市慈善会副秘书长曾雄先生，也有石门中学的校友张家玉和黎静，三位年轻人都有在佛山成长的经历，现在也都是著名高校的研究生。本书的专题篇共有9篇文章，覆盖了历史与当下、融资与服务、专才与义工等不同领域，全部由受过良好学术训练的行家撰稿。

在介绍专题篇的作者之前，我有必要与读者分享我作为本书负责人在约稿过程中的心路历程。去年7月在江西南昌参加社会政策会议时，我曾向主编《中国慈善发展报告》的杨团老师讨教出版慈善报告的经验。杨老师正告我，这是件苦差事。回到佛山，真正接了这项工作之后，我才真正明白这当中的含义：工作量大、数据不好统计是预期之中的事，就佛山而言，一个很现实的问题的是，要找到合适的作者来写似乎并不容易。这个"合适"在我看来起码有两重含义：首先是作者必须很了解这个行业，甚至本身就是这个行业中的代表人物；其次，作者应受过良好的学术训练，能归纳总结在实务领域中得来的经验教训。讲得直白一点，就是其文笔能写出经得起推敲的好文章。我曾翻阅某些城市的年报，部分专章的题目很吸引人，翻开一读却发现实质内容相对较少，且不能与已有研究对话，难以满足读者的求知欲。

显然，找什么人撰稿是本书成败的关键。在很多人的印象中，除了部分研究第三部门的高校学者，活跃于慈善部门的人群，就学术训练而言，相对逊色于金、经、商、法这些高收入行业的人群。可能在京沪等一线城市要找到既熟悉相关领域又有撰稿能力

• 后 记 •

的作者会容易一点,但到了二线城市,这便是很难让人看好的一件事。大概是此类原因,某些城市的慈善报告会请一些与自己城市慈善事业没有什么交集的专家来撰稿,这显然是我不想看到的情况。最后,我决定先看文章再定作者,我把我能收集到的最近两三年佛山第三部门的出版物都翻阅了一遍,同时打听各位作者的工作经历与学术背景,最后拟定了现在大家眼前的这份作者名单。

专题篇9篇文章,我全部邀请了堪称利益攸关方(stakeholder)的作者供稿。在佛山提到企业慈善和基金会,汪跃云先生和崔宏亮先生等都是著名代表人物;在民俗慈善领域,卢浩能先生和肖何盛先生分别是南海区和顺德区文化保育界的青年领袖,且都拥有文化研究的硕士学位,可谓青年才俊;陈曾悦先生和熊冬平女士分别任职于南海区社会工作委员会和顺德区社会创新中心,可谓两区慈善事业决策过程的目击者和参与者,他们笔下不但有纵观全局的视角,还有最接近决策者的反思;在志愿服务领域,何淑莹女士堪称佛山最出名的义工,跟她请教佛山志愿服务发展的一席话,往往胜过翻几本书;在社会服务领域,彭卓宏先生经常以第三方的身份出现在评估现场,刘维女士和陆晓彤女士可谓本土社工学生最熟悉的良师益友,由他们来梳理行业现状最让人放心。

在完成主报告的写作以及专题篇的组稿事宜后,我才发现,二线城市缺乏好作者的观感,不过是个过时的刻板印象。以佛山为例,慈善领域人才比比皆是。就本书的作者名单而言,除了个别一两个在广州工作的佛山人外,其余作者的工作均以佛山为基

287

地，大部分拥有硕士学历，有的甚至出生和成长于佛山。

作为这本书的负责人，我还要向各位作者表达歉意。在组稿的过程中我当了一回相当不讨好的"恶人"：不但给予上述作者的时间相当短，还提了诸多要求，比如要参照学术论文的规范来撰写文章，不允许写成政府公文的样子，收到稿子后反复提意见，逼着作者改出二稿和三稿出来，等等。然而让我觉得"恶有所值"的是，如此得来的这些文章内容充实，不是味如嚼蜡的政府公文体。即使如此，我仍希望各位作者能原谅我催稿时的穷追不舍和修改时的不依不饶。

这本书适合研究和学习社会政策的师生作参考书之用，我个人更希望会对慈善事业的从业者有所裨益。庄赫臣教授在为本书写的序言里指出，在当代中国，对慈善事业的研究可以从福利多元主义的视角切入，思考其如何参与福利制度的建设和完善。我非常同意这个观点，也对此深有体会。放到微观的层面，我在佛山一直提出慈善事业在中国就是社会政策的一部分，故此一线工作者必须熟悉社会政策。在为有需要的群体和社区链接资源的时候，要拉到慈善资源，但不要忘记前提是已经用好来自公共部门的政策资源。例如医务社工服务，固然要为病人提供情绪和心理辅导等服务，对罹患大病的困难群体要为他们寻找慈善基金的资助，但在中国的福利制度之下，前述服务其实应该在充分用好人社系统的医保政策和民政系统的救助政策的前提下才铺开，方能避免有限的慈善资源的重复投入与低效使用，从而长远地提高社会的捐赠意欲。要做到这样，慈善事业不仅需要社会捐赠，更需要专业的人才。在佛山的传统中，一直有相当多乡贤参与捐资助

• 后 记 •

学和救死扶伤的工作，出钱也出力，到了当代的慈善事业，要组织、动员和善用这种民间力量，必须依靠有专业知识且熟悉政策的全职人员，例如有专业资质的前线社工，所以慈善事业的未来发展也必须重视社工专业化的过程。

赐序本书的庄赫臣教授，是我于2003年攻读博士学位时遇到的最乐于帮助国际学生的老师，十几年来亦师亦友。庄赫臣教授成长于英格兰北部的古城杜伦（Durham）。当年我很喜欢一部BBC拍摄的以杜伦地区煤炭工人社区为场景的电影《跳出我天地》（Billy Elliot），尤其是钟情于其中北英格兰社区当中那份浓浓的人情味。作为本地人的庄赫臣教授见我对此好奇，便在多个假日驱车带我走遍了北英格兰多处煤矿遗址，还拜访了仍在服务这批退休工人的地方福利组织。这个经历至今仍然滋润着我的心灵，因为他让我见到在步履急促、人情冷暖的伦敦以外完全不同的另一个温情英国，而当中的一个核心元素正是慈善。庄赫臣教授大概也是从那时开始翻开中国社会这本厚厚的"书"。2014年，他和莫家豪教授为《社会政策与社会》（Social Policy and Society）合编专刊，讨论大中华地区福利体制转型；2017年，他更是来到佛山，为南海区民政局"玫瑰营"全英社工培训班授课。但在我心中，相比起他对华南慈善的专业知识，佛山人可以听一听他谈慈善最重要的原因应是：他与我们一样，均成长于有温度的小城市。

最后，我要感谢佛山对我的爱护。作为一个在老城区出生和长大的普通佛山人，我仍对20世纪80年代这片老街区中友好和睦的邻里关系留有印象。在慈善事业上，我也有一种从小便被社会环境塑造的认知：这是自己的家，自己应该出力。长大后惊觉自

289

己原来在名闻天下的佛山义仓边出生和成长,使我更坚信佛山的慈善事业在未来必须更好地接续上这条延绵了六个世纪的脉络。希望未来这套书系能继续出版下去,不但见证佛山有史籍可据的几百年慈善传统继续传扬下去,也能为这个国家慈善事业的自信心和感召力多提供一份支持。书中错漏在所难免,责任应由我来承担,希望各位读者不吝赐教,我的联系方式是:chenyj28@mail.sysu.edu.cn。

陈永杰

2018年3月

于佛山家中

图书在版编目(CIP)数据

佛山慈善事业发展报告.2017/陈永杰等著.--北京：社会科学文献出版社，2018.6
（佛山慈善研究书系）
ISBN 978-7-5201-2467-6

Ⅰ.①佛… Ⅱ.①陈… Ⅲ.①慈善事业-发展-研究报告-佛山-2017 Ⅳ.①D632.1

中国版本图书馆 CIP 数据核字（2018）第 053428 号

·佛山慈善研究书系·

佛山慈善事业发展报告（2017）

著　　者 / 陈永杰 等

出 版 人 / 谢寿光
项目统筹 / 刘　荣　单远举
责任编辑 / 单远举　李秉羲

出　　版 / 社会科学文献出版社·独立编辑工作室（010）59367011
　　　　　　地址：北京市北三环中路甲29号院华龙大厦　邮编：100029
　　　　　　网址：www.ssap.com.cn
发　　行 / 市场营销中心（010）59367081　59367018
印　　装 / 三河市尚艺印装有限公司

规　　格 / 开　本：787mm×1092mm　1/16
　　　　　　印　张：19　字　数：207 千字
版　　次 / 2018 年 6 月第 1 版　2018 年 6 月第 1 次印刷
书　　号 / ISBN 978-7-5201-2467-6
定　　价 / 99.00 元

本书如有印装质量问题，请与读者服务中心（010-59367028）联系

▲ 版权所有 翻印必究